2024

Abitur

Original-Prüfungsaufgaben
mit Lösungen

Gymnasium · Bayern

Geschichte

STARK

© 2023 Stark Verlag GmbH
14. ergänzte Auflage
www.stark-verlag.de

Inhalt

Sobald die Original-Prüfungsaufgaben 2023 freigegeben sind, können sie als PDF auf der Plattform MyStark heruntergeladen werden (Zugangscode vgl. Umschlaginnenseite).

Autorinnen und Autoren (Lösungen 2020 – 2022)

Julia Mornhinweg (2020/I, III; 2021/II, III; 2022/II, III)
Heinrich Müller (2020/II, IV; 2021/I, IV; 2022/I, IV)

Vorwort

Liebe Schülerinnen, liebe Schüler,

der vorliegende Band unterstützt Sie bei Ihrer effektiven Vorbereitung auf die **schriftliche Abiturprüfung in Geschichte** und auf den Prüfungsteil Geschichte der kombinierten schriftlichen Abiturprüfung **Geschichte/Sozialkunde**.

Das einführende Kapitel „**Hinweise und Tipps zur schriftlichen Abiturprüfung**" enthält wichtige **Informationen** sowie konkrete **Tipps**

- zu **Rahmenbedingungen**, **Ablauf**, **Prüfungsstoff** und **Bewertung** der Abiturprüfung,
- zu Struktur, **Anforderungsbereichen** und **Operatoren** der Aufgabenstellungen
- sowie zur **Auswertung von Materialien**, die Ihnen in der Prüfung begegnen können.

Im anschließenden **Übungsteil** finden Sie

- die **Original-Prüfungsaufgaben** der Jahre **2020 bis 2022** (direkt im Buch) **und 2023** (**Download** über die Plattform **MyStark**),
- **ausführliche**, von erfahrenen Lehrkräften ausgearbeitete **Lösungsvorschläge**
- sowie **konkrete Bearbeitungshinweise und Tipps**, die Ihnen ein gezieltes und effektives Vorgehen bei der Beantwortung der einzelnen Aufgaben vermitteln.

Die Aufgaben und Lösungen haben eine **doppelte Funktion:**

- An konkreten Beispielen können Sie Ihre im Unterricht erworbenen **Kompetenzen und Kenntnisse anwenden**, die **Bearbeitung von Abituraufgaben** unter Prüfungsbedingungen **trainieren** und Ihre eigene Lösung anhand der vorgeschlagenen Musterlösung kontrollieren und optimieren.
- Außerdem können Sie anhand der ausführlichen Musterlösungen **historisches Fachwissen** aus dem Unterricht **wiederholen und vertiefen**.

Lernen Sie auch gerne am PC, Tablet oder Smartphone? Auf der nächsten Seite finden Sie Hinweise zu den **digitalen Zusätzen** dieses Bandes, die Sie ebenfalls bei der effektiven Vorbereitung auf die Abiturprüfung unterstützen sollen.

Sollten nach Erscheinen dieses Bandes noch wichtige **Änderungen im Abitur 2024** vom Kultusministerium bekannt gegeben werden, finden Sie aktuelle Informationen dazu unter: *www.stark-verlag.de/mystark*.

Der Verlag und das Autorenteam wünschen Ihnen viel Erfolg in der Abiturprüfung!

Hinweise zu den digitalen Zusätzen

Auf alle digitalen Zusätze können Sie online über die Plattform **MyStark** zugreifen. Ihren persönlichen Zugangscode finden Sie auf der Umschlaginnenseite.

PDF der Original-Prüfungsaufgaben 2023

Um Ihnen die **Prüfung 2023** schnellstmöglich zur Verfügung stellen zu können, bringen wir sie **in digitaler Form** heraus. Sobald die Original-Prüfungsaufgaben 2023 freigegeben sind, können Sie sie als PDF auf der Plattform **MyStark** herunterladen.

Lernvideos

Die Analyse von historischen Quellen und Darstellungstexten ist ein wichtiger Bestandteil von Klausuren im Fach Geschichte. Mithilfe von **Lernvideos zum richtigen Umgang mit ausgewählten Materialien** können Sie sich optimal auf das Lösen von materialgestützten Aufgaben vorbereiten.

Folgende Lernvideos sind enthalten:

- Karikaturen richtig analysieren
- Textquellen analysieren

Interaktives Online-Training

Mithilfe **abwechslungsreicher interaktiver Aufgaben** können Sie wichtige Inhalte aus ausgewählten Themenbereichen wiederholen. Alle Aufgaben können Sie direkt am PC oder Tablet bearbeiten. Sie erhalten sofort eine Rückmeldung zu Ihren Antworten.

Folgende Themengebiete sind enthalten:

- Weimarer Republik
- Nationalsozialismus
- Deutschland ab 1945

Hinweise und Tipps zur schriftlichen Abiturprüfung

Die Anforderungen im Zentralabitur

1 Rahmenbedingungen

Wenn Sie Geschichte als schriftliches Abiturprüfungsfach gewählt haben, entscheiden Sie einige Monate vor der Abiturprüfung, ob Sie ein reines Geschichtsabitur oder aber die kombinierte Abiturprüfung Geschichte/Sozialkunde ablegen wollen. Bei Letzterer macht der Prüfungsteil Geschichte 2/3 der Gesamtprüfung aus und ist identisch mit einem Teil des reinen Geschichtsabiturs. Der Gesamtumfang von beiden Abiturprüfungen unterscheidet sich nicht.

Folgende Gegenüberstellung zeigt die Gemeinsamkeiten und Unterschiede von reinem Geschichtsabitur und der kombinierten Abiturprüfung Geschichte/Sozialkunde:

Geschichte	Geschichte/Sozialkunde
vollständige Bearbeitung einer Aufgabe	1. Prüfungsteil: Geschichte (Umfang: 2/3 der Gesamtprüfung)
Anforderungsebene I bis III (vgl. S. VII f.)	Anforderungsebene I bis III (vgl. S. VII f.)
Auswahl einer von vier Aufgaben aus 11/1, 11/2, 12/1, 12/2 mit mehreren Teilaufgaben	Auswahl einer am Stoff der jeweiligen Halbjahre orientierten Aufgabe, die mehrere Teilaufgaben enthält
	2. Prüfungsteil: Sozialkunde (Umfang: 1/3 der Gesamtprüfung) Anforderungsebene I bis III

Die Abituraufgaben gliedern sich in **Teilaufgaben**, die als **Arbeitsanweisungen** (Operatoren) formuliert und teilweise mit Materialien (Texte, Karikaturen, Plakate, Bilder, Statistiken) versehen sind. Beim reinen Geschichtsabitur ist zudem zu beachten, dass in einer, meist der letzten Teilaufgabe, der **Bezug zu einem anderen Halbjahr** hergestellt wird. In den meisten Fällen haben Sie hier die **Wahl zwischen mehreren Epochen und Ereignissen**, anhand derer Sie einen bestimmten Sachverhalt erörtern sollen. Hier sollen Sie Ihre Fähigkeit zu historischem Denken in einer gestaltenden, essayartigen sprachlichen und gedanklichen Form nachweisen.

2 Prüfungsinhalte

Der Geschichtsunterricht in der Qualifikationsphase setzt verstärkt auf einen wissenschaftspropädeutischen Zugriff und ein **mehrperspektivisches, methodenorientiertes Arbeiten an exemplarischen Themenbereichen**. Das in den vorangegangenen Jahrgangsstufen erworbene Grundwissen wird dabei ausdrücklich vorausgesetzt. Anhand von Längsschnitten, Querschnitten, Vergleichen und problemorientierten Fallstudien sollen typische Verfahren historischer Forschung erarbeitet werden.

Die Ordnung der Lehrplanthemen orientiert sich an **räumlichen Kategorien** und geht vom „Nahen" zum „Fernen": Zunächst stehen Land und Region im Mittelpunkt des Unterrichts (11.1), danach Deutschland (11.2), Europa (12.1) und zuletzt außereuropäische und internationale Vorgänge (12.2). Weitere Informationen zum Lehrplan finden Sie auf der **Homepage** des Staatsinstituts für Schulqualität und Bildungsforschung München unter: *www.isb-gym8-lehrplan.de.*

G 11.1 Gesellschaft im Wandel (15. bis 19. Jahrhundert)

G 11.1.1 Leben in der Ständegesellschaft des 15. bis 18. Jahrhunderts

- Kennzeichen der Ständegesellschaft; Status von Minderheiten
- Überblick über Elemente der sozialen Fürsorge auf dem Land und in der Stadt
- vorindustrielle Arbeitswelten: agrarische Subsistenz, Zünfte, Verlag, Manufaktur
- familiäre Lebens-, Rechts-, Arbeits- und Produktionsgemeinschaften mit festgelegten Rollen für Mann und Frau
- demographische Konjunkturen: Grundlinien und Einflussfaktoren der Bevölkerungsentwicklung vom 15. bis 18. Jahrhundert

G 11.1.2 Leben in der entstehenden Industriegesellschaft des 19. Jahrhunderts

- Liberalisierung und staatliche Reformen: Aufhebung der Leibeigenschaft, Agrarreformen, Abschaffung der Zünfte und Beseitigung der Heiratsbeschränkungen; Schaffung neuer Möglichkeiten individueller Lebensgestaltung, z. B. Freizügigkeit, Gewerbefreiheit
- Kennzeichen der Industrialisierung im Überblick und Besonderheiten der Entwicklung in Bayern
- veränderte Arbeitsbedingungen in den wachsenden Industriegebieten und Entstehung der sozialen Frage: Urbanisierung und Landflucht, Fabrikarbeit und Arbeitslosigkeit, Pauperismus und Proletarisierung
- praktische Ansätze zur Lösung der sozialen Frage im Überblick: organisierte Arbeiterbewegung, Sozialgesetzgebung, christliche Sozialarbeit, Arbeiterbildungsvereine, Raiffeisenbewegung
- familiäre Lebenswelten: bürgerliche Familie und Arbeiterfamilie als Lebensgemeinschaften der Klassengesellschaft; Infragestellung der Geschlechterrollen durch die Frauenbewegung
- Grundlinien und Einflussfaktoren der Bevölkerungsentwicklung im Industriezeitalter (insbesondere Verringerung der äußeren Bedrohungen, demographischer Übergang)

G 11.2 Demokratie und Diktatur – Probleme der deutschen Geschichte im 20. Jh.

G 11.2.1 Die Weimarer Republik – Demokratie ohne Demokraten?

- Ursachen der Revolution von 1918/19 und das Ringen um eine neue Ordnung
- demokratische Errungenschaften der Weimarer Republik
- Träger und Gegner der demokratischen Ordnung im Spiegel der Jahre 1929–32/33: Segmentiertheit von Gesellschaft und Parteienspektrum; Traditionslinien; Selbstverständnis und politisches Verhalten der Gruppen, auch unter Rückgriff auf Ergebnisse und Weichenstellungen 1918/19; Einfluss der wirtschaftlichen Krise auf die innenpolitische Entwicklung

G 11.2.2 Hitlers willige Volksgenossen? Die Deutschen und der Holocaust

- Stellung des jüdischen Bevölkerungsteils in der deutschen Gesellschaft seit dem Ersten Weltkrieg
- Überblick über die Beseitigung der Demokratie und den Ausbau der NS-Diktatur
- „Volksgemeinschaft": Ideologie und inszenierte Lebenswirklichkeiten im NS-Staat als Pendant zum antisemitischen Feindbild
- NS-Antisemitismus im Verhältnis zum traditionellen Antisemitismus; Demütigung und Entrechtung, Verfolgung und Ermordung der jüdischen Bevölkerung; Umgang mit anderen Opfergruppen
- Frage nach Wahrnehmung der Judenverfolgung und Beteiligung an ihr seitens der nichtjüdischen Bevölkerung

G 11.2.3 Die frühe Bundesrepublik – Erfolg der Demokratie durch „Wohlstand für alle"?

- Erfahrung der Deutschen mit dem „Dritten Reich"; „Umerziehung"; „Lehren aus Weimar"; Verhältnis zu Israel
- die Rolle weltpolitischer Rahmenbedingungen des Kalten Kriegs für die Verankerung der Bundesrepublik im Westen
- wirtschaftlicher Aufstieg der Bundesrepublik nach dem Krieg: Ursachenfaktoren; sozialpolitische Integrationsklammern; Frage nach dem Zusammenhang mit der Akzeptanz des demokratischen Systems
- Stellenwert gesellschaftlicher Vorgänge (v. a. Eingliederung der Vertriebenen, Verwestlichung, Umgang mit der Vergangenheit des „Dritten Reichs")
- die „SBZ" als Feindbild und Herausforderung: Gegnerschaft zum Kommunismus als Teilerklärung für die hohe Zustimmung zur parlamentarischen Demokratie

G 11.2.4 Die DDR – eine deutsche Alternative?

- Anspruch und Wirklichkeit im „Arbeiter- und Bauernstaat" vor dem Hintergrund des Demokratie-Verständnisses in der Staats- und Parteiführung
- die DDR und der Westen: Entwicklung der deutschlandpolitischen Standpunkte zu Staat und Nation in West und Ost; sozialliberale Deutschland- und Ostpolitik der Bundesrepublik ab 1969 und ihre Bedeutung für die Entstehung von Spielräumen innerhalb der DDR-Gesellschaft in den 1970er- und 1980er-Jahren
- Bilanz der Wirtschafts- und Sozialpolitik in der Endphase der DDR und ihre Rolle für die Akzeptanz des Systems
- Grundgesetz oder „dritter Weg"? Konzepte für die Umwandlung der DDR in eine parlamentarische Demokratie im zeitlichen Umfeld der Wiedervereinigung
- Problematik der individuellen und kollektiven Geschichtserinnerung an die DDR

G 12.1 Historische Komponenten europäischer Kultur und Gesellschaft

G 12.1.1 Wurzeln europäischer Denkhaltungen und Grundlagen moderner politischer Ordnungsformen in Antike, Mittelalter und Früher Neuzeit

- antike Grundlagen europäischen Denkens im Überblick: Empirie, Rationalität und Diskurs, Römische Rechtstradition, Rolle des Christentums bei der Bewahrung antiken Wissens im Mittelalter
- Trennung von weltlicher und geistlicher Gewalt als Wurzel des weltlichen Staats: priesterkönigliches Selbstverständnis des Monarchen als rex et sacerdos; Erschütterung des theokratischen Modells in den religionspolitischen Auseinandersetzungen des 11. und 12. Jahrhunderts
- das föderalistische Prinzip der Gewaltenteilung als politisches Ordnungsmodell: Struktur des Heiligen Römischen Reichs am Beispiel des frühneuzeitlichen Reichstags
- Wandel des Denkens durch die Aufklärung: neues Menschenbild, Menschenrechtsvorstellungen, Volkssouveränität, Gedanke der Differenzierung von gesetzgebender, vollziehender und rechtsprechender Gewalt

G 12.1.2 „Volk“ und „Nation“ als Identifikationsmuster

- „Volk“ als Konstrukt eines Geschichtsbildes: Rom und die Germanen am Beispiel von Arminius/Hermann; Rolle historischer Ursprungsmythen bei der „Erfindung der Nation“ in späteren Epochen
- die moderne Nationsvorstellung als neue, antiständische Integrationsideologie seit der Französischen Revolution; Probleme der Nationalstaatsbildung am Beispiel der deutschen Einigung im 19. Jahrhundert
- nationale Fremd- und Selbstbilder: ihre Funktion und Wirkung am Beispiel des deutsch-französischen Verhältnisses im 19. und der ersten Hälfte des 20. Jahrhunderts
- Überwindung nationalistischer Konfrontation im Zuge der europäischen Einigung nach 1945: Europaidee als gemeinsames Streben nach Frieden, Freiheit und Wohlstand; Bedeutung der deutsch-französischen Verständigung für den Integrationsprozess bis 1963

G 12.2 Konfliktregionen und Akteure internationaler Politik in historischer Perspektive

G 12.2.1 Der Nahe Osten: Historische Wurzeln eines weltpolitischen Konflikts

- Widerstreit zwischen römischen Herrschaftsinteressen und jüdischem Selbstständigkeitsstreben im antiken Palästina
- religiöse und kulturelle Konfliktpotentiale zwischen Christen und Muslimen in der Zeit der Kreuzzüge
- imperialistische bzw. nationalistische Verwerfungen im Nahen Osten: osmanisches Erbe, arabisches Unabhängigkeitsstreben, zionistische Bewegung, britische und französische Dominanz
- Gründung des Staates Israel – Kampf um Selbstbestimmung des jüdischen Volks gegen den Widerstand der arabischen Staaten und der Mehrheit der palästinensischen Einwohner
- Israel und seine arabischen Nachbarn im ideologischen Spannungsfeld des Kalten Kriegs
- „Intifada" und „Roadmap" als Beispiele für die Gefährdung und Gestaltung des Friedensprozesses im Nahen Osten

G 12.2.2 Die USA – von den rebellischen Kolonien zur globalen Supermacht

- Ausformung der Grundelemente des US-amerikanischen Selbstbewusstseins im Zusammenhang des Unabhängigkeitskampfs gegen England: Auserwähltheitsglaube, Patriotismus und republikanisches Sendungsbewusstsein
- der Schritt zum Imperialismus: handelspolitische Gründe für die Ausweitung des politischen Handlungsspielraums auf dem amerikanischen Kontinent und im pazifischen Raum in der zweiten Hälfte des 19. Jahrhunderts
- Intervention in Europa: Motive und Hintergründe des Eingreifens in den Ersten und Zweiten Weltkrieg
- weltweite Auseinandersetzung mit dem ideologischen Gegner in der Zeit des „Kalten Kriegs": militärische, diplomatische und wirtschaftliche Mittel des Kampfs gegen den Kommunismus am Beispiel eines regionalen Konflikts (z. B. Korea-Krieg, Kuba-Krise, Vietnam-Krieg)
- Motive, Möglichkeiten und Grenzen der einzig verbliebenen Supermacht am Beispiel des amerikanischen Engagements in einem Konfliktherd nach 1990 (z. B. Jugoslawien, Sudan, Irak)

3 Anforderungen und Bewertungskriterien

In der schriftlichen Abiturprüfung im Fach Geschichte werden Ihnen **vier Aufgaben** vorgelegt, die sich überwiegend, aber nicht ausschließlich, auf die Lerninhalte eines Kurshalbjahrs beziehen. Sie müssen davon **eine auswählen und bearbeiten**. Dafür stehen Ihnen **210 Minuten** (einschließlich Auswahl- und Einlesezeit) zur Verfügung. Als Hilfsmittel ist ein zugelassener Geschichtsatlas erlaubt.

Folgende Kenntnisse und Fähigkeiten müssen Sie bei der **Bearbeitung der Abituraufgaben** nachweisen:

- **Inhaltsbezogene Kenntnisse und Fähigkeiten:** Stoffliche Grundlage der Abiturprüfung sind die vier großen Themen des Lehrplans der Qualifikationsphase (S. II–V). Bereiten Sie sich auf alle vier Themenbereiche des Lehrplans vor und setzen Sie dabei selbst Schwerpunkte.

  Tipp: Achten Sie bei der Vorbereitung auf die Abiturprüfung besonders auf allgemeine Prozesse und Strukturen, die auf andere Epochen übertragbar sind.

- **Methodenbezogene Kenntnisse und Fertigkeiten:** Sie sollten in der Lage sein, bei jeder Teilaufgabe alle wesentlichen Aspekte herauszuarbeiten und die Erkenntnisse in eine schlüssige Darstellung einzubauen.

  Tipp: Bei der Auswertung der Materialien ist es wichtig, dass Sie einer gedanklichen Gliederung folgen. Diese muss nicht notwendigerweise mit der Gliederung eines Textes übereinstimmen. Achten Sie auf entsprechende Arbeitshinweise in den Aufgabenstellungen.

- **Folgerichtige Gedankenführung und Argumentation:** Sie sollten Ihre Lösung im Stil einer sinnvoll aufgebauten und schlüssigen Argumentation aufbauen und einzelne Teile Ihrer Darstellung schlüssig miteinander verbinden.

  Tipp: Nehmen Sie sich die Zeit und entwerfen Sie auf einem Notizblatt stichpunktartig die Lösung. Notieren Sie dabei auch die Fachbegriffe, die Sie in den Lösungstext einbauen möchten. Dann erst formulieren Sie den zusammenhängenden Text.

- **Sachgerechte Darstellung:** Sie sollten in der Lage sein, sprachlich treffend zu formulieren und einschlägige Fachbegriffe korrekt zu benutzen.

  Tipp: Einen vorgegebenen Fehlerindex gibt es nicht. Es wird aber von Ihnen erwartet, dass Sie die Fachsprache beherrschen und Einzelaussagen logisch-syntaktisch verknüpfen können. Meiden Sie fehleranfällige Schachtelsätze.

Für jede Abituraufgabe werden die **Bewertungseinheiten** exakt ausgewiesen. Die jeweils erreichbaren Bewertungseinheiten sind auf dem Aufgabenblatt bei den einzelnen Teilaufgaben angegeben und für den Korrektor verbindlich. Die Bewertungseinheiten sind nicht einzelnen Begriffen, Fakten oder Einzelergebnissen zugeordnet, sondern geben das Gewichtungsverhältnis zwischen den verschiedenen Teilaufgaben an. Beachten Sie, dass eine höhere Gewichtung nicht zwingend bedeutet, dass die Lösung der Aufgabe besonders umfangreich ausfallen muss, sondern in erster Linie ein Hinweis auf die geforderten Anspruchsebenen bzw. Anforderungsbereiche ist.

Es gibt jedoch keine absolut verbindlich vorgeschriebenen Vorgaben für die Korrektur. Innerhalb gewisser Grenzen kann der Korrektor vom Lösungsschlüssel abweichen und entsprechend dem vorangegangenen Unterricht anders gewichten.
Neben der inhaltlichen Bewertung können auch Ungenauigkeiten, falsche Bezüge und Verstöße gegen die sprachliche Richtigkeit oder gegen die äußere Form die Bewertung beeinflussen.

4 Anforderungsbereiche und Operatoren

Die Prüfungsanforderungen im Fach Geschichte gliedern sich in drei **Anforderungsbereiche (AFB)**. Ihre Abfolge entspricht dem zunehmenden Schwierigkeitsgrad und Anspruch der geforderten Leistung:

- **AFB I:** Wiedergabe von Sachverhalten im gelernten Zusammenhang, Benutzen eingeübter Arbeitstechniken **(Reproduktion)**
- **AFB II:** selbstständiges Erklären bekannter Inhalte, Anwenden gelernter Inhalte und Methoden auf andere Sachverhalte, meist anhand des mitgelieferten Materials **(Reorganisation und Transfer)**
- **AFB III:** kritischer Umgang mit neuen Problemstellungen, eingesetzten Methoden und Erkenntnissen als Voraussetzung für eigenständige Begründungen und Wertungen **(Reflexion und Problemlösung)**

Es ist nicht immer möglich, die Anforderungsbereiche klar voneinander abzugrenzen, sodass sich Überschneidungen ergeben können. Die geforderte Leistung bezieht sich aber in den meisten Fällen **überwiegend auf einen Anforderungsbereich**.

Allen drei Anforderungsbereichen sind Verben, die sogenannten **Operatoren**, zugeordnet. Anhand dieser standardisierten Arbeitsanweisungen können Sie erkennen, was genau von Ihnen in den einzelnen Teilaufgaben der Prüfung erwartet wird.

Tipp: Sehr häufig kommen in einer Teilaufgabe auch zwei Operatoren vor. Vergessen Sie nicht, beide Arbeitsaufträge auszuführen.

Die folgende Liste umfasst häufig verwendete Operatoren der EPA und verweist jeweils auf eine Original-Prüfungsaufgabe dieses Buches, die den entsprechenden Operator enthält. Dabei bedeutet z. B. der Zusatz 2021/I/1, dass das Beispiel aus den Aufgaben des Jahres 2021 stammt. Man findet es dort unter Aufgabe I, Teilaufgabe 1.

Nähere Informationen zu den Anforderungsbereichen finden Sie in den **EPA Geschichte** (Einheitliche Prüfungsanforderungen in der Abiturprüfung) auf der Internetseite der Kultusministerkonferenz (www.kmk.org).

AFB I (Reproduktion):

Operator(en)	Definition	Beispiel
nennen aufzählen	unkommentiert Informationen und Sachverhalte aus vorgegebenem Material oder ohne Materialvorgabe anführen	
beschreiben darlegen (auf)zeigen	einen Sachverhalt ohne Bewertung in seinen wesentlichen Aspekten aufzeigen	2020/III/4.1 2022/I/1
skizzieren schildern kennzeichnen	eine knappe Darstellung der wesentlichen Merkmale eines Vorgangs oder Sachverhalts vornehmen	
zusammen- fassen	komprimierte Angabe eines Sachverhalts oder einer Aussage	

AFB II (Transfer):

Operator(en)	Definition	Beispiel
analysieren untersuchen	Materialien oder historische Sachverhalte kriterienorientiert bzw. aspektgeleitet erschließen	2021/I/3.1 2022/III/4.1
erklären	Sachverhalte in einen Zusammenhang einordnen und begründen	
erläutern	Sachverhalte beschreiben und mit Beispielen oder Zusatzinformationen verdeutlichen	2020/III/1 2021/I/1
herausarbeiten erarbeiten erschließen	einem vorgegebenen Material Informationen unter einem bestimmten Gesichtspunkt entnehmen	2020/I/3.1 2021/II/1.1 2022/IV/2.1
charakterisieren	die besonderen Eigenarten eines Sachverhaltes erkennen und zu typischen Merkmalen zusammenführen	
zuordnen einordnen	Informationen sinnvoll in ein vorgegebenes Material einfügen und in einen Zusammenhang stellen	2020/I/5b
gegenüberstellen	wie skizzieren, aber noch argumentierend gewichten	

AFB III (Problemlösung):

Operator(en)	Definition	Beispiel
überprüfen prüfen	Sachverhalte auf Richtigkeit und innere Logik untersuchen	2020/II/3.3 2022/III/2
beurteilen bewerten Stellung nehmen	Sachverhalte überprüfen und ein begründetes Urteil über deren Sinn und Richtigkeit treffen	2020/I/5b 2021/II/1.2 2022/III/4.2
diskutieren sich auseinandersetzen	verschiedene Argumente zu einem Sachverhalt entwickeln, die als Basis zu einer begründeten Bewertung führen können	2020/II/4c 2021/IV/2.2 2022/I/3.2
vergleichen	historische Sachverhalte mithilfe bestimmter Kriterien einander gegenüberstellen, um Gemeinsamkeiten und Unterschiede zu beurteilen	

Übergeordnete Operatoren, die Leistungen in allen drei AFB verlangen:

Operator(en)	Definition	Beispiel
darstellen	historische Entwicklungszusammenhänge und Zustände mit Hilfe von Quellenkenntnissen und Deutungen beschreiben, erklären und beurteilen	2020/II/3.2 2021/II/4b 2022/II/1
interpretieren	Sinnzusammenhänge aus Quellen erschließen und eine begründete Stellungnahme abgeben, die auf einer Analyse, Erläuterung und Bewertung beruht	2020/IV/2.1 2021/II/3.1 2022/I/3.1
erörtern	durch das Abwägen von Pro- und Kontra-Argumenten ein Urteil zu einer Problemstellung abgeben auf der Grundlage einer Analyse historischer Sachverhalte	2020/I/4

Tipp: Die kursiv gedruckten Lösungshinweise zu den Aufgaben geben Ihnen Tipps zu den Anforderungen und unterstützen Sie beim Umgang mit den Arbeitsanweisungen/Operatoren.

1 Auswahl der Aufgaben

Es gibt keine verbindliche Zeitvorgabe für die Auswahl der Aufgabe; vorgesehen sind etwa 30 Minuten. Sie können sich von den insgesamt zur Verfügung stehenden 210 Minuten auch mehr **Einlesezeit** nehmen, aber auf keinen Fall sollten Sie vorschnell mit der Bearbeitung der Aufgabe beginnen: Während des Schreibens abzubrechen und eine andere Aufgabe anzufangen kostet Zeit und Nerven. Legen Sie sich deshalb nicht zu schnell fest und lesen Sie wirklich alle Aufgaben einschließlich der Materialien intensiv durch, bevor Sie sich entscheiden.

Um zu einer Entscheidung zu kommen, können Sie folgendermaßen vorgehen:
1. Sehen Sie sich die Überschriften der Aufgaben an. Überlegen Sie, ob ähnliche Fragestellungen zu einem vergleichbaren Raum bereits im Unterricht behandelt wurden, welches Vorwissen zum Thema Sie also schon mitbringen.
2. Markieren Sie wichtige Informationen in den Fragestellungen und im Materialteil.
3. Überprüfen Sie, ob die Materialien aussagekräftig sind. Wenn Sie der Meinung sind, dass z. B. eine Grafik schlecht lesbar ist oder eine Aufgabenstellung eine missverständliche Formulierung enthält, wenden Sie sich an die Aufsicht führenden Lehrkräfte. Diese dürfen Ihnen zwar keine inhaltlichen Hilfen geben, müssen aber formale Probleme lösen.

Legen Sie, wenn Sie Ihre Entscheidung getroffen haben, einen **Zeitplan** fest und halten Sie diesen auch ein! Berechnen Sie unbedingt am Ende noch genügend Zeit ein, um Ihre Lösung noch einmal gründlich durchzulesen und gegebenenfalls zu korrigieren.

Tipp: Ohne „Abschalten" zwischendurch geht es nicht. Planen Sie auch Pausen ein! Neben einer längeren Pause von einigen Minuten, ungefähr nach der Hälfte der Bearbeitungszeit, ist es empfehlenswert, auch zwischendurch hin und wieder kurz den Stift aus der Hand zu legen. Nach einer solchen kleinen „Auszeit" gehen Sie oft mit einem ganz anderen Blick und neuen Ideen an die Aufgaben heran.

2 Ausarbeitung der Lösung

Bevor Sie mit der Ausformulierung Ihrer Lösung beginnen, sollten Sie sich – trotz der bereits vorhandenen **Vorstrukturierung durch die Teilfragen** – einen **sinnvollen Aufbau** Ihrer Antworten überlegen. Auf diese Weise vermeiden Sie Wiederholungen und Widersprüche, die nicht nur Zeit, sondern auch Punkte kosten können. Vermeiden Sie zu lange Schachtelsätze, gliedern Sie Ihren Lösungsaufsatz mit Absätzen.

Versuchen Sie auch unbedingt, die vorgegebene Reihenfolge der Teilaufgaben beizubehalten. Häufig sind die Teilaufgaben logisch aufeinander aufgebaut, sodass eine veränderte Reihenfolge bei der Bearbeitung unnötige Probleme mit sich bringt.

Tipp: Als sinnvoll hat sich erwiesen, nach jeder Teilaufgabe bei der ersten Niederschrift noch genügend freien **Platz für eventuelle nachträgliche Zusätze** zu lassen. Sollte dieser Platz dann für die späteren Ergänzungen nicht ausreichen, müssen Sie unbedingt darauf achten, dass Ihre zusätzlichen Ausführungen (u. U. auf einem Extrablatt!) eindeutig zugeordnet werden können.

Schreiben Sie lesbar und grammatikalisch korrekt – bei missverständlichen Aussagen ist kein Korrektor gezwungen, zu Ihren Gunsten zu entscheiden! Vermeiden Sie es, selbst wenn Sie Überschneidungen von zwei Fragen vermuten, als Antwort auf eine Frage auf die Antwort zu einer anderen Frage zu verweisen.

Tipp: Kennzeichnen Sie auf dem Aufgabenblatt die von Ihnen bereits bearbeiteten Teilaufgaben. Es ist durchaus schon vorgekommen, dass einzelne Teilaufgaben einfach vergessen wurden!

3 Umfang der Lösung

Der Umfang der Lösungen lässt sich **nicht generell festlegen**. Einen Hinweis können lediglich die ausgewiesenen BE geben, die allerdings vor allem am Anforderungsniveau ausgerichtet sind (vgl. S. VI ff.). Wird eine Teilaufgabe stark gewichtet, also mit vielen BE ausgewiesen, kann man davon ausgehen, dass sie auch vom Umfang her nicht erheblich kürzer ausfallen kann als Aufgaben mit einem geringeren Gewicht. Der Umfang der Lösungen in den vorliegenden Aufgabensammlungen geht in der Regel über das hinaus, was von Ihnen in der verfügbaren Zeit erwartet wird. Dies hat folgenden Grund: Die Lösungen sollen einerseits ideale Musterbeispiele für eine sehr gute Abiturlösung sein, andererseits aber so ausführlich ausfallen, dass sie als Abiturvorbereitung dienen. Daher werden in den Musterlösungen Zusammenhänge veranschaulicht, Hintergründe erläutert und in der Regel mehr Beispiele angeführt, als die Aufgabenstellung fordert.

Auswertung von Materialien

1 Allgemeines zur Analyse und Interpretation von Quellen

Im Laufe Ihrer Schulzeit haben Sie in Geschichte und in anderen Fächern **Verfahren zur Analyse und Interpretation** von Texten (besonders im Fach Deutsch), Bildern, Grafiken usw. kennengelernt. Im Folgenden wird im Zusammenhang mit Ihrer Vorbereitung auf die Abiturprüfung in Geschichte an wesentliche Aspekte solcher fachspezifischen Methoden erinnert. Angesprochen werden die in Geschichte am häufigsten vorkommenden Materialien: **Texte**, **Karikaturen**, **Fotografien**, **Plakate** und **Grafiken**.

Abgesehen von besonderen Fragestellungen und Anweisungen durch Operatoren werden Materialien grundsätzlich in **drei Schritten** bearbeitet:

1. Analyse der Form
- äußere Gestalt
- Anlass
- Datierung
- Verfasser
- Adressat
- Besonderheiten/ Auffälligkeiten usw.

→

2. Analyse des Inhalts
- inhaltlicher und
- gedanklicher Aufbau
- historischer Hintergrund und Kontext
- Erkenntniswert
- Deutung
- Vergleich usw.

→

3. Reflexion und Problematisierung
- Bewertung
- Beurteilung
- Auseinandersetzung usw.

Dieser dreigliedrige Aufbau kann sich bei den unterschiedlichen Quellenarten jeweils verändern, aber das **Grundmuster Form – Inhalt – Reflexion** bleibt immer gleich. Bei der (schriftlichen oder mündlichen) Darstellung einer gesamten Analyse und Interpretation einer Quelle sollten die einzelnen Schritte nicht unvermittelt nebeneinanderstehen, sondern argumentativ miteinander verbunden werden.

2 Textquellen

Texte stellen für den Geschichtsunterricht die überwiegende Anzahl **historischer Quellen** dar. Sie kommen in verschiedener Form vor: offizielle Dokumente, Reden, Beschlüsse, aber auch Memoiren, Berichte von Zeitzeugen, Liedtexte usw. Zudem kennen Sie **wissenschaftliche Texte** als Materialgrundlage von Prüfungsaufgaben; bei solchen Forschermeinungen handelt es sich nicht um historische Quellen, sondern um **Sekundärliteratur**, die sich um die Deutung und Auslegung eines bestimmten Sachverhaltes bemüht. Als Dokument ihrer Zeit und des Zeitgeistes können aber auch wissenschaftliche Texte als historische Quellen dienen.

Die Analyse von Textquellen orientiert sich grundsätzlich an folgenden Aspekten:
1. Beschreibung des Textes (Autor, Anlass, Datierung usw.) und seines Inhalts (Gliederung, Paraphrase des Inhalts usw.)
2. Klärung der Zeitbezüge (historischer Kontext) und Deutung der Absicht
3. Bewertung und Auseinandersetzung

3 Bildquellen

Bildliche Quellen kennen Sie aus dem Unterricht in vielfältiger Form: als Gemälde, Karikaturen, Plakate, Fotografien, Postkarten usw. Im Folgenden seien Karikaturen, Fotografien und Plakate herausgegriffen, da ihre Analyse grundlegend auch für andere Bildquellen ist und sie in Prüfungsaufgaben am ehesten vorkommen.

Karikaturen

Eine Karikatur ist bildliche **Satire** und gezeichneter **Kommentar** in einem. Sie wird geprägt von der **kritischen Aussageabsicht** des Karikaturisten. Diese Aussageabsicht kommt in der Regel durch eine pointierte und überspitzte Darstellung zum Ausdruck und ist trotzdem nicht immer leicht zu erkennen. Denn Karikaturen verwenden einerseits eine symbolträchtige Zeichen- und Bildsprache, die man verstehen muss (zum Beispiel Figuren wie den deutschen Michel). Andererseits entstehen Karikaturen oft als gezeichneter Kommentar zu aktuellen politischen Auseinandersetzungen, sodass man zeitgenössische Anspielungen und Bezüge durch historisches Wissen rekonstruieren muss. Oft hilft zum Verständnis einer Karikatur allerdings ihr Titel oder hinzugefügte Textzeilen (zum Beispiel ein kurzer Dialog der abgebildeten Personen).

Folgende Aspekte sollten Sie bei der Analyse einer Karikatur berücksichtigen:

1. Benennung und Beschreibung relevanter Bildelemente samt besonderer Gestaltungsmittel
2. Entschlüsselung der Zeitbezüge und Deutung der Aussageabsicht
3. Einordnung der Karikatur in ihren historischen Zusammenhang und ihre Bewertung

Tipp: Bearbeiten Sie Aufgabe 2020/IV/2.1 (S. 2020-49 ff.), um die Analyse einer Karikatur zu üben.

Fotografien

Fotografien bilden die Wirklichkeit unmittelbar ab und beanspruchen daher eine **hohe Glaubwürdigkeit**. Ihr Quellencharakter reicht von **zufälligen Zeitdokumenten** mit hohem Aussagewert über die bewusst **inszenierte** Fotografie bis zur symbolträchtigen „**Ikone**". Deshalb ist es wichtig, Datum, Ort und die abgebildeten Personen und Gegenstände genau zu bestimmen und Fragen nach der Perspektive und möglichen Absichten des Fotografen zu stellen.

Ähnlich wie bei der Karikatur sollten Sie folgende Aspekte bei der Analyse einer Fotografie berücksichtigen:

1. Benennung und Beschreibung relevanter Bild- und Textelemente sowie ihres Zusammenwirkens samt besonderer Gestaltungsmittel
2. Überprüfung, wie realistisch die Darstellung ist bzw. wie authentisch Details der historischen Wirklichkeit gezeigt werden, um den Gehalt der Bildquelle einzuschätzen
3. Entschlüsselung der Zeitbezüge und Deutung der Funktion und Aussageabsicht
4. Einordnung der Fotografie in den historischen Zusammenhang und Bewertung

Tipp: Bearbeiten Sie Aufgabe 2021/I/3 (S. 2021-1 ff.), um die Analyse von Fotografien zu üben.

Plakate

Plakate dienen der öffentlichen Information (Bekanntmachung, Ankündigung) oder der Werbung (für Parteien, Veranstaltungen, Produkte). Besonders geläufig im Geschichtsunterricht sind Wahlplakate politischer Parteien. Die meisten Plakate enthalten sowohl bildliche Elemente als auch Text; es gibt jedoch auch reine Bild- oder reine Textplakate.

Ähnlich wie bei der Karikatur und der Fotografie sollten Sie folgende Aspekte bei der Analyse eines Plakates berücksichtigen:

1. Benennung und Beschreibung relevanter Bild- und Textelemente sowie ihres Zusammenwirkens samt besonderer Gestaltungsmittel
2. Entschlüsselung der Zeitbezüge und Deutung der Funktion und Aussageabsicht
3. Einordnung des Plakates in den historischen Zusammenhang und seine Bewertung

Tipp: Bearbeiten Sie Aufgabe 2021/II/3 (S. 2021-18 ff.), um die Analyse eines Plakats zu üben.

4 Grafische Darstellungen

Grafische Darstellungen kennen Sie als Quelle in vielfältiger Weise: als Schema einer Staatsverfassung, Diagramm mit Wahlergebnissen, Tabelle mit Nahrungsmittelpreisen, Landkarte der Kolonien in Afrika usw. Wesentlich bei der Analyse und Interpretation grafischer Darstellungen ist, dass Sie sich genau darüber klar werden, was in einer Grafik jeweils dargestellt ist und was nicht. Sie müssen sich fragen, wie weit die Angaben reichen, wo ihre Grenzen sind, was sie ggf. unterschlagen. Nur so können Sie zuverlässig den Aussagewert einer Grafik bestimmen.

Insgesamt sollten Sie folgende Aspekte bei der Auswertung einer Grafik berücksichtigen:

1. Benennung der Rahmendaten (Gegenstand und Elemente der Grafik) und Beschreibung des Inhaltes und seiner Besonderheiten
2. Erläuterung der erkannten Aussagen vor ihrem historischen Kontext (Ursachen, Trends, Querverbindungen usw.)
3. Bewertung der Aussagekraft oder Aussageabsicht

Um vielfältige Anregungen vermitteln zu können, sind die **Musterlösungen** in diesem Buch oft umfangreicher, als unter Abiturbedingungen erstellte Lösungen es sein können. Aus diesem Grund liegt auch das inhaltliche Niveau der Lösungsvorschläge meist über dem, was im Abitur erwartet wird. Daher sollten die Musterlösungen Sie nicht entmutigen. Es geht ja nicht darum, zu zeigen, was Lehrerinnen und Lehrer unter Abiturbedingungen zu leisten vermögen. Vielmehr sollen Anregungen zu einer **vertieften Auseinandersetzung mit den historischen Themen** gegeben werden, die den Abituraufgaben zugrunde liegen werden, um auf diese Weise überdurchschnittlich gut vorbereitet in die Prüfung zu gehen.

Abitur Geschichte (Bayern) – 2020 – Aufgabe I
Gesellschaft im Wandel (15. bis 19. Jahrhundert)

1 Beschreiben Sie Elemente der sozialen Fürsorge in der Ständegesellschaft des 15. bis 18. Jahrhunderts auf dem Land und in der Stadt! (16 BE)

2 Ihre Schule organisiert einen Vortragsabend mit dem Titel „Jüdisches Leben in Deutschland", der sich an Schülerinnen und Schüler der Oberstufe sowie interessierte Eltern richtet. Der erste Teil der Veranstaltung ist dem Spätmittelalter und der Frühen Neuzeit gewidmet.
Verfassen Sie hierfür einen Vortrag, in dem Sie ausgehend von einer Analyse der Karte Pappenheims aus dem Jahr 1760 (M 1) differenziert Stellung nehmen zum Thema „Eine Randgruppe? Der Status von Juden in der Ständegesellschaft des 15. bis 18. Jahrhunderts"! (22 BE)

3 Die bevölkerungsreichste Gruppe der Ständegesellschaft waren die Bauern, über die der Aufklärer Christian Garve im Jahr 1786 eine Denkschrift (M 2) verfasst hat. (32 BE)

3.1 Arbeiten Sie aus den Ausführungen Garves (M 2) die Argumentation des Autors in Bezug auf die Grundherrschaft heraus!

3.2 Überprüfen Sie, inwieweit sich die von Garve beschriebene Situation der Bauern im Zuge der Liberalisierung durch staatliche Reformen am Beginn des 19. Jahrhunderts verbesserte!

4 Die entstehende Industriegesellschaft des 19. Jahrhunderts war eine Zeit umfassenden gesellschaftlichen Wandels. Louise Otto-Peters (1819–1895), eine führende Frauenrechtlerin, forderte in einem 1848 veröffentlichten Schreiben mit dem Titel „Adresse eines Mädchens":

„Meine Herren! Im Namen der Moralität, im Namen des Vaterlandes, im Namen der Humanität fordere ich Sie auf: Vergessen Sie bei der Organisation der Arbeit die Frauen nicht!"

Louise Otto-Peters: Adresse eines Mädchens, in: Dies.: Das Recht der Frauen auf Erwerb. Blicke auf das Frauenleben der Gegenwart. Wiederveröffentlichung der Erstausgabe aus dem Jahre 1866, Leipziger Universitätsverlag 1997, S. 117–119, Zitat auf S. 118. Das Schreiben wurde ursprünglich u. a. in der Leipziger Arbeiter-Zeitung am 20. Mai 1848 veröffentlicht.

Erörtern Sie ausgehend von diesem Zitat, inwieweit sich in der Industriegesellschaft des 19. Jahrhunderts die Lebenssituation von Frauen zum Positiven veränderte! (20 BE)

5 Bearbeiten Sie eine der drei folgenden Teilaufgaben! (30 BE)

a) zu Halbjahr 11/2

In diesem Jahr feiert Deutschland das dreißigjährige Jubiläum der Wiedervereinigung. Aus diesem Anlass veranstaltet die Bayerische Landeszentrale für politische Bildungsarbeit den Wettbewerb „Wege zur Freiheit". Ihr Geschichtskurs erstellt hierzu eine Broschüre, in der „Wege zur Freiheit" als Wege hin zu einer stabilen Demokratie aufgezeigt werden sollen.

Verfassen Sie für diese Broschüre einen Artikel, in dem Sie unter Zuhilfenahme anschaulicher Beispiele aus der deutschen Geschichte des 20. Jahrhunderts bewerten, welche Faktoren zur Stabilisierung einer Demokratie beitragen!

b) zu Halbjahr 12/1

Der am 22. Januar 2019 durch Bundeskanzlerin Merkel und Staatspräsident Macron unterzeichnete Aachener Vertrag schreibt den Elysée-Vertrag von 1963 fort. Anlässlich seiner Unterzeichnung erklärte das Auswärtige Amt:

„Mit dem Elysée-Vertrag hatten Deutschland und Frankreich vor 56 Jahren die Lehren aus der blutigen Vergangenheit gezogen und eine historische Weichenstellung vorgenommen. Aus jahrhundertealter angeblicher Erbfeindschaft wurde die deutsch-französische Freundschaft. Aus einer Konfrontation, die Europa immer wieder in Krieg und Zerstörung gestürzt hat, wurde der Motor der europäischen Einigung."

Gemeinsam für Europa – Deutschland und Frankreich schließen Aachener Vertrag, Pressemitteilung des Auswärtigen Amtes vom 18. Januar 2019, https://www.auswaertiges-amt.de/de/aussenpolitik/europa/zusammenarbeit-staaten/frankreich/aachener-vertrag/2175910 (zuletzt abgerufen am 10. Juni 2020).

Nehmen Sie zu dieser Aussage Stellung, indem Sie den Begriff der „Erbfeindschaft" kritisch erläutern, ihn historisch einordnen und die Rolle der deutsch-französischen Freundschaft für die europäische Einigung bis 1963 bewerten!

c) zu Halbjahr 12/2

„Die USA waren und sind [...] ein mahnendes Beispiel und ein anziehendes Vorbild." – Mit diesen Worten endet die von den Historikern Jürgen Heideking und Christoph Mauch verfasste „Geschichte der USA" (6. Auflage 2008).

Jürgen Heideking, Christoph Mauch: Geschichte der USA, 6. Aufl. Tübingen 2008, S. 459 f.

Diskutieren Sie diese Einschätzung für die US-amerikanische Außenpolitik im 20. Jahrhundert anhand geeigneter historischer Beispiele!

Material

M 1: Jüdische Wohntopographie in Pappenheim 1760

Pappenheim war die Residenzstadt der Grafen zu Pappenheim. Die weiß markierten Häuser befanden sich in christlichem, die schwarz markierten Häuser in jüdischem Besitz. Bei den schraffierten Flächen handelte es sich um unbewohnte Objekte. Die Synagoge lag im Gebäude mit der Ziffer „1".

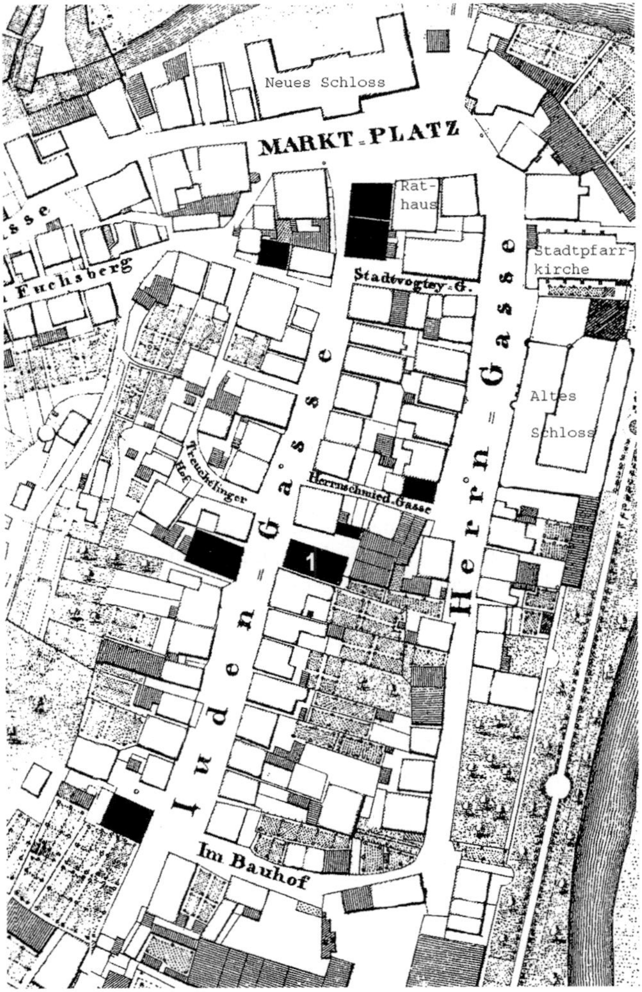

Till Strobel: Jüdisches Leben unter dem Schutz der Reichserbmarschälle von Pappenheim 1650 –1806 (Quellen und Darstellung zur jüdischen Geschichte Schwabens, Band 3), Epfendorf 2009, Anhang: Karte 3.

M 2: Auszug aus Christian Garves Denkschrift „Über den Charakter der Bauern und ihr Verhältnis gegen die Gutsherrn[1] und gegen die Regierung" (Breslau 1786)

Für und wider

Diejenigen, welche sich ein gewisses Ideal von Freiheit und Gleichheit unter den Menschen gemacht haben, wonach sie die Einrichtungen der Staaten beurteilen, finden den Zustand unsrer Landleute äußerst traurig, und also die über sie ausgeübte Herrschaft tyrannisch. Wenn sie hören, daß der Bauer nicht von dem Orte seines Aufenthalts wegziehn, – daß er nicht heiraten darf, ohne die Erlaubnis seines Gutsherrn erhalten zu haben; daß er diesem, bei jeder anzutretenden Erbschaft, bei jeder Veräußerung seines Eigentums, einen beträchtlichen Teil desselben, so gering es sei, abgeben muß; daß er ihm, wenn auch der Herr in seine Freiheit eingewilligt hat, ihm dieselbe doch noch bezahlen, und wenn er einiges Vermögen hat, Abzugs-Geld geben muß; wenn sie den geringen Geldlohn erfahren, für den er einen großen Teil seiner Dienste tut, und der an vielen Orten nur den fünften Teil des landüblichen Tagelohns beträgt; wenn sie hören, für welchen kleinen Lohn und welche elende Kost er seine Kinder auf dem Hofe muß dienen lassen; wenn sie endlich sehen, daß er Schläge und andre Leibesstrafen bei jedem Versehen zu erwarten hat: so scheint ihnen dieser Zustand nichts besser als eine wahre Sklaverei, und die Menschen, die sich in demselben befinden, scheinen ihrer natürlichen Rechte beraubt zu sein.

Die, welche die jetzt bestehende Verfassung verteidigen, führen dagegen an, daß die so sehr verschiedene Untertänigkeit der Bauern nichts anders als ein Vertrag sei, den sie, oder ihre Vorfahren, mit dem Eigentümer von Grund und Boden geschlossen haben. Dieser gab ihnen ein Stück von seinem Acker, baute vielleicht eine Hütte dazu, und überließ ihnen die Nutzung davon, unter Bedingungen, die sehr mannichfaltig[2] abwechselten, zu denen aber gewisse Hand- und Spanndienste, die Unterwerfung unter den Gerichtszwang und die oben genannten Abgaben fast allenthalben gehören. Diese Bedingungen wurden damals mit Bewilligung beider Teile festgesetzt, es geschah also niemanden dabei Unrecht: und sie müssen auch jetzt noch billig sein, denn es finden sich noch immer, zu den Bauer- und Gärtnerstellen, wenn sie zu verlassen sind, Käufer, ob sie gleich alle mit deren Besitze verbundne Lasten kennen. Die Preise dieser Stellen sind, im Verhältnis des Ackers und der Gebäude, die mit denselben erkauft werden, sehr geringe. Die Dienste, welche darauf haften, bezahlen also einen Teil von dem Werte des Gutes. Ebenso sind die herrschaftlichen Abgaben, bei dem Preise untertäniger Güter[3], mit in Anschlag gebracht: und sie belasten also denjenigen nicht, welcher sie käuflich an sich bringt. […]

Es ist in dieser zweiten Vorstellung der Sache viel Wahres. Es ist auch so viel gewiß, daß, wenn die Lasten des Landmanns in dem Maße drückend wären, als sie beim ersten Anblicke gutherzigen Menschen, und die dabei kein Interesse haben, zu sein scheinen, die Güter selbst längst zu Grunde gegangen sein müßten, weil die, welche sie anbauen sollten, nicht hätten leben können. Es müßte dann keine wohlhabende Bauern geben, deren wir doch in unserm Lande, und in denen, wo ähnliche Dominial-Rechte[4] eingeführt sind, in Menge finden.

Christian Garve: Ueber den Charakter der Bauern und ihr Verhältniß gegen die Gutsherrn und gegen die Regierung, Breslau 1786, S. 134–137. – Der Text wurde zu Prüfungszwecken angepasst.

1 Die Gutsherrschaft ist eine Form der Grundherrschaft.
2 mannichfaltig: vielfältig.
3 Mit ‚untertänige Güter' sind die Güter von Untertanen der Grundherrschaft gemeint.
4 Dominial-Rechte: Rechte des Grundherrn.

Lösungsvorschläge

1 *Im Rahmen der Aufgabenstellung sollen Sie die Elemente der sozialen Fürsorge in der Ständegesellschaft des 15. bis 18. Jahrhunderts auf dem Land und in der Stadt „beschreiben" (AFB I), also den genannten Sachverhalt ohne Bewertung in seinen wichtigsten Gesichtspunkten aufzeigen. Die Aspekte der städtischen und ländlichen Armenfürsorge können Sie dabei entweder in einer Gesamtschau darstellen oder sie nach den Bereichen Stadt und Dorf gliedern.*

In der **Frühen Neuzeit** setzte sich die **soziale Fürsorge in Stadt und Land** aus verschiedenen Bausteinen zusammen. Grundsätzlich erhielten in der Ständegesellschaft des 15. bis 18. Jahrhunderts die meisten Bedürftigen **Hilfe im privaten Bereich** durch die Verwandtschaft oder Nachbarn. Ergänzt wurde diese Form der Unterstützung durch die Angebote **religiöser Einrichtungen**. Bereits im Mittelalter galt das **Almosengeben** an Arme als Akt der **christlichen Nächstenliebe und Barmherzigkeit**, durch den das **Seelenheil des Einzelnen** begünstigt werden konnte. Daher gab es sowohl Spenden und Schenkungen reicher Privatpersonen als auch von der Kirche verwaltete Stiftungen.

Einen wichtigen Beitrag zur Armenversorgung leisteten außerdem die **Genossenschaften und Zünfte**, insbesondere in den Städten, teilweise in den Dörfern. Mithilfe von Unterstützungskassen wurden deren Mitglieder sozial abgesichert. In Notsituationen konnten durch diese **genossenschaftlich organisierte Hilfe** sogar Versorgungsleistungen für ganze Familien angeboten werden.

An der Schwelle vom Mittelalter zur Frühen Neuzeit wandelte sich der Blick auf Arme und Bettler, was sich auch in der sozialen Fürsorge widerspiegelte: Besonders in **protestantischen** Gebieten wurde der **Wert der Arbeit** verstärkt betont, weil sich die Frömmigkeitsauffassung infolge der Reformation gewandelt hatte. Damit einher ging die Sichtweise, dass alle zur Arbeit erzogen werden müssten; Untätigkeit wurde als Faulheit gebrandmarkt. Man erließ **„Bettelordnungen"**, die den Umgang mit Bettlern und Bedürftigen regeln sollten. In diesem Zusammenhang übernahmen die Kommunen mehr und mehr die Organisation der **städtischen Armenfürsorge**, welche sich schon mit dem Anwachsen der Städte zunehmend ausdifferenziert hatte. So wurden im 17. Jahrhundert **Zucht- und Arbeitshäuser** eingerichtet: Dort sollten Bettler **zur Arbeit erzogen** werden, um sie anschließend wieder in die Gesellschaft zu integrieren. Gleichzeitig betrieben die Kommunen jedoch auch **Armenküchen und Siechenhäuser**. Die Tatsache, dass die weltlichen Obrigkeiten immer mehr Verantwortung im sozialen Bereich übernahmen, zeigt sich z. B. in der Einrichtung von **Spitälern**, die zuvor meist von Klöstern betrieben wurden.

2 *Die Aufgabe ist in einen situativen Rahmen eingebettet: Auf einer Schulveranstaltung sollen Sie einen Vortrag halten und dabei eine „differenzierte Stellungnahme" (AFB III) abgeben zur Frage „Eine Randgruppe? Der Status von Juden in der Ständegesellschaft des 15. bis 18. Jahrhunderts". Adressaten sind die Schülerinnen und Schüler der Oberstufe sowie deren Eltern. Die Aufgabe gibt bereits eine Zweiteilung des Vortrags vor: Zuerst sollen Sie die Karte der Stadt Pappenheim von 1760 (M 1) „analysieren" (AFB II), also systematisch und gezielt untersuchen. Im zweiten Schritt werten Sie Ihre Ergebnisse im Hinblick auf das gegebene Thema aus. Hierbei verlangt der Operator, sowohl Pro- als auch Kontra-Argumente zur Frage anzuführen, ob Juden damals eine gesellschaftliche Randgruppe darstellten. Schließen Sie mit einem gut begründeten Urteil. Achten Sie auch darauf, dass Sie Ihr Publikum direkt ansprechen und dessen Aufmerksamkeit durch einen interessanten und ggf. aktuellen Einstieg gewinnen.*

Sehr geehrter Herr Schulleiter,

sehr geehrte Lehrerinnen und Lehrer,

sehr geehrte Gäste,

liebe Eltern,

liebe Mitschülerinnen und Mitschüler,

infolge der Coronakrise haben in Deutschland derzeit wieder **Verschwörungstheorien** erheblichen Zulauf. Dabei wird auch auf **alte Feindbilder** zurückgegriffen, die sich oftmals auf Minderheiten wie **Juden** beziehen. Bereits die Pestwellen des Mittelalters haben ähnliche Verhaltensmuster hervorgebracht. Auf der Suche nach einem **Sündenbock** wurde man damals bei den Juden fündig und warf ihnen vor, die Brunnen vergiftet zu haben und somit schuld an der Pest zu sein. Wie war nun die gesellschaftliche Stellung der Juden in **Spätmittelalter** und **Früher Neuzeit**? Handelte es sich bei ihnen damals tatsächlich um eine **Randgruppe**? Dieser Frage werde ich nachgehen, indem ich den Status von Juden in der Ständegesellschaft des 15. bis 18. Jahrhunderts beleuchte. Zur Veranschaulichung jüdischen Lebens zu dieser Zeit möchte ich Ihnen zunächst eine Karte der deutschen Residenzstadt Pappenheim aus dem 18. Jahrhundert zeigen.

In der **Karte „Jüdische Wohntopographie in Pappenheim 1760"** ist bereits auf den ersten Blick ersichtlich, dass die Stadt – zumindest in diesem Ausschnitt – von zwei breiten Hauptstraßen geprägt war, die beide im Marktplatz münden. Dabei führt die „Herrn-Gasse" am Alten Schloss und der Stadtpfarrkirche vorbei, während in der „**Juden-Gasse**" die **Synagoge** liegt. Die meisten Häuser sind weiß markiert und befanden sich demnach in christlichem Besitz. Über die Stadt verteilt gehörten nur **sieben Häuser jüdischen Familien**. Auch wenn die Synagoge und die meisten jüdischen Häuser tatsächlich in der Judengasse zu finden waren, lagen sie gleichzeitig **zentral** in der Stadtmitte in der Umgebung von Marktplatz, Rathaus, Altem Schloss und Stadtpfarrkirche. Insgesamt ergibt sich also nicht das Bild eines **separaten Judengettos an der Stadtgrenze**.

Dennoch deutet die Karte bereits an, dass es Faktoren gab, die Juden an den Rand der Gesellschaft drängten. So kann man in M 1 erkennen, dass sich **wenige jüdische Familien** einer **Vielzahl christlicher Nachbarn** gegenübersahen, was auf ein Leben als **religiöse Minderheit** schließen lässt. Anders als in Pappenheim mussten Juden in vielen Städten, in denen sie nach den Vertreibungen des Spätmittelalters Zuflucht gesucht hatten, in separierten Vierteln (**Gettos**) leben. Manche Reichsstädte und Territorialstaaten verwiesen jüdische Gemeinden dagegen vollständig des Landes.

Zu diesen territorialen Aspekten kam eine **rechtliche Sonderstellung der Juden**, die meist als „**Schutzverwandte**" der Landesherren lebten, d. h. die Obrigkeit gewährte ihnen gegen Sonderabgaben ein zeitlich befristetes Aufenthaltsrecht und Schutz. Im Gegenzug erhofften sich die Herren davon ökonomische Vorteile. Gerade diese Schutzbedürftigkeit stützt die Behauptung, dass Juden als Randgruppe zu betrachten waren. Für diese These sprechen darüber hinaus die an vielen Orten erlassenen besonderen **Kleidervorschriften** für Juden, die z. B. gelbe Ringe oder Spitzhüte tragen mussten.

Auch im **wirtschaftlichen** Bereich gab es Ausnahmeregelungen für Juden, z. B. in Form von **Berufsverboten**. In diesem Zusammenhang etablierte sich hier das **Stereotyp vom geldgierigen Juden** als dauerhaftes Feindbild. Dies lag daran, dass das Kreditwesen für Juden eine der wenigen verbleibenden Möglichkeiten des Gelderwerbs war, da es ihnen verboten war, im Handwerk oder in der Landwirtschaft tätig zu sein. Gerade im wirtschaftlichen Leben fand der **christlich geprägte Antijudaismus** des Mittelalters oft seine Fortsetzung. Grundsätzlich wurden durch die Verleumdung von Juden als Ungläubige weiterhin vielerorts **Gewalt und Diskriminierung** legitimiert.

All diese Aspekte deuten darauf hin, dass man den Juden in der Ständegesellschaft des 15. bis 18. Jahrhunderts tatsächlich den **Status einer gesellschaftlichen Randgruppe** zusprechen kann.

Andererseits nahmen Juden häufig eine wichtige Rolle im städtischen Leben ein. Das Beispiel Pappenheim macht deutlich, dass Juden in zentraler Lage Häuser besitzen und in unmittelbarer Umgebung mit ihren christlichen Nachbarn leben konnten, es also nicht immer ein **separates Judenviertel** gab. In vielen deutschen Städten ist ein dauerhaftes **Fortbestehen jüdischer Gemeinden** nachgewiesen. Die Nähe jüdischer Häuser zum Pappenheimer Marktplatz spielt zudem auf die Bedeutung an, die jüdische **(Klein-)Händler und Kaufleute** durchaus für das städtische Wirtschaftsleben hatten, besonders durch die Vergabe von Krediten. Darüber hinaus waren **jüdische Gelehrte und Ärzte** oftmals hoch geachtet. Manche Juden konnten sogar als „Hofjuden"/Hoffaktoren aufsteigen. Ebenso muss man die rechtliche Lage differenziert betrachten: Zwar waren die verschiedenen

Judenordnungen eher restriktiv, dennoch wurde von den Landesherren auch das **Recht auf freie Religionsausübung** größtenteils schutzbrieflich fixiert.

Insofern kann die Frage, ob Juden im 15. bis 18. Jahrhundert den Status einer gesellschaftlichen Randgruppe einnahmen, **nicht eindeutig** beantwortet werden. Zwar befanden sie sich in einer **christlich dominierten Gesellschaft**, in der zahlreiche Sonderregelungen für Juden vorhanden waren; trotz der trennenden Faktoren gab es aber durchaus Berührungspunkte zwischen der Mehrheitsgesellschaft und der jüdischen Bevölkerung: Gerade im Alltag lebten die Menschen oft **weniger stark** voneinander **abgegrenzt**, als so manche Judenordnung es vermuten lässt; neben wirtschaftlichen Verbindungen wurden nachbarschaftliche Beziehungen gepflegt. Vielerorts machte sich allerdings auch eine **tief verwurzelte Judenfeindschaft** bemerkbar.

Betrachtet man die vielfältigen Facetten des Zusammenlebens in der Ständegesellschaft, lässt sich abschließend feststellen, dass das Verhältnis der Juden zum Rest der Bevölkerung an den meisten Orten **gleichzeitig und in unterschiedlichem Ausmaß von Distanz und Nähe geprägt** war. Juden waren eine Minderheit, standen deshalb aber nicht zwangsläufig am Rande der Gesellschaft. Das Beispiel Pappenheim zeigt, dass man hierbei auch die jeweiligen lokalen Verhältnisse berücksichtigen sollte.

Ein friedliches Miteinander erforderte jedoch von allen Seiten ein **offenes Entgegenkommen**. Dies gilt damals wie heute. Angesichts zunehmender Vorbehalte in unserer heutigen Gesellschaft gegenüber allem Fremden erscheint es wichtiger denn je, dass wir unseren Mitmenschen mit **Respekt und Toleranz** begegnen, völlig unabhängig von deren Religion, Geschlecht, Herkunft oder Hautfarbe.

3 *Die gesamte Aufgabe widmet sich speziell dem Stand der Bauern in der Gesellschaft der Frühen Neuzeit (Teilaufgabe 3.1) und während des Übergangs zur modernen Industriegesellschaft (Teilaufgabe 3.2). Im Zentrum steht eine Textquelle des aufklärerischen Autors Christian Garve aus dem Jahr 1786 (M 2).*

3.1 *In der ersten Teilaufgabe sollen Sie aus Garves Denkschrift (M 2) seine Argumentation bezüglich des Systems der Grundherrschaft und die unterschiedlichen Positionen, die er dabei anführt, „herausarbeiten" (AFB II). Der Operator verlangt von Ihnen, die entsprechenden Informationen aus dem Textmaterial zu entnehmen, in eigenen Worten zusammenzufassen und durch Zitate zu belegen.*

Die **Denkschrift** von **Christian Garve**, aus der der **Auszug M 2** stammt, trägt den Titel „Über den Charakter der Bauern und ihr Verhältnis gegen die Gutsherrn und gegen die Regierung" und ist **1786** in **Breslau** erschienen. Die Überschrift des Abschnitts lautet: „Für und wider" (Z. 1). Daran erkennt man schon die Absicht des Verfassers, verschiedene Argumente bzw. Positionen zum Thema „Grund-/Gutsherrschaft" gegeneinander abzuwägen. Im Folgenden soll Garves Argumentationskette nachvollzogen werden.

Zuerst widmet sich der Autor den **Gegnern der Grundherrschaft** (vgl. Z. 2–17), die dieses System als **Tyrannei** über die Bauern, die dem **aufklärerischen „Ideal von Freiheit und Gleichheit**" (Z. 2) widerspreche, betrachten würden (vgl. Z. 3–5). Beispielhaft zählt er verschiedene Punkte auf, die in den Augen der Kritiker Unfreiheiten und Einschränkungen seien: So hätten die Bauern eine **Residenzpflicht** und bräuchten **für eine Heirat die Zustimmung des Grundherrn** (vgl. Z. 5–7). Zudem **verdienten** sie nur **wenig** und müssten **Abgaben** zahlen, wenn sie etwas erben oder verkaufen wollten oder in die Freiheit entlassen worden seien (vgl. Z. 7–13). Auch die Kinder der Bauernfamilien seien aufgrund des **Gesindezwangs** verpflichtet, auf dem Hof mitzuarbeiten (vgl. Z. 13 f.). Darüber hinaus müsse man jederzeit mit **körperlicher Züchtigung** rechnen (vgl. Z. 14 f.). Daher werde, so Garve, die Lage der Bauern von manchen als „wahre **Sklaverei**" (Z. 16) angesehen, in der die Untertanen „ihrer natürlichen Rechte beraubt [scheinen]" (Z. 17). Durch die doppelte Verwendung des Verbs „scheinen" (vgl. Z. 15, 17) deutet sich bereits an, dass der Verfasser diese Meinung **nicht teilt**.

Im zweiten Abschnitt legt Garve die Position der **Befürworter der Grundherrschaft** dar (vgl. Z. 18–33). Ihnen zufolge würden die Grundherren **keine Willkürherrschaft** über ihre Untertanen ausüben, vielmehr sei das Verhältnis zwischen beiden Parteien **vertraglich** geregelt und jeweils mit **Rechten und Pflichten** verbunden: Der „Eigentümer von Grund und Boden" (Z. 20) lässt, so erklärt es M 2, den Bauern einen Teil seines Besitzes bewirtschaften, dafür muss dieser verschiedene Dienste leisten, Abgaben zahlen und die Gerichtsbarkeit des Grundherrn akzeptieren (vgl. Z. 18–24). Diese Verträge seien **rechtens**, da die betroffenen Bauern freiwillig zugestimmt hätten (vgl. Z. 24–26). Zudem sei die **Nachfrage** nach freien „Bauer- oder Gärtnerstellen" (Z. 27) trotz Kenntnis der damit „verbundne[n] Lasten" (Z. 28) **ungebrochen** und der Kaufpreis für derartige „Stellen" (Z. 28) letztlich **sehr niedrig**, weshalb auch die **zusätzlichen Dienste und Abgaben** gerechtfertigt seien (vgl. Z. 26–33). Auch wenn der Verfasser seine Meinung in diesem Abschnitt noch nicht eindeutig zeigt, scheint er doch die Position der Unterstützer der Grund-/Gutsherrschaft zu **befürworten**.

Nachdem Garve die Ansichten beider Seiten ausgeführt hat, kommt er im letzten Absatz zu seinem **eigenen Urteil**, dass die „Lasten des Landmanns" (Z. 35) insgesamt gerechtfertigt seien (vgl. Z. 34). Um diese Bewertung zu stützen, führt er weitere Argumente an: Wenn die Lage der Bauern so elend wäre, hätten diese nicht überlebt und die **Gutshöfe** wären **heruntergewirtschaftet** (vgl. Z. 34–38). Auch gebe es durchaus „**wohlhabende Bauern**" (Z. 38), was seine These untermauert, dass das System der Grundherrschaft grundsätzlich **gerecht** sei.

3.2 *Der zweite Teil der Aufgabe thematisiert die Liberalisierung der Grundherrschaft durch staatliche Reformen zu Beginn des 19. Jahrhunderts: Sie sollen „überprüfen" (AFB III), inwieweit sich dadurch die Lage, wie Garve sie in M 2 beschreibt, für die Bauern verbessert hat. Garves Denkschrift ist in Breslau in Schlesien, das damals zu Preußen gehörte, erschienen. Sollte Ihnen diese Information nicht aus dem Unterricht bekannt sein, könnten Sie einschlägige Karten aus dem zur Prüfung zugelassenen Geschichtsatlas konsultieren. Vor diesem Hintergrund ist es möglich, dass Sie sich in Ihren Ausführungen besonders auf Liberalisierungsmaßnahmen in Preußen konzentrieren. Der Operator verlangt, den Einfluss der liberalen Reformen auf die Bauern zu bewerten. Hier gibt es zwei Vorgehensweisen: Sie können, wie im folgenden Lösungsvorschlag, die Veränderungen durch konkrete Maßnahmen strukturiert darstellen und bei jedem Aspekt direkt die Vor- und Nachteile für den Bauernstand abwägen. Alternativ ist eine Herangehensweise in zwei Schritten möglich: Stellen Sie hierbei zunächst die liberalen Reformen im Überblick dar und bewerten Sie dann, ob sich die Lage der Bauern zum Positiven verändert hat oder nicht. In jedem Fall müssen Sie zu einem differenzierten Urteil gelangen, das die ambivalenten Entwicklungen berücksichtigt.*

Garves Denkschrift (M 2) über die Grund- bzw. Gutsherrschaft ist 1786 in **Breslau** in Schlesien, das damals von der **Gutsherrschaft** geprägt war, erschienen. Gerade die ostelbischen Gebiete galten zu Beginn des 19. Jahrhunderts als **rückständig**. Ziel der **Agrarreformen in Preußen** (wie in anderen deutschen Staaten) war es, die wirtschaftliche Entwicklung voranzutreiben und die starren feudalen Strukturen abzuschaffen.

Die „**Bauernbefreiung**" versprach den betroffenen Untertanen **viele neue Freiheiten**, insbesondere auf dem Berufs- und Arbeitsmarkt. Mit dem Ende der Leibeigenschaft erwartete man eine geringere Belastung der bäuerlichen Schicht und einen **größeren persönlichen Entfaltungsfreiraum:** Die Bauern waren fortan nicht mehr von ihrem Grundherrn abhängig und mussten sich gewissen sozialen Zwängen (z. B. Heiratsbeschränkungen) nicht mehr unterwerfen.

Doch die Auflösung der persönlichen Abhängigkeitsverhältnisse brachte auch **Nachteile für die Bauern** mit sich. Viele konnten den Kaufpreis für den Grund und Boden, den sie zuvor bewirtschaftet hatten, nicht aufbringen und wurden oft zu **besitzlosen Tagelöhnern**. Zudem hatten die Strukturen der Ständegesellschaft ein soziales Netz dargestellt, das Schutz, Sicherheit und Fürsorge geboten hatte, auch durch den Grundherrn, der z. B. in Notzeiten die Versorgung mit Lebensmitteln gesichert hatte. Der **Wegfall sozialer Sicherungsmechanismen** führte häufig zur **Verelendung der bäuerlichen Unterschicht**.

Große Wirkkraft entfaltete darüber hinaus die **Gewerbefreiheit**. Dem Einzelnen eröffneten sich **neue Perspektiven und Möglichkeiten**, wirtschaftliche **Eigeninitiative** zu zeigen, was zuvor durch die eingeschränkten persönlichen Freiheiten sowie besonderen Regelungen wie dem Zunftzwang ausgeschlossen war. Nun konnten alle Untertanen – auch Angehörige des Bauernstands – ihren Beruf frei wählen, ein Gewerbe anmelden und bei entsprechender Leistung gesellschaftlich **aufsteigen**. Allerdings bekamen Gewerbetreibende und Handwerker den **Druck des freien Markts** zu spüren; die Zunahme an Betrieben führte zu **verstärkter Konkurrenz**. In der Folge verarmten viele Gewerbetreibende, wobei sich auch hier das Ende früherer sozialer Absicherung bemerkbar machte.

Auch die **Aufhebung der Residenzpflicht** erhöhte die persönliche Freiheit des Einzelnen und bot ebenfalls neue Chancen: Nun konnte jeder in die Stadt ziehen, um seinen Berufswünschen nachzugehen und nach Arbeit zu suchen. Die Freizügigkeit bewirkte aber auch eine zunehmende **Landflucht**, die die Not in den Städten verstärkte und auf diese Weise den Prozess der Verarmung beschleunigte.

So zeigt sich, dass die liberalen Modernisierungsmaßnahmen und deren Folgen für die Bauern **differenziert** betrachtet werden müssen. Auf der einen Seite hatten die starren grund- bzw. gutsherrschaftlichen Strukturen den Entfaltungsmöglichkeiten der Bauern enge Grenzen gesetzt, sodass die Agrar- und Wirtschaftsreformen zu **größerer individueller Freiheit** führten und man hier durchaus von einer Verbesserung der Lebensbedingungen der Bauern sprechen kann. Auf der anderen Seite hatten die Liberalisierungsmaßnahmen auch negative Effekte, darunter den Wegfall sozialer Sicherungsmechanismen. Für viele war die neue persönliche Freiheit mit einem **wirtschaftlichen Abstieg** verbunden. Diese **fatalen sozialen Folgen** sollten – im Zusammenspiel mit weiteren Faktoren – letztlich im „**Pauperismus**" bzw. später in der „**Sozialen Frage**" münden.

4 *Im Zentrum der Aufgabe steht ein Zitat der Frauenrechtlerin Louise Otto-Peters von 1848, das Sie zunächst in eigenen Worten zusammenfassen sollten. Davon ausgehend müssen Sie „erörtern" (AFB I–III), inwieweit sich die Lebenssituation von Frauen während der Industrialisierung des 19. Jahrhunderts zum Positiven veränderte. Berücksichtigen Sie in Ihren Ausführungen neben diesem zeitlichen Kontext auch den unterschiedlichen sozialen Status der Frauen. Der Operator fordert von Ihnen, dass Sie abwägen, inwiefern sich die Lage von Frauen damals verbesserte oder verschlechterte: Führen Sie also sowohl Pro- als auch Kontra-Argumente an und gelangen Sie abschließend zu einem begründeten Urteil. Sie haben zwei Möglichkeiten, Ihre Erörterung zu strukturieren: Entweder stellen Sie zuerst die positiven Entwicklungen dar und gehen in einem zweiten Abschnitt auf die negativen Aspekte ein oder Sie gliedern Ihre Lösung (wie im Folgenden) nach inhaltlichen Gesichtspunkten und erläutern jeweils direkt Vor- und Nachteile.*

Louise Otto-Peters hat die **deutsche Frauenrechtsbewegung** im 19. Jahrhundert maßgeblich beeinflusst. Im Folgenden soll eine ihrer Aussagen erläutert und davon ausgehend die Frage diskutiert werden, inwieweit sich die **Lebenssituation von Frauen** in der Industriegesellschaft des 19. Jahrhunderts **verbesserte**.

In ihrem Schreiben „**Adresse eines Mädchens**" von **1848** formuliert Otto-Peters folgenden Aufruf: „Meine Herren! Im Namen der Moralität, im Namen des Vaterlandes, im Namen der Humanität fordere ich Sie auf: Vergessen Sie bei der Organisation der Arbeit die Frauen nicht!" Die Frauenrechtlerin richtet sich hier explizit an die **männliche Bevölkerung**, da diese die Arbeitswelt der Industriegesellschaft maßgeblich gestaltete, während Frauen zu diesem Zeitpunkt **keine Mitspracherechte** hatten. Dabei appelliert Otto-Peters an die moralische Ehre, Vaterlandsliebe und Menschlichkeit der Männer, damit diese die Frauen bei der

Planung und Gestaltung von Arbeit ebenfalls berücksichtigten. Otto-Peters' Aufruf zeigt, dass die Stimme der Frauen im 19. Jahrhundert zunehmend lauter wurde, was als eine erste positive Folge des Übergangs von der Stände- zur Industriegesellschaft gesehen werden kann: Damals formierte sich eine **Frauenrechtsbewegung**, die es sich zum Ziel setzte, die Lage der Frauen zu verbessern. Neben dem wirtschaftlichen Leben und dem Arbeitsmarkt, auf die Otto-Peters eingeht, betraf dies die rechtliche Stellung der Frau und politische Mitspracherechte.

Dies galt auch für bisherige **Rollenbilder von Mann und Frau**, die von der Frauenbewegung zunehmend hinterfragt wurden. So herrschte damals v. a. in bürgerlichen Kreisen die Ansicht vor, dass Frauen für Haushalt und Kinder zuständig waren, die Männer dagegen einer Erwerbstätigkeit außer Haus nachgingen und am gesellschaftlichen Leben teilnahmen. Hier wirkte sich zudem der Übergang von der Stände- zur Industriegesellschaft aus: Während zuvor das „Ganze Haus" mit der Einheit von Arbeiten und Wohnen dominiert hatte, trennten sich nun der öffentliche und private Bereich und somit die vermeintlichen Lebenswelten von Mann und Frau. Dieses Rollenverständnis traf aber besonders auf das Bürgertum zu, weniger auf Frauen aus dem Arbeiter- oder Bauernmilieu, die häufig einer Arbeit nachgehen mussten, um zum Lebensunterhalt der Familie beizutragen. Da erwerbstätige Frauen auch nur über ein geringes Einkommen und infolgedessen wenig Ansehen verfügten, wurden tradierte Rollenbilder meist noch bekräftigt.

Hier sei noch darauf verwiesen, dass im Rahmen der Liberalisierungsmaßnahmen des frühen 19. Jahrhunderts **Heiratsbeschränkungen** weitgehend aufgehoben worden waren, wodurch sich die Möglichkeiten für Mädchen aus ärmeren Schichten, eine **eigene Familie** zu gründen, zumindest theoretisch verbesserten.

Insgesamt stieg der **Anteil erwerbstätiger Frauen** im 19. Jahrhundert stetig an; allerdings muss man, was die ausgeübten Berufe und damit verbunden den Grad der Selbstständigkeit betrifft, ebenfalls zwischen den **verschiedenen Schichten** differenzieren: So erlangten bürgerliche Frauen oft als Lehrerinnen einen gewissen Grad an Freiheit. Frauen aus niederen Schichten ergriffen dagegen häufig den Beruf des Dienstmädchens, womit sie zwar Geld verdienten, aber nicht unabhängiger wurden. Die Lage von Arbeiterinnen war dagegen von Elend geprägt: Oft waren sie zur Erwerbstätigkeit gezwungen, gewannen dadurch aber keine Eigenständigkeit. Gerade auf Frauen in den unteren Schichten erhöhte sich der Druck durch die **doppelte Anforderung**, Geld verdienen und sich gleichzeitig um Haushalt und Kinder kümmern zu müssen. Im Laufe des 19. Jahrhunderts etablierte sich zwar die **Arbeiterbewegung**, um die Situation der Arbeiter zu verbessern, aber auch hier standen die Anliegen der Männer im Zentrum. Für die Arbeiterinnen setzte sich daher vor allem die **proletarische Frauenbewegung** ein.

Ebenso waren die **Aufstiegschancen** für Frauen in hohem Maße abhängig von ihrer Herkunft. Damals erlebte das Bildungssystem in den deutschen Gebieten zwar einen Aufschwung; im späten 19. Jahrhundert wurden Gymnasien und Universitäten sogar sukzessive für Mädchen und Frauen geöffnet, wodurch sich ihre **Bildungschancen** und Perspektiven insgesamt erhöhten. Diese neuen Wege waren jedoch Frauen aus höheren Schichten vorbehalten: Während junge Frauen aus bürgerlichen Familien auf diese Weise wenigstens eine Grundausbildung bekamen, hatten Arbeiter- und Bauerntöchter nur begrenzten Zugang zu Bildung.

In der Industriegesellschaft des 19. Jahrhunderts veränderte sich also die Situation der Frauen in einigen Aspekten durchaus **zum Positiven**, besonders im Vergleich zu den starren Strukturen der Ständegesellschaft. Viele Verbesserungen waren aber stark **vom sozialen Status abhängig**, sodass bürgerliche Frauen eher Freiheiten gewannen als Arbeiterinnen. Insgesamt übten immer mehr Frauen eine Lohnarbeit aus, das öffentliche Leben blieb jedoch den Männern vorbehalten; auch die **politische Emanzipation** war weit entfernt. Darüber hinaus waren Frauen, unabhängig von ihrer Schichtzugehörigkeit, in rechtlicher und gesellschaftlicher Hinsicht immer noch von ihrem Ehemann abhängig.

So kann man festhalten, dass im 19. Jahrhundert zwar zunehmend Vertreterinnen der Frauenrechtsbewegung wie Louise Otto-Peters auf die Situation der Frauen aufmerksam machten und Gleichbehandlung forderten. Von einer **Gleichstellung der Geschlechter** konnte damals aber noch **keine Rede** sein. Allenfalls lassen sich **erste Schritte** hin zu einer Verbesserung der Lage von Frauen erkennen.

5 *Der folgende Lösungsvorschlag greift die **Teilaufgabe b)** zum Halbjahr **12/1** auf. Die Lösungsvorschläge zu den Halbjahren **11/2** und **12/2** finden Sie auf den Seiten 61 ff. und 30 ff. dieses Jahrgangs.*
Thema der Aufgabe ist das deutsch-französische Verhältnis im 19. und 20. Jahrhundert. Den Ausgangspunkt bildet ein Auszug aus einer Pressemitteilung des Auswärtigen Amts anlässlich des Aachener Vertrags vom 22. Januar 2019. Dieser knüpft an den Élysée-Vertrag von 1963 an, der die deutsch-französische Annäherung nach dem Zweiten Weltkrieg manifestiert hat. Im Zitat wird die vermeintliche deutsch-französische „Erbfeindschaft" als Ursache für diverse Kriege in Europa und ihre Überwindung folglich als bedeutend für die europäische Integration thematisiert. Hierzu wird von Ihnen eine kritische „Stellungnahme" (AFB III) verlangt: Sie müssen verschiedene Argumente zu diesem Sachverhalt entwickeln und zu einem begründeten Urteil gelangen. Im vorliegenden Fall wird der Operator sogar noch präzisiert: So sollen Sie den Begriff „Erbfeindschaft" kritisch „erläutern" (AFB II) und historisch „einordnen" (AFB II), ihn also beschreiben, durch Zusatzinformationen verdeutlichen und in den geschichtlichen Zusammenhang stellen. Im letzten Schritt müssen Sie die Bedeutung der deutsch-französischen Freundschaft für die europäische Einigung bis 1963 „bewerten" (AFB III), d. h. diesen Sachverhalt überprüfen und ein eigenes Urteil entwickeln.

Am 22. Januar **2019** knüpften die deutsche Bundeskanzlerin Angela **Merkel** und der französische Staatspräsident Emmanuel **Macron** mit der Unterzeichnung des **Aachener Vertrags** an den **Élysée-Vertrag** von 1963 an. Dieser war ein wichtiger **Meilenstein der deutsch-französischen Annäherung** nach dem Zweiten Weltkrieg. Seine historische **Bedeutung** wird ebenfalls in einer Erklärung des Auswärtigen Amts anlässlich des Aachener Vertrags deutlich: Der Élysée-Vertrag sei eine „historische Weichenstellung" gewesen, da **Deutschland und Frankreich** „Lehren aus der blutigen Vergangenheit" gezogen und die „angeblich[e] Erbfeindschaft" beendet hätten. Des Weiteren wird die deutsch-französische Freundschaft in der Pressemitteilung als „**Motor der europäischen Einigung**" bezeichnet. Im Folgenden soll zunächst der Begriff „Erbfeindschaft" kritisch erklärt und historisch eingeordnet werden. Anschließend wird die Rolle der deutsch-französischen Freundschaft für die europäische Einigung bis 1963 bewertet.

Bei der „**Erbfeindschaft**" handelt es sich um ein **Konstrukt,** das seine **Wurzeln im 19. Jahrhundert** hat. Dieses **ideologische** Konzept propagiert eine vermeintlich naturgegebene, historisch letztendlich jedoch nicht begründbare dauerhafte Feindschaft zwischen Deutschland und Frankreich. Vor dem Hintergrund des entstehenden **Nationalismus** wurden seit Beginn des 19. Jahrhunderts zunehmend **nationale Selbst- und Fremdbilder** eingesetzt, um das Bewusstsein der eigenen Nation zu fördern. In diesem Kontext spielten die „**Befreiungskriege**" **gegen Napoleon** 1813–1815 eine wichtige Rolle: Die Idee eines gemeinsamen Feindes, nämlich der Franzosen, wirkte **identitätsstiftend** für die Truppen aus verschiedenen deutschen Einzelstaaten.

Im weiteren Verlauf des 19. Jahrhunderts griff vor allem **Bismarck** die Idee der „Erbfeindschaft" auf: Für den von ihm angestrebten Krieg gegen Frankreich und die nationale **Einigung der deutschen Einzelstaaten unter preußischer Führung** nutzte der preußische Ministerpräsident **alte Ressentiments**, um die Gewalt zu rechtfertigen. Der Deutsch-Französische Krieg 1870/71 schien die konstruierten Feindbilder zu bestätigen und verstärkte die **Rivalität** der Nachbarn. Vor allem die Elsass-Lothringen-Frage führte in der Folge immer wieder zu Spannungen.

Einen weiteren blutigen Höhepunkt erlebte die „Erbfeindschaft" im **Ersten Weltkrieg**. Auf beiden Seiten dienten alte Stereotype dem Zweck, den Gegner zu **diffamieren** und das eigene gewalttätige Vorgehen zu **legitimieren**. Nach Kriegsende konnte der **Versailler Vertrag** keinen dauerhaften Frieden zwischen den Ländern stiften, sondern intensivierte die negativen Fremdbilder vielmehr. Auch wenn es durchaus zu einer Annäherung auf staatlicher Ebene kam (Stresemann – Briand), bestand der Gedanke der „Erbfeindschaft" fort und wurde **im Zweiten Weltkrieg wiederbelebt**. Insgesamt hatten sich die nationalen Feindbilder durch die gewalttätigen Konfrontationen im 19. und in der ersten Hälfte des 20. Jahrhunderts im Bewusstsein der Franzosen und Deutschen **fest verankert**.

Vor diesem Hintergrund war ein Ende der Feindschaft zwischen (West-)Deutschland und Frankreich ein wichtiger Aspekt der **Friedenssicherung** in Europa nach 1945: Ohne die **Beseitigung gegenseitiger Vorurteile** zwischen den vermeintlichen „Erbfeinden" konnte es keine **(west-)europäische Einigung** geben. Maßgeblich beteiligt an der Überwindung der früheren Gegnerschaft waren der deutsche Bundeskanzler **Konrad Adenauer** und der französische Staatspräsident **Charles de Gaulle**, die durch Staatsbesuche und einen gegenseitigen Austausch aufeinander zugingen.

Dabei wurde die Annäherung zwischen der Bundesrepublik und Frankreich auf der **politischen** Ebene durch die **Zusammenarbeit im wirtschaftlichen Bereich** vorbereitet. 1950 schlug der französische Außenminister Robert **Schuman** die gemeinsame Verwaltung der kriegswichtigen Kohle- und Stahlproduktion vor („Schuman-Plan“). Dies führte ein Jahr später zur Gründung der Europäischen Gemeinschaft für Kohle und Stahl (**EGKS**, „Montanunion“), der neben Westdeutschland und Frankreich auch die Beneluxstaaten und Italien beitraten. Auf diese Weise wurde der Weg geebnet für eine weitere Kooperation im wirtschaftlichen Bereich: 1957 unterzeichneten die sechs EGKS-Mitglieder die **Römischen Verträge** und vereinbarten u. a. die Schaffung eines gemeinsamen Binnenmarkts und die Zusammenarbeit in gemeinsamen Institutionen. Durch die Einrichtung der Europäischen Wirtschafts- und Europäischen Atomgemeinschaft (**EWG** bzw. **EURATOM**) wurde der **Grundstein für die heutige Europäische Union** gelegt. Hier zeigt sich, dass die von Westdeutschland und Frankreich vorangetriebene wirtschaftliche Zusammenarbeit eine wichtige Voraussetzung für die spätere Kooperation im politischen Bereich war.

Diese Schritte müssen zudem im Zusammenhang mit dem **Ost-West-Konflikt** gesehen werden. Um das **Vertrauen** der westlichen Siegermächte und ehemaligen Weltkriegsgegner zu gewinnen, strebte Bundeskanzler Adenauer die **Westintegration der Bundesrepublik** an. In einer engen Bindung an die Westmächte sah er die Möglichkeit, die eigene staatliche Souveränität zurückzuerlangen und langfristig durch eine **Politik der Stärke** die Teilung Deutschlands zu überwinden. Dabei war die **deutsch-französische Annäherung** ein weiterer wichtiger Baustein für die Westbindung der Bundesrepublik.

Allerdings gab es in der Anfangsphase des europäischen Einigungsprozesses auch deutliche **Rückschläge**. So kam die 1952 ins Leben gerufene **Europäische Verteidigungsgemeinschaft** letztendlich nicht zustande: Die Vorbehalte gegenüber einer Wiederbewaffnung Westdeutschlands waren in Frankreich zu groß, außerdem fürchtete man einen Kontrollverlust über die eigene Armee. Das Interesse an einer engeren, staatenübergreifenden Zusammenarbeit hatte also in den westeuropäischen Staaten durchaus **Grenzen** und konzentrierte sich zunächst eher auf den ökonomischen Bereich. Darüber hinaus waren die frühen Erfolge der europäischen Integration **auf Westeuropa beschränkt**. Die **osteuropäischen Staaten**, die bis zum Ende des Kalten Kriegs unter Führung der Sowjetunion standen, blieben von diesem Prozess lange ausgeschlossen. Zudem verschärfte die Westbindung der Bundesrepublik die **Differenzen** mit den östlichen Nachbarn und sorgte für Spannungen, v. a. mit dem zweiten deutschen Teilstaat, der **DDR**.

Auch wenn der frühe europäische Integrationsprozess nicht ohne Schwierigkeiten verlief, kam es damals zu **wichtigen Meilensteinen** auf dem Weg zu einer europäischen Einigung, die grundlegend waren für die Europäische Union, wie wir sie heute kennen. In diesem Prozess spielte die **deutsch-französische Freundschaft**, die durch den **Élysée-Vertrag** 1963 vertraglich festgehalten wurde, eine bedeutende Rolle, sodass man sie zu Recht als „**Motor der europäischen Einigung**“ bezeichnen kann.

Abitur Geschichte (Bayern) – 2020 – Aufgabe II
Demokratie und Diktatur – Probleme der deutschen Geschichte im 20. Jahrhundert

1 Erläutern Sie die Rolle der Parteien für das Scheitern der Weimarer Republik! (20 BE)

2 Nehmen Sie begründet Stellung zur Frage, inwieweit die Karikatur von Hanns Erich Köhler aus dem Jahr 1958 (M 1) die Akzeptanz des demokratischen Systems in der frühen Bundesrepublik hinreichend erklärt! (22 BE)

3 Die UdSSR unterbreitete den Westalliierten 1952 das überraschende Angebot, einen deutschen Gesamtstaat zu bilden. Er sollte besatzungsfrei und neutral sein sowie aus freien Wahlen hervorgehen. Anlässlich dieser sogenannten „Stalin-Note" hielt der Ministerpräsident der DDR, Otto Grotewohl, eine Rede vor der Volkskammer der DDR (M 2). (48 BE)

3.1 Erarbeiten Sie aus Grotewohls Rede (M 2) seinen deutschlandpolitischen Standpunkt sowie das jeweils von ihm gezeichnete Bild der Bundesrepublik Deutschland und der DDR!

3.2 „In der Deutschen Demokratischen Republik genießt jeder Bürger […] die allgemeinen und gleichen demokratischen Rechte und Freiheiten, nur Feinde der Demokratie und des Friedens, Agenten und Saboteure werden in ihrer Freiheit beschränkt." (Z. 38–42)

Stellen Sie ausgehend von diesem Zitat das Verhältnis von Anspruch und Wirklichkeit in der DDR dar!

3.3 In seiner Rede spricht Otto Grotewohl der Bundesrepublik Deutschland die kritische Auseinandersetzung mit der NS-Vergangenheit ab (vgl. Z. 42–45). Überprüfen Sie, ob Grotewohls Urteil den Umgang der frühen Bundesrepublik mit der NS-Vergangenheit treffend beschreibt!

4 Bearbeiten Sie eine der drei folgenden Teilaufgaben! (30 BE)

a) zu Halbjahr 11/1
Der 21. Dezember 2018 ist ein historischer Einschnitt für die deutsche Industriegeschichte: Mit der Schließung des letzten Steinkohlebergwerks im Ruhrgebiet wurde der Steinkohlebergbau in Deutschland – und damit ein wichtiger Teil der Industrialisierung – an diesem Tag Geschichte.

Diskutieren Sie vor diesem Hintergrund anhand selbstgewählter Beispiele, welche historische Bedeutung die Zeit der Industrialisierung für die wirtschaftliche und gesellschaftliche Entwicklung in Deutschland besaß!

b) zu Halbjahr 12/1

Der am 22. Januar 2019 durch Bundeskanzlerin Merkel und Staatspräsident Macron unterzeichnete Aachener Vertrag schreibt den Elysée-Vertrag von 1963 fort. Anlässlich seiner Unterzeichnung erklärte das Auswärtige Amt:

„Mit dem Elysée-Vertrag hatten Deutschland und Frankreich vor 56 Jahren die Lehren aus der blutigen Vergangenheit gezogen und eine historische Weichenstellung vorgenommen. Aus jahrhundertealter angeblicher Erbfeindschaft wurde die deutsch-französische Freundschaft. Aus einer Konfrontation, die Europa immer wieder in Krieg und Zerstörung gestürzt hat, wurde der Motor der europäischen Einigung."

Gemeinsam für Europa – Deutschland und Frankreich schließen Aachener Vertrag, Pressemitteilung des Auswärtigen Amtes vom 18. Januar 2019, https://www.auswaertiges-amt.de/de/aussenpolitik/europa/zusammenarbeit-staaten/frankreich/aachener-vertrag/2175910 (zuletzt abgerufen am 10. Juni 2020).

Nehmen Sie zu dieser Aussage Stellung, indem Sie den Begriff der „Erbfeindschaft" kritisch erläutern, ihn historisch einordnen und die Rolle der deutsch-französischen Freundschaft für die europäische Einigung bis 1963 bewerten!

c) zu Halbjahr 12/2

„Die USA waren und sind […] ein mahnendes Beispiel und ein anziehendes Vorbild." – Mit diesen Worten endet die von den Historikern Jürgen Heideking und Christoph Mauch verfasste „Geschichte der USA" (6. Auflage 2008).

Jürgen Heideking, Christoph Mauch: Geschichte der USA, 6. Aufl. Tübingen 2008, S. 459f.

Diskutieren Sie diese Einschätzung für die US-amerikanische Außenpolitik im 20. Jahrhundert anhand geeigneter historischer Beispiele!

Material

M 1: Karikatur von Hanns Erich Köhler (1958)

Die Figur rechts trägt die Gesichtszüge von Bundeswirtschaftsminister Ludwig Erhard.

„Guck mal, Onkel Ludwig, das war vor zehn Jahren.“

M 2: Auszug aus der Rede des DDR-Ministerpräsidenten Otto Grotewohl vor der Volkskammer der DDR am 14. März 1952

Während die Aufrüstungskonferenzen und Aufrüstungsmaßnahmen der Westmächte die unruhvolle Spannung in der Welt immer mehr steigern, während die regierenden Kreise in Westdeutschland gegen den eindeutig geäußerten Willen des deutschen Volkes unbeirrt ihre verbrecherischen Kriegspläne weiterverfolgen und damit Deutschland in den Herd eines Bruderkrieges verwandeln wollen, kommt aus Moskau der klar formulierte Vorschlag der friedlichen Lösung des Deutschlandproblems und der Sicherung des europäischen Friedens, ein Vorschlag, der bei gutem Willen sofort eine Lösung der dringenden Probleme Europas möglich macht. [...]

Freie Wahlen zur verfassunggebenden Nationalversammlung sind der kürzeste Weg zur Wiederherstellung der Einheit Deutschlands. Entwürfe von Wahlgesetzen zur Durchführung gesamtdeutscher demokratischer Wahlen sind schon vorhanden [...]. Es besteht also die reale Möglichkeit, die Einheit Deutschlands wiederherzustellen, freie demokratische Wahlen in ganz Deutschland durchzuführen und eine demokratische gesamtdeutsche Regierung zu bilden, die an der Vorbereitung und Unterzeichnung des Friedensvertrages teilnehmen könnte. [...]

Auch die Forderung auf Abzug sämtlicher Streitkräfte der Besatzungsmächte aus Deutschland innerhalb eines Jahres und auf Liquidierung aller ausländischen Militärstützpunkte auf deutschem Territorium entspricht dem tiefen Sehnen des deutschen Volkes.

Wo findet sich ein Deutscher, der nicht aus vollem Herzen dieser Forderung zustimmen würde? Besonders die westdeutsche Bevölkerung, der immer größere Besatzungskosten aufgebürdet werden und die die entwürdigende Einmischung der Besatzungstruppen in die inneren deutschen Angelegenheiten immer drückender empfindet, wird diese Forderung des sowjetischen Vorschlages aufs wärmste begrüßen.

Die in dem Vorschlag der Sowjetregierung enthaltenen Forderungen auf die demokratische Gestaltung des einheitlichen Deutschlands [...] sind selbstverständliche Forderungen jedes demokratisch empfindenden Menschen und jedes demokratischen Staates. Wenn die Gegner des Friedens und der Einheit Deutschlands immer wieder die Lüge kolportieren[1], in der Deutschen Demokratischen Republik gäbe es keine demokratische Freiheit, nur der Westen habe Freiheit und Demokratie gepachtet, so genügt eine einfache Gegenüberstellung der Tatsachen, um den wahren Sachverhalt klarzustellen. In der Deutschen Demokratischen Republik wurde dem Volke die Möglichkeit gegeben, über die lebenswichtige Frage der Remilitarisierung frei abzustimmen, während in Westdeutschland die Volksbefragung rechtswidrig verboten wurde.

In der Deutschen Demokratischen Republik ist eine Regierung, die vom Vertrauen aller Volkskreise getragen ist, während in Westdeutschland ein Kanzler unter Mißachtung des Volkes und des Parlaments schicksalsschwere Entscheidungen trifft, der seine Legitimation nur aus seiner eigenen Stimme ableitet. In der Deutschen Demokratischen Republik genießt jeder Bürger ohne Unterschied der Rasse, des Geschlechts, der Sprache oder der Religion die allgemeinen und gleichen demokratischen Rechte und Freiheiten, nur Feinde der Demokratie und des Friedens, Agenten und

Saboteure werden in ihrer Freiheit beschränkt. In Westdeutschland hingegen genießen faschistische Kriegsverbrecher und Antisemiten alle Freiheiten und können neue faschistische Parteien bilden, während Friedenskämpfer verfolgt und demokratische Organisationen unterdrückt werden. […]

Es ist doch für uns alle klar, dass der Militarismus und der Revanchegeist, der in Westdeutschland sein Haupt erhebt, sich bereits jetzt schon wieder auf dem Wege des Angriffs auf die demokratischen Freiheiten des deutschen Volkes befindet. Die verfassungsfeindlichen Handlungen des Bonner Kanzlers Adenauer, der hinter dem Rücken des deutschen Volkes mit den Oberkommissaren[2] Verhandlungen über den Abschluss eines versklavenden und kriegerischen Generalvertrages[3] führt, die Verfolgungen der Anhänger des Friedens und der Demokratie in Westdeutschland zeugen von der Entwicklung zu einer offenen Militärdiktatur. Das zeigt uns aber auch, wie notwendig die Errichtung eines wirklich friedliebenden Deutschlands ist, in dem allen deutschen Bürgern demokratische Freiheiten und die Gleichberechtigung ohne Unterschied der Rassen, des Geschlechts oder der Religion gewährleistet sind und in dem die freie Tätigkeit der demokratischen Parteien und Organisationen sowie die Presse- und Verlagsfreiheit gesichert sein müssen. […]

Ebenso begrüßt die Regierung der Deutschen Demokratischen Republik den Vorschlag, Deutschland die Verpflichtung aufzuerlegen, keinerlei Koalitionen oder Militärbündnisse einzugehen, die sich gegen irgendeinen Staat richten, der mit seinen Streitkräften am Krieg gegen Deutschland teilgenommen hat. […] Der Sinn der sogenannten Integration Europas besteht ja gerade darin, dem deutschen Volke Koalitionen und Bündnisse aufzuzwingen, die das deutsche Volk in die Konflikte der ganzen Welt hineinzerren können. Wir müssen es laut und vernehmlich immer wieder sagen, das deutsche Volk wünscht nicht, in internationale Konflikte hineingezerrt zu werden […].

Otto Grotewohl: Im Kampf um die einige Deutsche Demokratische Republik. Reden und Aufsätze, Band III: Auswahl aus den Jahren 1952 bis 1953, Berlin 1954, S. 74–83.

1 kolportieren: verbreiten.

2 Gemeint sind die ranghöchsten Vertreter der westlichen alliierten Siegermächte.

3 Vertragsvorhaben der Bundesrepublik Deutschland mit den Westmächten um einen möglichen Verteidigungsbeitrag der Bundesrepublik im Rahmen der Verhandlungen zur Europäischen Verteidigungsgemeinschaft (EVG).

Lösungsvorschläge

1 *Sie sollen „erläutern" (AFB II), welche Rolle die Parteien beim Scheitern der Weimarer Republik spielten. Das bedeutet, dass Sie sich Ihr Fachwissen zu diesem Themenkomplex (z. B. Kennzeichen/Ausrichtung einzelner Parteien und ihr gegenseitiges Verhältnis, politische Instabilität und Auflösung der Weimarer Republik) ins Gedächtnis rufen und unter Heranziehung passender Beispiele auf die Fragestellung anwenden. Sprechen Sie in Ihren Ausführungen sowohl allgemeine institutionelle und soziokulturelle Faktoren an, die sich hier für das Funktionieren der parlamentarischen Demokratie als problematisch erwiesen haben, als auch konkrete Entscheidungen einzelner Parteien und ihrer Repräsentanten.*

Im Herbst 1918 waren die damaligen Parteien nicht auf die **Revolution** und den raschen **Zusammenbruch der Monarchie** vorbereitet und verfügten auch über kein Konzept für die Bewältigung der tiefen Staats- und Gesellschaftskrise. Die politische Rechte war geschockt vom plötzlichen Systemwechsel, die bürgerlichen Parteien hatten Angst, dass die Entwicklung außer Kontrolle geraten und wie in Russland verlaufen könnte, wo die Bolschewisten die Macht an sich gerissen hatten. Die politische Linke war gespalten zwischen Befürwortern einer Räterepublik und der revolutionären Umgestaltung von Staat und Gesellschaft (KPD, z. T. USPD) auf der einen und den Unterstützern weiterer Reformen (MSPD) – nach der Parlamentarisierung der Reichsverfassung im Oktober 1918 – auf der anderen Seite. Letztlich betrachtete **keine** der Parteien die 1918/19 entstandene Republik (vollständig) als **„ihre" Republik**.

Die (M)SPD unter **Friedrich Ebert**, dem führenden Mann in der provisorischen Regierung („**Rat der Volksbeauftragten**"), setzte sich schon früh für die **Wahl einer verfassunggebenden Versammlung** ein, die schließlich am **19. Januar 1919** stattfand. Am Wahlergebnis zeigt sich, dass die große Mehrheit der Deutschen weder die Rückkehr zur Monarchie, wie sie die DNVP vertrat, noch eine Verwirklichung räterepublikanischer Vorstellungen, wie von Teilen der USPD gefordert, sondern eine **gemäßigte Entwicklung** in Form der **repräsentativen Demokratie** befürwortete. SPD, Zentrum und DDP (Deutsche Demokratische Partei) bekamen zusammen mehr als 75 % der Stimmen und bildeten die erste Regierung. Allerdings verloren die **republiktreuen Parteien dieser „Weimarer Koalition"** bereits bei den Reichstagswahlen 1920 stark an Zustimmung, v. a. wegen der wirtschaftlichen Folgen des Kriegs und der öffentlichen Empörung über die harten Bedingungen des Versailler Vertrags. Sie sollten im Laufe der Weimarer Republik keine Mehrheit mehr erreichen. Stattdessen wurden schwierige Regierungsbildungen und der ständige Regierungswechsel zum Normalfall.

Diese Instabilität war auch auf die **Weimarer Reichsverfassung** vom August 1919 zurückzuführen, die Regelungen aufwies, die für eine gedeihliche parlamentarische Entwicklung problematisch waren. So war ein **reines Verhältniswahlrecht ohne Sperrklausel** vorgesehen, was im Reichstag eine große Zahl von Parteien zur Folge hatte und die Regierungsbildung erschwerte. Außerdem wurden **Reichskanzler und Reichsregierung** nicht vom Parlament bestimmt, sondern vom Reichspräsidenten eingesetzt und entlassen. Zwar konnte eine Reichstagsmehrheit durch ein Misstrauensvotum den Rücktritt des Kanzlers erzwingen, allerdings ohne sich auf einen Nachfolger einigen zu müssen. Der ständige **Wechsel der Regierungen** schwächte erheblich das Vertrauen der Bürger in das republikanische System. Zudem waren die **Parteien als wichtige politische Akteure** nicht eigens in der Verfassung berücksichtigt und es gab keine Regelungen, um **verfassungsfeindliches Handeln** zu ahnden und die **Wehrhaftigkeit** der Demokratie, z. B. durch ein Parteiverbot, zu beweisen. Dies war problematisch, da die Weimarer Republik nicht erst in ihrer Endphase durch Parteien am **rechten und linken Rand des politischen Spektrums** bekämpft wurde.

Aber auch die Parteien, die die Republik bejahten, zeigten oft einen **Mangel an Konsensfähigkeit**, u. a. da der Reichskanzler nicht durch Parlamentsmehrheit gewählt wurde und eine Einigung zwischen den Parteien daher nicht so erforderlich war, wie es heute im Bundestag der Fall ist. Darüber hinaus verstanden sich die Parteien als **Vertreter bestimmter Bevölkerungsteile** (z. B. SPD: Arbeiter, Zentrum: Katholiken, Liberale: Bürgertum), sodass die Bindung an ein gewisses Sozialmilieu ihre **Kompromissbereitschaft** stark beeinflusste. Besonders deutlich zeigte sich die Unfähigkeit zur vertrauensvollen Zusammenarbeit 1930 beim **Zerbrechen der Großen Koalition** aus SPD, Zentrum, DDP und DVP, als sich die Regierungsparteien vor dem Hintergrund der Weltwirtschaftskrise nicht auf eine Lösung für die Finanzierung der Arbeitslosenversicherung einigen konnten.

Selbst die Sozialmilieus waren politisch nicht geschlossen, wie an der **Arbeiterbewegung** deutlich wird: So stufte z. B. die **KPD** die **SPD als Hauptgegner** ein und diffamierte sie als „**Sozialfaschisten**", was eine gemeinsame Front gegen den rechten Extremismus, v. a. der NSDAP, verhinderte. Auch bei der Reichspräsidentenwahl 1925 waren die Folgen dieser Spaltung zu sehen: Die KPD hielt im zweiten Wahlgang an ihrem Kandidaten Ernst Thälmann fest und verhinderte so den Sieg des von der SPD unterstützten Wilhelm Marx (Zentrum), sodass der monarchisch gesinnte **Paul von Hindenburg** Staatsoberhaupt wurde.

In der Endphase der Republik kam es ab 1930 zu den „**Präsidialkabinetten**", d. h., die Reichsregierungen waren wegen fehlender Reichstagsmehrheiten entscheidend vom Reichspräsidenten und seinem Recht, **Notverordnungen** zu erlassen, abhängig. Bis zur Reichstagswahl im Juli 1932, als die extremen Parteien KPD und NSDAP zusammen über die Hälfte der Stimmen bekamen, wäre die Bildung einer Mehrheitsregierung durch die anderen Parteien theoretisch noch möglich gewesen, um der faktischen **Entmachtung des Reichstags** entgegenzuwirken.

Auch waren die demokratischen Parteien nicht in der Lage, sich angesichts der Stärkung des **politischen Extremismus** auf eine gemeinsame Linie zu verständigen. So kam es selbst angesichts des immensen Wahlerfolgs der NSDAP im Juli 1932 zu keiner entschlossenen Zusammenarbeit der republiktreuen Kräfte, da die von den Nationalsozialisten drohende **Gefahr für die Demokratie** noch immer unterschätzt wurde. Vor dem Hintergrund der **Weltwirtschaftskrise** gewannen die republikfeindlichen Parteien, die KPD und besonders die NSDAP, deutlich an Unterstützung in der Bevölkerung. Dabei verlagerte sich die politische Auseinandersetzung zunehmend **auf die Straße**, wo sich die extremen Parteien mit ihren **paramilitärischen Verbänden** SA bzw. Rotfrontkämpferbund Straßenschlachten lieferten. Fatal wirkte sich außerdem aus, dass die **DNVP** – nach einer vorübergehenden Annäherung an die Republik – ab 1928 unter der Führung von Alfred Hugenberg wieder einen strikten republikfeindlichen Rechtskurs verfolgte und die Zusammenarbeit mit der NSDAP suchte („Harzburger Front" 1931).

Zusammenfassend lässt sich festhalten, dass die Parteien eine **hohe Mitverantwortung** für das Scheitern der Weimarer Republik tragen. Während die extremen Parteien **KPD** und **NSDAP** die Republik **offen bekämpften**, erwiesen sich die republiktreuen Parteien letztlich als **unfähig**, effektiv zusammenzuarbeiten und so die Zerstörung der Demokratie durch deren Gegner zu verhindern.

2 *Sie sollen zur Frage „begründet Stellung nehmen" (AFB III), inwiefern die Karikatur von Hanns Erich Köhler (M 1) aus dem Jahr 1958 die Akzeptanz des demokratischen Systems in der frühen Bundesrepublik ausreichend erklärt. Die Aufgabenstellung fordert von Ihnen also die eigenständige Bewertung („inwiefern") eines historischen Sachverhalts: Sie müssen untersuchen, ob der in M 1 abgebildete wirtschaftliche Aufschwung allein für die Anerkennung der noch jungen Demokratie in Westdeutschland verantwortlich gewesen ist oder ob es hier noch andere wichtige Faktoren gegeben hat. Zeigen Sie – nach der Beschreibung und Deutung der Karikatur – zunächst die überaus erfolgreiche wirtschaftliche Entwicklung und deren Auswirkungen auf die Akzeptanz des politischen Systems in der frühen Bundesrepublik auf. Bringen Sie dann aber auch andere Faktoren zur Sprache, die für die Stabilität der Demokratie bedeutsam gewesen sind, um abschließend eine eigenständige Einschätzung formulieren zu können.*

In der **Karikatur** M 1 von **Hanns Erich Köhler** aus dem Jahr **1958** sieht man rechts einen wohlgenährten Mann mit den Gesichtszügen und dem Markenzeichen (einer Zigarre) des damaligen Bundeswirtschaftsministers **Ludwig Erhard**. Auf den Knien von „Onkel Ludwig" sitzen ein Junge und ein Mädchen, denen er Bilder in einem Fotoalbum zeigt. Die Kinder stellen **Allegorien des deutschen Michel** – erkennbar an der Mütze – **und der Deutschen Mark** dar. Fröhlich zeigen sie mit ihren Fingern auf zehn Jahre alte Aufnahmen von sich, auf denen sie **abgemagert** und ausgemergelt aussehen. Der Anlass des Treffens ist offensichtlich ein besonderer **Geburtstag:** Die Torte in der oberen linken Ecke trägt zehn Glanz verbreitende Kerzen. Dies bezieht sich auf die **Währungsreform 1948**, die in M 1 als Grundlage eines immensen **wirtschaftlichen Aufschwungs** dargestellt wird. Der wohlgenährte Onkel und die beiden glücklichen, gut entwickelten Kinder verkörpern den **Wohlstand**, der Ende der 1950er-Jahre bereits zur Realität der Bundesbürger geworden ist und der sie anscheinend nur noch mit Erstaunen auf die zehn Jahre **zurückliegende Zeit der Not** und Entbehrung blicken lässt. Mit Erhard ist außerdem ein Politiker abgebildet, der entscheidend mit dem westdeutschen „**Wirtschaftswunder**" in Verbindung gebracht wird.

Tatsächlich sorgte die Währungsreform 1948 für eine **stabile Währung** und damit für eine solide Basis für den wirtschaftlichen Wiederaufbau. Auch führte das klare Bekenntnis zu der von Erhard forcierten **Sozialen Marktwirtschaft** zur ungeahnten Freisetzung wirtschaftlicher Energien. Der Anfang der 1950er-Jahre eintretende massive wirtschaftliche Aufschwung brachte eine starke **Erhöhung des Lebensstandards** mit sich. Den meisten Bundesbürgern kam diese Entwicklung im Vergleich zur Not der Kriegs- und Nachkriegszeit fast märchenhaft vor, was sich in der Verbreitung des Begriffs „Wirtschaftswunder" widerspiegelt. In Wirklichkeit handelte es sich um ein Zusammenspiel verschiedener Faktoren, wie z. B. der zu großen Teilen noch intakten Industrieanlagen, einer weitverbreiteten hohen Arbeitsmotivation, günstiger Exportmöglichkeiten sowie der Wirtschaftshilfe durch die USA. Der Anstieg des Lebensstandards fand seinen Ausdruck in der Entstehung einer ausgeprägten **Konsumgesellschaft**, was sich u. a. in einer „Fresswelle" und einer „Reise- und Motorisierungswelle" zeigte.

Eng verbunden mit dem Erfolg der Marktwirtschaft war eine **Sozialpolitik**, die sich um Menschen kümmerte, die potenzielle Verlierer dieser Entwicklung waren: Durch das Lastenausgleichsgesetz 1952 wurden diejenigen entschädigt, die im Krieg Eigentum verloren hatten. Zudem engagierte sich der Staat stark im sozialen Wohnungsbau und bei der Integration der vielen Flüchtlinge und Vertriebenen. Wichtig waren auch die Rentenreform 1957 und der „Generationenvertrag", durch die sich die wirtschaftliche Lage der Rentner schlagartig besserte.

Die erfolgreiche ökonomische Entwicklung in Verbindung mit den sozialpolitischen Maßnahmen sorgte in der frühen Bundesrepublik für eine **zunehmende Zufriedenheit mit dem neuen politischen System**. Dies spiegelte sich vor allem in der wachsenden **Zustimmung für CDU/CSU** wider, die als Regierungsparteien mit dem Aufschwung in Verbindung gebracht wurden. Bei den Bundestagswahlen 1957 errangen sie sogar die absolute Mehrheit.

Allerdings gab es noch andere, **politisch-gesellschaftliche Faktoren**, die für die **zunehmende Akzeptanz des demokratischen Systems** in der Bevölkerung der frühen Bundesrepublik eine wichtige Rolle spielten, in M 1 aber nicht abgebildet sind. Anders als nach dem Ersten Weltkrieg, als viele Deutsche die Niederlage nicht verstanden und den Systemwechsel von der Monarchie zur Demokratie für die schwierige Lage verantwortlich gemacht hatten, stand der Bevölkerung nach dem Zweiten Weltkrieg die **totale Niederlage** angesichts von Zerstörung und Besatzung klar vor Augen. Der **Nürnberger Prozess** 1945/46 und die Nachfolgeprozesse enthüllten das verbrecherische Ausmaß der NS-Herrschaft, sodass die **Notwendigkeit eines Neuanfangs** offensichtlich war. Auch wenn die **Entnazifizierung** hinsichtlich ihrer Ergebnisse nicht unumstritten war, führte sie zur Bestrafung führender Nationalsozialisten und verhinderte verfälschende Geschichtsdeutungen. Auch hatte die amerikanische „**Reeducation**" zur Folge, dass liberale Prinzipien ins öffentliche Bewusstsein gelangten.

Im **Grundgesetz** von 1949 wurden darüber hinaus „**Lehren aus Weimar**", also aus den Schwächen der Weimarer Reichsverfassung gezogen. So wurde z. B. der Regierungschef nicht mehr vom Staatsoberhaupt bestimmt, sondern von der

Mehrheit des Bundestags gewählt, was sich positiv auf die Stabilität der Regierungen auswirkte. Die Rolle des Bundespräsidenten als Staatsoberhaupt wurde auf vorwiegend **repräsentative Aufgaben** beschränkt. Als zweckmäßig erwies sich auch die Einführung einer Sperrklausel, sodass nur Parteien mit über 5 % der Stimmen in den Bundestag einziehen können, was eine Parteienzersplitterung verhindert und die Regierungsbildung erleichtert. Die Regierungen verfügten in der Ära Adenauer über **komfortable Mehrheiten**, was sich auch in der langen Kanzlerschaft des ersten Bundeskanzlers (1949–1963) ausdrückte. Das Prinzip der „**wehrhaften Demokratie**" war eine Reaktion auf die Erfahrungen der Weimarer Zeit, als sich Feinde der Republik relativ ungehindert entfalten und vor allem die Nationalsozialisten die Parlamente für den Kampf gegen die von ihnen verhasste Demokratie nutzen konnten. Die **Möglichkeit des Parteiverbots** im Grundgesetz stellte ein klares Signal für die entschlossene Verteidigung der demokratischen Ordnung dar. Tatsächlich wurden 1952 die rechtsextreme Sozialistische Reichspartei (SRP) und 1956 die linksextreme Kommunistische Partei (KPD) als verfassungswidrig eingestuft und verboten.

Die rasche Einbeziehung der jungen Bundesrepublik in das **westliche Bündnissystem** (z. B. Beitritt zur NATO 1955), die baldige weitgehende **Souveränität** und die **französisch-deutsche Verständigung** erfüllten viele Westdeutsche mit einem gewissen nationalen **Stolz**, während in der Weimarer Republik das Gefühl vorgeherrscht hatte, dass Deutschland von den Alliierten wie ein „Paria", also ein Außenseiter der Staatengemeinschaft behandelt werde. Auch der überraschende Gewinn der Fußballweltmeisterschaft 1954 („Wunder von Bern") hatte großen Anteil am wachsenden **Selbstwertgefühl** („Wir sind wieder wer!") und trug zur **Herausbildung eines Identitätsgefühls** bei.

Schließlich führte die Existenz der **DDR als zweiter deutscher Staat** den Bundesbürgern ihre im Vergleich zu Ostdeutschland deutlich besseren Lebensbedingungen vor Augen, was die Legitimität der neuen demokratischen Ordnung in Westdeutschland immens stärkte. Der **Antikommunismus** fungierte in Staat und Gesellschaft der Bundesrepublik als wirksame **Integrationsklammer**.

Es lässt sich festhalten, dass der in M 1 abgebildete **wirtschaftliche Erfolg** der Ära Adenauer einen **wichtigen Beitrag**, aber nicht den alleinigen Grund für die **weitverbreitete Akzeptanz des demokratischen Systems** in der Bundesrepublik darstellt. Erst das Zusammenspiel mit einer Reihe weiterer Faktoren bewirkte, dass die große Mehrheit der Bundesbürger im Laufe der Jahre die **parlamentarische Demokratie** nicht nur akzeptierte, sondern auch zu **schätzen** lernte.

3.1 *Der Operator „erarbeiten" (AFB II) erfordert eine Reorganisationsleistung: Aus einer Rede Otto Grotewohls (M 2), des DDR-Ministerpräsidenten, müssen Sie selbstständig und in strukturierter Form dessen deutschlandpolitische Ansichten sowie das von ihm entworfene Bild von Bundesrepublik und DDR erschließen. Die Aufgabenstellung verlangt also eine genaue Auseinandersetzung mit dem vorliegenden Text. Achten Sie darauf, dass Sie die deutschlandpolitische Position des Redners und die Charakterisierung der beiden deutschen Staaten insgesamt mit eigenen Worten darstellen, zur Verdeutlichung Ihrer Ausführungen aber auch Textbelege liefern bzw. auf relevante Textstellen verweisen.*

In seiner **Rede** (M 2) vom 14. März **1952** in der **Volkskammer** befürwortet DDR-Ministerpräsident Otto **Grotewohl** den jüngsten deutschlandpolitischen Vorschlag der Sowjetunion („Stalin-Note"), der seiner Ansicht nach die **gewaltfreie Lösung der deutschen Frage** ermögliche (vgl. Z. 5–8). In diesem Sinne spricht er sich für die Herstellung eines **vereinten**, **demokratischen und „friedliebenden**" (Z. 54) **Deutschlands** durch eine gesamtdeutsche verfassunggebende Nationalversammlung aus und verweist auf schon existierende Wahlgesetzentwürfe. Dabei betont er die Bedeutung **freier Wahlen** für die Bildung einer demokratisch legitimierten gesamtdeutschen Regierung (vgl. Z. 9–15). Die **innere Verfassung** eines vereinten Deutschlands müsste nach Grotewohls Meinung durch freie Betätigungsmöglichkeiten und **volle Gleichberechtigung** aller Bürger geprägt sein. Besonders hebt er hier die ungehinderte Tätigkeit von Parteien, Organisationen und Presse hervor (vgl. Z. 53–58). Für Gesamtdeutschland fordert er auch **Neutralität** und **Bündnisfreiheit**, um nicht in „internationale Konflikte" (Z. 66) hineingezogen zu werden; zudem sollten **keine Streitkräfte der Siegermächte** mehr auf deutschem Staatsgebiet stationiert sein (vgl. Z. 16–19, 59–67).

In M 2 charakterisiert Grotewohl die **Bundesrepublik** als Staat, der von Bundeskanzler **Adenauer** ohne Rücksicht auf Volk und Parlament **selbstherrlich regiert** werde (vgl. Z. 36–38) und sich „zu einer **offenen Militärdiktatur**" (Z. 53; vgl. Z. 46–48) entwickle. Zudem würde Adenauer, „der seine Legitimation nur aus seiner eigenen Stimme ableitet" (Z. 37 f.), heimlich mit den **westlichen Siegermächten** über einen Vertrag verhandeln, der die Westdeutschen unterdrücken und Kriege provozieren werde (vgl. Z. 48–51). Dies geschehe „gegen den eindeutig geäußerten Willen des deutschen Volkes" (Z. 3 f.). Die inneren Zustände der Bundesrepublik seien durch **Unfreiheit** gekennzeichnet: So verfolge man Menschen, die sich für Demokratie und Frieden einsetzten, während „faschistische Kriegsverbrecher und Antisemiten alle Freiheiten" (Z. 43) genössen (vgl. Z. 42–45, 51 f.). Darüber hinaus sei Westdeutschland nicht frei, da sich die **Besatzungsmächte** in seine Angelegenheiten einmischten und großen Druck ausübten (vgl. Z. 20–24). Insgesamt zeichnet der DDR-Ministerpräsident ein völlig **negatives Bild der politischen Verhältnisse in der Bundesrepublik**.

Die **DDR** wird von Grotewohl dagegen als wahrer demokratischer Staat beschrieben, dessen Regierung „vom **Vertrauen aller Volkskreise** getragen" (Z. 35 f.) werde und in dem das Volk in wichtigen Fragen (z. B. Wiederbewaffnung) mitentscheiden könne (vgl. Z. 28–34). Zudem besäßen **alle Bürger** „ohne Unterschied der Rasse, des Geschlechts, der Sprache oder der Religion die **allgemeinen und gleichen demokratischen Rechte und Freiheiten**" (Z. 39–41). Ausnahmen gebe es nur für „Feinde der Demokratie und des Friedens, Agenten und Saboteure" (Z. 41 f.), deren Rechte eingeschränkt seien. Insgesamt entwirft Grotewohl das **Bild eines wahrhaft demokratischen, friedliebenden Staats**, der sich von der Bundesrepublik diametral unterscheidet.

3.2 *Die Aufgabe bezieht sich auf alle drei Anforderungsbereiche, da „darstellen“ als übergeordneter Operator aufzufassen ist. Ausgehend von einem Zitat aus M 2, in dem Grotewohl die DDR als demokratischen Staat mit Rechten und Freiheiten charakterisiert, sollen Sie das Verhältnis von „Anspruch“ und „Wirklichkeit“ im ostdeutschen Staat thematisieren. Dabei müssen Sie Ihr Wissen über die politischen Strukturen in der DDR einbringen (AFB I) und es auf die beiden Kategorien beziehen (AFB II), bevor Sie am Ende ein kurzes Fazit formulieren (AFB III).*

Der auch in M 2 zum Ausdruck kommende **Anspruch** der DDR, der „bessere deutsche Staat“ zu sein, wurde durch die Weltanschauung des **Marxismus-Leninismus** und das Selbstverständnis einer **„sozialistischen Volksdemokratie“** geprägt, in der die **Arbeiter und Bauern** die Produktionsmittel besitzen und die Staatsmacht ausüben. Bis eine **klassenlose Gesellschaft** erreicht war, befand man sich nach marxistisch-leninistischer Ansicht in einer Übergangsphase, der **„Diktatur des Proletariats“**. In der DDR sollte demgemäß die **Sozialistische Einheitspartei Deutschlands** (SED) die Interessen der Arbeiter und Bauern vertreten, die mit denen des gesamten Volks identisch seien. Kritiker und Gegner des sozialistischen Systems galten als **„Feinde der Demokratie“** (Z. 41). Die Vorstellungen zur Gestaltung von Politik und Gesellschaft, die sich auch in Grotewohls Rede widerspiegeln, waren also von einem durch den Marxismus-Leninismus geprägten **Demokratieverständnis** bestimmt, das sich grundsätzlich vom westlichen, liberal-pluralistischen Demokratiegedanken unterschied. Da Grotewohl von „allgemeinen und gleichen demokratischen Rechte[n] und Freiheiten“ (Z. 40 f.) spricht, sollte man auch die **DDR-Verfassung** von 1949 betrachten, in der **Grundrechte** wie persönliche Freiheit, Meinungs-, Presse-, Versammlungs- und Vereinigungsfreiheit verankert waren. Zudem waren allgemeine, gleiche, unmittelbare, geheime Wahlen zur **Volkskammer** festgehalten; Letztere sollte die zentrale Machtstellung innehaben, die **Staatsgewalt vom Volk ausgehen**.

Betrachtet man die ideologische und verfassungsrechtliche Prägung der DDR und das damit verbundene Selbstverständnis, so wird deutlich, dass der **Anspruch**, ein wahrhaft demokratischer Staat zu sein, der den **Interessen des gesamten Volks** dient und die freie Entfaltung des Einzelnen ermöglicht, letztlich in vielerlei Hinsicht **im Gegensatz zur Realität** stand. So wurde die Tatsache, dass Parteien und Massenorganisationen bei den Volkskammerwahlen gemeinsam auf einer **Einheitsliste** geführt wurden, die die Wähler nur annehmen oder ablehnen durften, und die Verteilung der Parlamentssitze bereits festgelegt war, von vielen Bürgern als Bevormundung empfunden. Dabei stand die Auffassung, dass ihnen das urdemokratische Recht der freien Wahl vorenthalten werde, im Kontrast zur ideologischen Prägung: Wahlen sollten lediglich dazu dienen, das **sozialistische Herrschafts- und Gesellschaftssystem**, das ohnehin allen Menschen zugutekomme, zu **bestätigen**. Die in der Verfassung formulierten Grundsätze der freien, geheimen Wahl galten nicht, da z. B. durch **Propaganda** starker Druck ausgeübt wurde, die Wahlzettel öffentlich auszufüllen und für die Liste zu stimmen.

Zudem war von Anfang an klar, dass nicht die Volkskammer, also die Volksvertretung, das **Machtzentrum** der DDR war, sondern das **SED-Politbüro**. Auch wurden Schlüsselpositionen in Staat, Gesellschaft und Wirtschaft nur mit **ideologisch zuverlässigen Kräften** besetzt. Dabei bildete sich, im Gegensatz zur auch in M 2 verkündeten **Gleichheit** aller Bürger, eine **SED-Führungsschicht mit Privilegien** (z. B. Konsumgüterversorgung, Wohnungen) heraus. Zwar gab es in der DDR weitere Parteien (z. B. CDU, LDPD, NDPD), die aber den Führungsanspruch der SED anerkennen mussten. Auch ermöglichten die mit der SED in der **Nationalen Front** vereinten „Blockparteien" und Massenorganisationen (z. B. FDJ, FDGB) den Bürgern nicht das Einbringen eigener Ideen, sondern dienten lediglich dazu, die Vorstellungen der SED zu verbreiten und Menschen, die noch keine überzeugten Kommunisten waren, dem Staat zuzuführen. **Kritiker** wurden sogar – passend zu Grotewohls Aussage über die „Feinde der Demokratie und des Friedens" (Z. 41) – mit großer Härte verfolgt; Meinungs- und Pressefreiheit existierten faktisch nicht. Bereits 1950 wurde das „**Ministerium für Staatssicherheit**" („Stasi") gegründet, um die Bürger lückenlos zu überwachen, Gegner auszuschalten und Menschen an der Flucht zu hindern.

Die Wahrnehmung bestimmter Grundrechte und die politische Mitgestaltung waren für die breite Bevölkerung also nur **sehr begrenzt möglich**. Darüber hinaus war keine **freie wirtschaftliche Betätigung** gegeben. Bereits vor 1949 hatte man in der Sowjetischen Besatzungszone durch Bodenreformen und Verstaatlichungen die Grundlage für eine **sozialistische Wirtschaftsordnung** gelegt – ein Prozess, der nach der Staatsgründung weiterging. Außerdem wurden selbstständige bäuerliche Betriebe zu Landwirtschaftlichen Produktionsgenossenschaften (LPG) zusammengelegt. Auch auf Handwerker wurde großer Druck ausgeübt, den „Produktionsgenossenschaften der Handwerker" beizutreten.

Es lässt sich feststellen, dass sich die DDR zwar als **überlegener Gegenentwurf zur kapitalistischen Bundesrepublik** verstand: als **sozialistischer, friedliebender Staat**, in dem die Ausbeutung des Proletariats überwunden und die Entfaltung aller Menschen möglich war und eine Politik des Friedens praktiziert wurde. Zwischen diesem Anspruch und der Realität bestand aber eine **große Diskrepanz:** So wurden politische Teilhabe und freie Meinungsäußerung unterbunden, Gegner rücksichtslos verfolgt und Bürger mit Gewalt an der Flucht gehindert.

3.3 *In der Aufgabe soll „überprüft" werden, ob Grotewohls Auffassung, die Bundesrepublik würde sich nicht kritisch mit der NS-Vergangenheit auseinandersetzen, tatsächlich zutrifft. Damit ist die Aufgabe dem AFB III zuzuordnen, da eine reflexive Auseinandersetzung mit diesem Urteil verlangt ist. Überlegen Sie, welche Argumente für, welche gegen diesen Standpunkt sprechen, bevor Sie ein kurzes eigenes Fazit ziehen. Grotewohl hielt die Rede 1952, doch spricht die Aufgabenstellung von der „frühen Bundesrepublik", sodass als Bezugszeitraum die von Konrad Adenauer geprägte Ära (1949–1963) zu sehen ist.*

Für Grotewohls Einschätzung lässt sich anführen, dass die Bereitschaft zur **Auseinandersetzung mit der NS-Vergangenheit** nach der Gründung der Bundesrepublik 1949 allgemein nicht stark ausgeprägt war. In der Bevölkerung war der

Wunsch groß, einen **Schlussstrich** zu ziehen, auch weil vielen Bürgern klar wurde, dass **persönliche Verstrickungen** in das Regime oder zumindest das **eigene Mitläufertum** zur Sprache kommen könnten. In seiner ersten Regierungserklärung sprach Bundeskanzler Adenauer 1949 davon, dass man die „wirklich Schuldigen" bestrafen, aber auch für „manche Verfehlungen und Vergehen" während des Kriegs aufgrund der „harte[n] Prüfung" Verständnis haben müsse.

Auch auf **staatlicher Ebene** bestand zunächst wenig Interesse an einer Aufarbeitung der Vergangenheit. Im Vordergrund stand der **politische und wirtschaftliche Aufbau** der Bundesrepublik, für den man auch auf das Fachwissen belasteter Personen setzte. Durch die Integration ehemaliger Nationalsozialisten wollte man außerdem einen möglichen Unruheherd beseitigen. Von den Straffreiheitsgesetzen 1950/54 und den dort verankerten **Amnestien** waren auch bestimmte Verbrechen, die während der NS-Zeit begangen worden waren, betroffen. 1951 schuf ein Ausführungsgesetz zu Art. 131 GG die Grundlage für die Übernahme einer großen Zahl ehemaliger Nationalsozialisten in den **öffentlichen Dienst** der Bundesrepublik (z. B. in Justiz und Verwaltung sowie an Universitäten).

Zwar waren führende Vertreter des NS-Regimes in Nürnberg vor Gericht gestellt worden, doch schaffte eine ganze Reihe von Männern, die im NS-System bedeutsame Positionen innegehabt hatte, in der jungen Bundesrepublik den Sprung in **Führungspositionen** in Politik, Verwaltung oder Wirtschaft. Dazu zählte Hans Globke, der den ersten Kommentar zu den „Nürnberger Gesetzen" verfasst hatte und unter Adenauer lange Zeit Leiter des Bundeskanzleramts war. Auch bekamen **unbelehrbare Alt-Nationalsozialisten** gewissen Auftrieb, wie Otto Ernst Remer, der als Kommandeur eines Wachbataillons am 20. Juli 1944 den Umsturzversuch in Berlin hatte niederschlagen lassen und nach dem Krieg eine führende Rolle bei der rechtsradikalen **Sozialistischen Reichspartei** (SRP) spielte. Zudem gab es in der frühen Bundesrepublik relativ große Unterstützung für die Einstellung der Strafverfolgung bzw. die Freilassung von „**Kriegsverurteilten**".

Neben den Aspekten, die Grotewohls Urteil stützen, lassen sich aber auch **gegenläufige Entwicklungen** feststellen. Bereits vor Gründung der Bundesrepublik waren in den westlichen Besatzungszonen im Zuge der „**Entnazifizierung**" ehemalige Nationalsozialisten aus dem öffentlichen Dienst **entlassen** worden. Zudem wurden **Fragebögen** ausgewertet und **Spruchkammerverfahren** (obgleich mit umstrittenem Erfolg) durchgeführt, um herauszufinden, wer als Täter, Mitläufer oder Unbelasteter einzustufen war. Auch wirkten sich Aktionen der westlichen Alliierten, die die Deutschen mit den NS-Verbrechen konfrontieren und im demokratischen Sinn schulen sollten (**Reeducation**), auf die Bevölkerung aus, vor allem auf die junge Generation, die eine **demokratische Debattenkultur** und **kulturelle Vielfalt** kennenlernte. Ab 1945 wurden wichtige **Zeitungen und Magazine** (z. B. Süddeutsche Zeitung, Frankfurter Allgemeine Zeitung, DER SPIEGEL) gegründet, die für **Meinungspluralismus** standen.

Des Weiteren hatte man bei der Erarbeitung des **Grundgesetzes „Lehren aus Weimar"** gezogen und u. a. das Prinzip der „**wehrhaften Demokratie**" verankert. Dies beinhaltet die Möglichkeit, verfassungsfeindliche Parteien zu verbieten, was 1952 im Falle der rechtsradikalen SRP geschah – ein klares Signal, dass man die Demokratie entschlossen verteidigen würde. Anzuführen ist auch die „**Wiedergutmachungspolitik**" gegenüber den jüdischen Opfern des Nationalsozialismus, z. B. in Form von Entschädigungszahlungen an Israel (Luxemburger Abkommen 1952). Für die **juristische Aufarbeitung** der Vergangenheit wurde die 1958 in Ludwigsburg gegründete „Zentrale Stelle der Landesjustizverwaltungen zur Aufklärung nationalsozialistischer Verbrechen" bedeutsam. Unter dem Eindruck des Eichmann-Prozesses 1961 in Israel begann kurze Zeit später der erste Frankfurter Auschwitz-Prozess.

Schließlich sei festzuhalten, dass sich Bundeskanzler **Adenauer** zwar für die Integration ehemaliger Nationalsozialisten einsetzte, selbst aber, von den NS-Herrschern als Kölner Oberbürgermeister abgesetzt, ein **erklärter Gegner der NS-Diktatur** gewesen ist. Mit **Willy Brandt**, der von Skandinavien aus **gegen das NS-Regime gekämpft** hatte, wurde 1957 ein weiterer Gegenspieler der Nationalsozialisten zum Regierenden Bürgermeister von Westberlin gewählt.

Insgesamt lassen sich durchaus **restaurative Tendenzen** in der frühen Bundesrepublik feststellen, v. a. die Tatsache, dass lange Zeit kaum über die NS-Vergangenheit gesprochen wurde und ehemalige Nationalsozialisten wichtige Positionen in Staat und Gesellschaft einnehmen konnten. Allerdings darf der Zweck, diese Menschen in das demokratische System zu integrieren, nicht vergessen werden. Auch war die Bundesrepublik bestrebt, „**Lehren aus Weimar**" zu ziehen und gegen politische Extremisten vorzugehen. Zudem entwickelte sich vor dem Hintergrund stabiler politischer und wirtschaftlicher Verhältnisse eine **liberale, pluralistische Öffentlichkeit**. Grotewohls Urteil von 1952 trifft daher nur **zum Teil** zu und muss **insgesamt als unzutreffend** eingestuft werden.

4 *Der folgende Lösungsvorschlag greift die **Teilaufgabe c)** zum Halbjahr **12/2** auf. Die Lösungsvorschläge zu den Halbjahren **11/1** und **12/1** finden Sie auf den Seiten 45 ff. und 13 ff. dieses Jahrgangs.*
Die Aufgabe fordert, dass Sie die Einschätzung aus einem Werk zur Geschichte der Vereinigten Staaten, die USA seien „mahnendes Beispiel" und „anziehendes Vorbild" zugleich, „diskutieren" (AFB III), sich also kritisch mit dieser Auffassung in Bezug auf die amerikanische Außenpolitik im 20. Jahrhundert auseinandersetzen. Hier ist schon eine zweckmäßige Strukturierung der Antwort vorgegeben: Es kann gegenübergestellt werden, welche Gesichtspunkte eine positive Bewertung der US-Außenpolitik („anziehendes Vorbild"), welche hingegen eine kritische Sichtweise („mahnendes Beispiel") rechtfertigen. Am Ende sollen Sie zu einem eigenen Urteil kommen. Die Beispiele für Ihre Argumentation dürfen Sie selbst wählen; beachten Sie dabei aber, dass eine zeitliche Begrenzung auf das 20. Jahrhundert vorliegt, sodass aktuelle Entwicklungen nicht zu berücksichtigen sind. Im Folgenden sind für beide Punkte je drei Beispiele ausgearbeitet.

Im 20. Jahrhundert betrieben die USA mehrfach eine **Außenpolitik**, die nicht nur eigenen Interessen diente, sondern auch positive Folgen für die internationalen

Beziehungen hatte und somit als „**anziehendes Vorbild**" gesehen werden kann. **1914** etwa stand Präsident Woodrow **Wilson** klar vor Augen, welche **Schrecken** der Krieg mit sich bringen würde. Mit Blick auf die Stimmung in der Bevölkerung hielt er sein Land, trotz der engen wirtschaftlichen und kulturellen Verbindungen vor allem zu Großbritannien, zunächst aus dem Konflikt heraus. Nach Beginn des unbeschränkten U-Boot-Kriegs durch das **Deutsche Reich** forderte er unmissverständlich ein Ende dieses Vorgehens, ohne sich zu unüberlegten Schritten hinreißen zu lassen. Der **Kriegseintritt** der USA im April **1917** war konsequent, da Deutschland diese Art der Kriegsführung nach einer Pause wieder aufgenommen hatte. Das entschlossene Eingreifen der USA in Europa war letztendlich kriegsentscheidend. Zudem stellte Wilson im Januar **1918** in seinen **Vierzehn Punkten** ein auf liberalen Prinzipien basierendes, langfristiges **Konzept für eine stabile Nachkriegsordnung** vor. Die Idee einer „**League of Nations**" zur Verhinderung weiterer Kriege wies in die Zukunft, obgleich die USA dem Völkerbund nicht beitraten. 1945 kehrte dieser Gedanke in Gestalt der Vereinten Nationen in die praktische Politik zurück. Wilsons Position, bei den Friedensverhandlungen die Interessen der besiegten Staaten zu berücksichtigen, stieß bei den europäischen Siegermächten jedoch auf Widerstand, obwohl sie die Basis für eine tragfähige Nachkriegsordnung hätte sein können.

In den 1930er-Jahren bewies Franklin D. **Roosevelt** mit seiner klaren Analyse der Gefahr, die von den **Diktaturen** in Europa und Asien ausging, **politischen Weitblick**. In seiner „**Quarantäne-Rede**" warnte er 1937 vor der „Epidemie der allgemeinen Gesetzlosigkeit" in den internationalen Beziehungen und sprach sich für eine **Isolierung der verantwortlichen Staaten** (Deutschland, Italien, Japan) aus. Wie Wilson musste er aber auch Rücksicht auf die Stimmung in seinem Land nehmen, sodass die USA 1939 nicht in den Zweiten Weltkrieg eintraten. Roosevelts Engagement ist es jedoch zu verdanken, dass die Gegner NS-Deutschlands mit dringend benötigten Rüstungsgütern unterstützt wurden („Cash-and-Carry"-Klausel, Lend-Lease-Gesetz). 1941 verkündete der Präsident „**Vier Freiheiten**", auf denen die internationale Politik basieren sollte: Meinungsfreiheit, Religionsfreiheit, Freiheit von Not und Freiheit von Furcht. Nach dem Kriegseintritt infolge des japanischen Überfalls auf **Pearl Harbor** im Dezember **1941** gaben die USA den Ausschlag für den **alliierten Sieg**. Im August 1941 hatten sich Roosevelt und der britische Premierminister Churchill in der **Atlantik-Charta** auf Grundsätze geeinigt, die ein Zusammenleben der Staaten in Frieden und Freiheit garantieren sollten. Hier zeigte sich die Bereitschaft der USA, als Führungsmacht Verantwortung zu übernehmen und sich für die **Gültigkeit allgemeiner Prinzipien** im internationalen System zu engagieren. Lange Zeit war Roosevelt bemüht, die **Sowjetunion als gleichberechtigten Partner** einzubeziehen, musste aber erkennen, dass Stalins Absichten mit den Werten der USA unvereinbar waren.

Als sich nach dem Zusammenbruch der DDR die **Frage der Wiedervereinigung** stellte, befürworteten die USA unter George H. **Bush** – im Gegensatz zu Großbritannien und Frankreich – von Anfang an die **deutsche Einheit**. Dabei waren für die US-Regierung der Zusammenhalt des westlichen Bündnisses, aber auch die **Stabilität in Europa** wichtige Grundsätze, sodass sie nicht nur die Zugehörigkeit Gesamtdeutschlands zum westlichen Militärbündnis NATO, sondern z. B. auch die Akzeptanz der Ostgrenzen forderten. Nicht zuletzt wegen des amerikanischen Engagements kam es 1990 zu Gesprächen der vier alliierten Siegermächte mit den beiden deutschen Staaten über die außenpolitischen Aspekte der deutschen Einheit („**Zwei-plus-Vier**"**-Verhandlungen**). Im September 1990 konnte der „Vertrag über die abschließende Regelung in bezug auf Deutschland" unterzeichnet werden, durch den das vereinte Deutschland volle Souveränität erlangte. Die USA betonten hier die **Freiheit und Selbstbestimmung der Völker**, wodurch die von Wilson und Roosevelt begründete Traditionslinie weitergeführt wurde.

Bei der Betrachtung der US-Außenpolitik des 20. Jahrhunderts finden sich aber auch Belege für ein problematisches außenpolitisches Handeln, welche als „**mahnendes Beispiel**" dienen können. So übten die USA Anfang des 20. Jahrhunderts – nach dem Übergang zum **Imperialismus**, v. a. unter Theodore **Roosevelt** – im karibisch-lateinamerikanischen Raum eine brachiale **Machtpolitik** zur Durchsetzung eigener Interessen aus, z. B. als es um den Bau eines Kanals ging, der Atlantik und Pazifik miteinander verbinden sollte. Da sich **Kolumbien**, das in dieses Projekt involviert war, in den Augen der US-Regierung nicht kooperativ zeigte, unterstützte sie 1903 eine Unabhängigkeitsbewegung in der kolumbianischen Provinz Panama, die schließlich die **Republik Panama** ausrief. Wegen der Abhängigkeit von den USA war die Führung des neuen Staats gezwungen, den Vereinigten Staaten eine Hoheitszone, durch die der Kanal gebaut wurde, und das Recht auf militärische Intervention zuzugestehen. Der Panamakanal wurde 1914 eröffnet und ging erst 1999 an Panama. Zudem beanspruchte Roosevelt für die USA 1904 ein **Interventionsrecht** in anderen amerikanischen Staaten, falls dort keine stabilen Verhältnisse gewährleistet seien („**Roosevelt-Corollary**"). Faktisch ermächtigten sich die USA selbst, in die inneren Angelegenheiten von Ländern einzugreifen, um eigene Interessen durchzusetzen. In den folgenden Jahren intervenierten die Vereinigten Staaten z. B. in **Haiti**, **Nicaragua** oder der **Dominikanischen Republik** und übten dort die Polizeigewalt aus. Diese imperialistische Politik, die sich über zentrale Werte wie Freiheit und Selbstbestimmung der Völker hinwegsetzte, stieß in den USA selbst aber durchaus auf Kritik.

Auch die Politik gegenüber **Kuba** nach dem Zweiten Weltkrieg kann als „mahnendes Beispiel" dienen, da sich die USA rigoros an eigenen Machtinteressen orientierten, **über amerikanische Leitwerte hinwegsetzten** und in hohem Maß den Frieden gefährdeten. Als nach dem Erfolg der **sozialistischen Revolution** auf Kuba 1959 amerikanische Wirtschaftsinteressen betroffen waren und sich die kubanische Führung unter Fidel Castro zunehmend der **Sowjetunion** annäherte, antwortete die US-Regierung mit einer **Embargopolitik** und brach die diplomatischen Beziehungen ab. Zudem wurden Pläne für den Sturz Castros gemacht. Dabei ging es den USA nicht um die kubanische Bevölkerung, sondern v. a. um eigene **Wirtschafts- und Machtinteressen**. 1961 scheiterte der von den USA befürwortete Invasionsversuch von Exilkubanern in der „**Schweinebucht**". Die Bemühungen, das sozialistische Regime zu beseitigen, führten zu einer immer engeren **Anbindung Kubas an die Sowjetunion**. Als im Oktober 1962 klar wurde, dass auf Kuba Abschussvorrichtungen für **atomare Mittelstreckenraketen** aufgebaut wurden, reagierte die Regierung **Kennedy** mit einer **Seeblockade**, die die Möglichkeit eines Konflikts mit der Sowjetunion enorm erhöhte. Obwohl sich diejenigen in der US-Führung, die für ein härteres Vorgehen plädiert hatten, nicht durchsetzten, nahmen die USA noch ein **großes Risiko** in Kauf. Neben existenziellen **Sicherheitsinteressen** war ein Erfolg im Duell mit **Chruschtschow**, dem führenden Mann der Sowjetunion, ein entscheidender Antrieb. Beigelegt wurde die Krise, die die Welt an den **Rand der atomaren Konfrontation** führte, durch Chruschtschows Zusage, die Mittelstreckenraketen von Kuba abzuziehen; dafür sicherte Kennedy den Verzicht auf eine zukünftige Invasion Kubas und den Abbau von Mittelstreckenraketen in der Türkei zu. In der Öffentlichkeit stand Kennedy als Sieger da. Die Embargopolitik der USA wurde erst fünf Jahrzehnte später aufgehoben, die diplomatischen Beziehungen 2015 unter Barack **Obama** wiederaufgenommen. Eine **Politik des Dialogs** hätte vermutlich für die Menschen auf beiden Seiten segensreichere Folgen gehabt.

Ein weiteres „mahnendes Beispiel" stellt die amerikanische Verstrickung in den **Vietnamkrieg** dar. Auf der Genfer Indochina-Konferenz 1954 war Vietnam in das sozialistische **Nordvietnam** und das westlich orientierte **Südvietnam** geteilt worden. Letzteres wurde trotz einer brutalen, korrupten Regierung von den USA unterstützt: In Washington glaubte man an die „**Domino-Theorie**", nach der Südvietnam auf keinen Fall kommunistisch werden dürfe, da sonst auch in anderen Staaten Südostasiens eine sozialistische Machtübernahme drohe. Das Regime im Süden geriet jedoch zunehmend durch die kommunistische „Nationale Front zur Befreiung Südvietnams" („**Vietcong**") unter Druck. Nach einem Zwischenfall im **Golf von Tonkin** griffen die USA militärisch in Vietnam ein. Es handelte sich um einen **asymmetrischen Krieg:** Während der „Vietcong" eine Guerilla-Taktik verfolgte und z. T. von der Zivilbevölkerung unterstützt wurde, erhöhten die USA ihre Truppenstärke und flogen massive Luftangriffe, konnten aber keine entscheidenden Erfolge erzielen. **Erbitterte Proteste** richteten sich weltweit v. a. gegen den Einsatz von Entlaubungsmitteln und Napalmbomben, die besonders für die Zivilbevölkerung furchtbare Folgen hatten. Durch den Waffenstillstand 1973 zwischen den USA und Nordvietnam gab Washington seinen Verbündeten Südvietnam faktisch auf. Zwei Jahre später wurde Vietnam unter kommunistischen Vorzeichen vereinigt. Der Vietnamkrieg fügte den USA v. a. in **moralischer** Hinsicht großen **Schaden** zu: In einem opferreichen Krieg hatten sie ein undemokratisches Regime unterstützt und die Zivilbevölkerung massiv geschädigt.

Das 20. Jahrhundert liefert zahlreiche Beispiele für die beiden gegensätzlichen Einschätzungen der US-Außenpolitik. Es ist auffällig, dass das Verfolgen einer reinen **Machtpolitik** ohne Berücksichtigung übergreifender Werte den Vereinigten Staaten letztlich meist selbst **schadete**, während eine **wertegeleitete** Außenpolitik in Abstimmung mit anderen demokratischen Staaten langfristig den **Interessen** der USA besser entsprach. Der Blick zurück in die Geschichte kann daher für heutige Entscheidungsträger wegweisende Erkenntnisse vermitteln.

Abitur Geschichte (Bayern) – 2020 – Aufgabe III
Historische Komponenten europäischer Kultur und Gesellschaft

1 Erläutern Sie, inwieweit die religionspolitischen Auseinandersetzungen im 11. und 12. Jahrhundert zur Ausbildung eines modernen Verständnisses von Herrschaft und Herrschaftslegitimation beigetragen haben! (14 BE)

2 Die Idee von der Nation prägt die deutsche Geschichte vor allem seit dem 19. Jahrhundert. Ein Repräsentant dieser Idee war der Gelehrte und Staatsmann Wilhelm von Humboldt (1767–1835), der 1813 eine „Denkschrift über die deutsche Verfassung“ hierzu veröffentlichte (M 1). Erarbeiten Sie anhand des Auszugs aus dieser Denkschrift Humboldts Verständnis von einer Nation und überprüfen Sie, inwieweit er darin für die Bildung eines Nationalstaats eintrat! (26 BE)

3 Im Rahmen einer von Ihrem Geschichtskurs konzipierten Ausstellung mit dem Titel „Probleme deutscher Geschichte im 19. und 20. Jahrhundert in zehn Karten“ haben Sie die Aufgabe übernommen, die zwei Geschichtskarten zum Thema „Europa nach dem Wiener Kongress 1815 und revolutionäre Erhebungen“ aus dem Historischen Atlas vorzustellen.
Verfassen Sie einen informierenden Text für die Begleitbroschüre zur Ausstellung, in dem Sie anhand der beiden Karten „Europa nach dem Wiener Kongress 1815“ und „Revolutionäre Erhebungen 1815–1848“ wesentliche Probleme bei der Nationalstaatsbildung in Deutschland erläutern! (20 BE)

4 Im Zuge des Europatags am 9. Mai wird die europäische Integration unter anderem als Überwindung nationalistischer Konfrontation gewürdigt. (30 BE)

4.1 Zeigen Sie maßgebende Ideen und Herausforderungen der europäischen Integration bis 1963 auf!

4.2 Bewerten Sie die Entwicklung der europäischen Integration bis 1963 unter Einbezug der Abbildung M 2!

5 Bearbeiten Sie <u>eine</u> der drei folgenden Teilaufgaben! (30 BE)

a) zu Halbjahr 11/1
Der 21. Dezember 2018 ist ein historischer Einschnitt für die deutsche Industriegeschichte: Mit der Schließung des letzten Steinkohlebergwerks im Ruhrgebiet wurde der Steinkohlebergbau in Deutschland – und damit ein wichtiger Teil der Industrialisierung – an diesem Tag Geschichte.

Diskutieren Sie vor diesem Hintergrund anhand selbstgewählter Beispiele, welche historische Bedeutung die Zeit der Industrialisierung für die wirtschaftliche und gesellschaftliche Entwicklung in Deutschland besaß!

b) zu Halbjahr 11/2
In diesem Jahr feiert Deutschland das dreißigjährige Jubiläum der Wiedervereinigung. Aus diesem Anlass veranstaltet die Bayerische Landeszentrale für politische Bildungsarbeit den Wettbewerb „Wege zur Freiheit". Ihr Geschichtskurs erstellt hierzu eine Broschüre, in der „Wege zur Freiheit" als Wege hin zu einer stabilen Demokratie aufgezeigt werden sollen.
Verfassen Sie für diese Broschüre einen Artikel, in dem Sie unter Zuhilfenahme anschaulicher Beispiele aus der deutschen Geschichte des 20. Jahrhunderts bewerten, welche Faktoren zur Stabilisierung einer Demokratie beitragen!

c) zu Halbjahr 12/2
„Die USA waren und sind […] ein mahnendes Beispiel und ein anziehendes Vorbild." – Mit diesen Worten endet die von den Historikern Jürgen Heideking und Christoph Mauch verfasste „Geschichte der USA" (6. Auflage 2008).
Jürgen Heideking, Christoph Mauch: Geschichte der USA, 6. Aufl. Tübingen 2008, S. 459 f.
Diskutieren Sie diese Einschätzung für die US-amerikanische Außenpolitik im 20. Jahrhundert anhand geeigneter historischer Beispiele!

Material

M 1: Auszug aus Wilhelm von Humboldts „Denkschrift über die deutsche Verfassung" (1813)

Wenn man […] über den zukünftigen Zustand Deutschlands redet, muss man sich wohl hüten, bei dem beschränkten Gesichtspunkte stehen zu bleiben, Deutschland gegen Frankreich sichern zu wollen. Wenn auch in der Tat der Selbständigkeit Deutschlands nur von dorther Gefahr droht, so darf ein so einseitiger Gesichtspunkt nie zur Richtschnur bei der Grundlegung zu einem dauernd wohltätigen[1] Zustand für eine große Nation dienen. Deutschland muss frei und stark sein, nicht bloß, damit es sich gegen diesen oder jenen Nachbar, oder überhaupt gegen jeden Feind verteidigen könne, sondern deswegen, weil nur eine, auch nach außenhin starke Nation den Geist in sich bewahrt, aus dem auch alle Segnungen im Innern strömen. Es muss frei und stark sein, um das, auch wenn es nie einer Prüfung ausgesetzt würde, notwendige Selbstgefühl zu nähren, seiner Nationalentwicklung ruhig und ungestört nachzugehen und die wohltätige Stelle, die es in der Mitte der europäischen Nationen für dieselben einnimmt, dauernd behaupten zu können.

Von dieser Seite angesehen, kann die Frage nicht zweifelhaft sein, ob die verschiedenen deutschen Staaten einzeln fortbestehen, oder ein gemeinschaftliches Ganzes bilden sollen. Die kleineren Fürsten Deutschlands bedürfen einer Stütze, die größeren einer Anlehnung, und selbst Preußen und Österreich ist es wohltätig, sich als Teile eines größeren, und, allgemein genommen, noch wichtigeren Ganzen anzusehen. Dies aus großmütigem Schutz und bescheidener Unterordnung zusammengesetzte Verhältnis bringt eine größere Billigkeit[2] und Allgemeinheit in ihre, auf ihr eignes Interesse gerichteten Ansichten. Auch lässt sich das Gefühl, dass Deutschland ein Ganzes ausmacht, aus keiner deutschen Brust vertilgen, und es beruht nicht bloß auf Gemeinsamkeit der Sitten, Sprache und Literatur [...], sondern auf der Erinnerung an gemeinsam genossene Rechte und Freiheiten, gemeinsam erkämpften Ruhm und bestandene Gefahren, auf dem Andenken einer engeren Verbindung, welche die Väter verknüpfte, und die nur noch in der Sehnsucht der Enkel lebt. Das vereinzelte Dasein der sich selbst überlassenen deutschen Staaten (selbst wenn man die ganz kleineren größeren anfügte) würde die Masse der Staaten, die gar nicht oder schwer auf sich selbst ruhen können, auf eine dem europäischen Gleichgewichte gefährliche Weise vermehren, die größeren deutschen Staaten, selbst Österreich und Preußen, in Gefahr bringen, und nach und nach alle deutsche Nationalität untergraben.

Es liegt in der Art, wie die Natur Individuen in Nationen vereinigt, und das Menschengeschlecht in Nationen absondert[3], ein überaus tiefes und geheimnisvolles Mittel, den Einzelnen, der für sich nichts ist, und das Geschlecht[4], das nur im Einzelnen gilt, in dem wahren Wege verhältnismäßiger und allmählicher Kraftentwicklung zu erhalten. Und obgleich die Politik nie auf solche Ansichten einzugehen braucht, so darf sie sich doch nicht vermessen, der natürlichen Beschaffenheit der Dinge entgegenzuhalten.[5] Nun aber wird Deutschland in seinen, nach den Zeitumständen erweiterten oder verengten Grenzen immer, im Gefühle seiner Bewohner, und vor den Augen der Fremden, Eine Nation, Ein Volk, Ein Staat bleiben.

Wilhelm von Humboldt: Denkschrift über die deutsche Verfassung, zit. nach: Hagen Schulze: Der Weg zum Nationalstaat. Die deutsche Nationalbewegung vom 18. Jahrhundert bis zur Reichsgründung, München 1997, S. 138 f. – Der Text wurde zu Prüfungszwecken angepasst.

1 wohltätig: sich als gut erweisend.
2 sinngemäße Bedeutung: Akzeptanz.
3 sinngemäß: einteilt, gliedert.
4 siehe oben: „Menschengeschlecht“, Menschheit.
5 sinngemäße Aussage der zweiten Satzhälfte: Es wäre sinnlos, etwas gegen den Lauf der Natur unternehmen zu wollen.

M 2: „Von höherer Warte betrachtet …" – Karikatur Fritz Behrendts vom 9. Juli 1962, erschienen in der Süddeutschen Zeitung

Im Sommer 1962 reiste Bundeskanzler Konrad Adenauer im Rahmen eines mehrtägigen Staatsbesuchs durch Frankreich. Am 8. Juli besuchte er hierbei gemeinsam mit dem französischen Staatspräsidenten Charles de Gaulle eine feierliche Messe in der mittelalterlichen Kathedrale von Reims. Der Karikaturist Fritz Behrendt kommentierte dieses Ereignis in der untenstehenden Zeichnung.

Von höherer Warte betrachtet …

Anmerkung

Die abgebildeten Personen der oberen Bildhälfte sind von links nach rechts: König Friedrich II. von Preußen (reg. 1740–1786), Napoleon Bonaparte (reg. 1799–1815) sowie Otto v. Bismarck (deutscher Reichskanzler 1871–1890).

Fritz Behrendt: „Von höherer Warte betrachtet …", in: Süddeutsche Zeitung 18 (1962), Nr. 163 vom 9. Juli 1962.

Lösungsvorschläge

1 *Im Folgenden wird knapp erläutert, inwieweit die religionspolitischen Konflikte des 11. und 12. Jahrhunderts Anteil an der Entstehung eines modernen Verständnisses von Herrschaft und Herrschaftslegitimation hatten. Dabei verweist der Operator „erläutern" (AFB II) darauf, dass Sie den gegebenen Sachverhalt anhand eigener Beispiele und Zusatzinformationen verdeutlichen sollen.*

Im **Mittelalter** galt ein Herrscher als **Stellvertreter Gottes bzw. Christi auf Erden**, der von Gott erwählt worden war und somit eine priesterähnliche Stellung einnahm. Die Einheit von König und Priester kommt im Begriff **„rex et sacerdos"** zum Ausdruck. Der König bzw. Kaiser wurde vom Papst geweiht und gesalbt, wodurch seine Herrschaft einen **sakralen Charakter** erhielt. Darüber hinaus waren Staat und Kirche durch das sogenannte **Reichskirchensystem** eng verwoben. Das sakrale Herrschaftsverständnis und die damit verbundene **theokratische Herrschaftslegitimation** wurden im 11./12. Jahrhundert durch den **Investiturstreit** (u. a. Gang nach Canossa 1077) dauerhaft ins Wanken gebracht. Auf lange Sicht führte der Kampf um das Investiturrecht (Befugnis, Bischöfe in ihr Amt einzusetzen) zur **Trennung von Staat und Kirche**. Das Wormser Konkordat 1122 legte den Streit vorerst bei; die darin enthaltenen Regelungen hatten eine Aufteilung von Zuständigkeiten zwischen weltlicher und geistlicher Gewalt zur Folge.

Zwar blieb die **Vorstellung des Gottesgnadentums bis ins Zeitalter des Absolutismus** erhalten, die Sakralisierung des Königtums wurde aber zunehmend aufgelöst: So wurde der König nicht mehr wie selbstverständlich als Schutzherr der Christenheit betrachtet, sondern musste explizit auf seine göttliche Legitimation verweisen. Da seine Herrschaft folglich weniger durch den Glauben begründet werden konnte, wurde die **rationale, weltliche Rechtfertigung** seiner Macht insbesondere durch rechtliche Absicherung immer wichtiger, indem die königlichen Rechte z. B. in Anknüpfung an das Römische Recht dargestellt wurden.

Der Investiturstreit leitete die **Trennung von Staat und Kirche** ein, die letztlich Bestandteil moderner Herrschaftsformen werden sollte. Insgesamt fand aber noch kein völliger Bruch mit damaligen Herrschaftsstrukturen statt. So gab es im Heiligen Römischen Reich weiter eine Vielzahl **geistlicher Fürsten**. Zudem folgten andere wichtige Bestandteile moderner politischer Ordnungen, z. B. **Mitspracherechte des Volks** im Sinne der Demokratie, erst deutlich später.

2 *Thema ist das Verständnis von Nation in Wilhelm von Humboldts „Denkschrift über die deutsche Verfassung" (1813). Im ersten Schritt soll ein Auszug aus diesem Dokument dahingehend untersucht werden, wie der Autor eine (deutsche) Nation sieht. Der Operator „erarbeiten" (AFB II) verlangt, die entsprechenden Informationen aus dem Text zu entnehmen, in eigenen Worten darzulegen und durch (in-)direkte Zitate zu belegen. Im zweiten Schritt müssen Sie überprüfen, inwieweit der Gelehrte für die Bildung eines Nationalstaats plädierte. Die „Überprüfung" (AFB III) beinhaltet, dass Sie die These auf Richtigkeit und innere Logik untersuchen. Dazu sind wieder Verweise auf passende Textstellen nötig.*

Bei der vorliegenden **Textquelle** M 1 handelt es sich um einen Auszug aus **Wilhelm von Humboldts „Denkschrift** über die deutsche Verfassung“, die **1813** erschienen ist. Der Gelehrte und Staatsmann beginnt seine Ausführungen damit, dass er die **Freiheit und äußere Stärke einer Nation** als Maßstab und Voraussetzung für ihre innere Entwicklung und Verfassung anlegt. Als Basis der Nation sieht er einen **gemeinsamen „Geist**“ (Z. 8) an, der auf diese Weise geschützt werde. Deutschland solle ohne äußeren Druck den Prozess der Nationswerdung durchlaufen und so einen **Ruhepol** in der Mitte Europas darstellen können (vgl. Z. 6–13).

Die nationale Einheit der Deutschen beruhe vor allem auf der **kulturellen Identität**, die ihre Wurzeln in **sittlichen, sprachlichen und literarischen Gemeinsamkeiten** habe (vgl. Z. 22 f.). Als zweiten wichtigen Baustein nennt Humboldt die **gemeinsame Abstammung und Vergangenheit**. Hierbei betont er neben früheren „Rechte[n] und Freiheiten“ (Z. 24) insbesondere zusammen und über die Generationen hinweg errungene Ehre und erlittenes Leid. Diese Erfahrungen werden laut M 1 als **identitätsstiftend** erlebt und bestehen in der **Erinnerung** fort (vgl. Z. 23–26).

Seiner Ansicht nach existiert eine **natürliche Einteilung der Menschen in Nationen**, weshalb sowohl Einzelpersonen als auch Völker erst durch die **Schicksalsgemeinschaft** der Nation an Stärke gewinnen (vgl. Z. 32–35). Diesen Prozess betrachtet Humboldt als naturgemäße Entwicklung, die auch durch Politiker nicht aufgehalten werden könne und dürfe (vgl. Z. 36 f.).

Insgesamt entfaltet Humboldt in seiner Schrift die **Vorstellung einer „Kulturnation**“, indem er die gemeinsame Abstammung und Kultur der Deutschen betont. Neben einer solchen Wertegemeinschaft hebt er das **Schicksalhafte** hervor, das die Nation verbinde und für höhere Zwecke vorherbestimme.

Darüber hinaus geht der Gelehrte in seiner Denkschrift teilweise auf die **mögliche Bildung eines Nationalstaats** ein. So spricht er sich grundsätzlich für einen engeren Zusammenschluss bzw. ein **Bündnis** der deutschen Staaten aus, um sich **gegen äußere Feinde wehren** und der „**Nationalentwicklung** ruhig und ungestört [**nachgehen**]“ (Z. 11) zu können (vgl. Z. 6–11). In diesem Sinne fordert der Autor, dass die „deutschen Staaten […] ein **gemeinschaftliches Ganzes** bilden sollen“ (Z. 15 f.), wovon sowohl die kleineren als auch die größeren Territorien **profitieren** würden (vgl. Z. 16–21). In der **Kleinstaaterei** sieht er dagegen eine **Gefahr** für den Frieden in Europa und die Ausbildung eines deutschen Nationalbewusstseins (vgl. Z. 26–31). Insgesamt begrüßt er eine intensive Zusammenarbeit der deutschen Staaten als natürlich gegeben und beruft sich dabei auf „das Gefühl, dass Deutschland ein Ganzes ausmacht, […] [in der] deutschen Brust“ (Z. 21 f.). Bei Humboldt existiert die deutsche Nation vornehmlich **in den Köpfen der Menschen**, während die genauen territorialen **Grenzen zweitrangig** sind und daher in M 1 nicht konkret bestimmt werden (vgl. Z. 38 f.).

Humboldt beendet seinen Gedankengang mit den Worten, dass Deutschland immer „Eine Nation, Ein Volk, Ein Staat bleiben“ (Z. 40) werde. Dieses Fazit und die vorherigen Betrachtungen lassen **keine eindeutige Position** im Hinblick auf die Errichtung eines deutschen Nationalstaats erkennen: Einerseits spricht sich der Autor für ein **engeres Bündnis der deutschen Staaten** aus, andererseits ist bei ihm das **Gefühl der Nation** entscheidender als die exakten Grenzen eines Nationalstaats. Letztendlich kann man in seinen Ausführungen zur Zusammenarbeit der deutschen Einzelstaaten die Vorstellung eines **Staatenbunds** wiederfinden, wie er später im **Deutschen Bund** realisiert wurde.

3 *Die Fragestellung ist in einen situativen Rahmen eingebettet. Ihnen fällt die Rolle zu, im Kontext einer Ausstellung Ihres Geschichtskurses („Probleme deutscher Geschichte im 19. und 20. Jahrhundert in zehn Karten") zwei Geschichtskarten aus dem Historischen Atlas (hier: Putzger Historischer Weltatlas. Ausgabe Bayern, 104. Auflage, 2012, S. 150 f.) zu präsentieren: eine große zu „Europa nach dem Wiener Kongress 1815", eine kleinere mit dem Titel „Revolutionäre Erhebungen 1815–1848". Für die Begleitbroschüre zur Ausstellung müssen Sie nun einen informierenden Text verfassen, in dem Sie wesentliche Probleme der deutschen Nationalstaatsbildung „erläutern" (AFB III), also mit Zusatzinformationen beschreiben. Dabei verlangt die Aufgabe von Ihnen, die zwei Karten zu analysieren und dann im Hinblick auf diese Thematik auszuwerten. Es bietet sich an, die Erläuterung der Probleme der Nationalstaatsbildung und die Ergebnisse der Analyse der Karten gleich miteinander zu verbinden.*

In der großen Karte „**Europa nach dem Wiener Kongress 1815**" sind in bunten Farben die meisten Länder Europas nach 1815 eingezeichnet. Mit roter Schrift eingetragen sind die Namen der Staaten, die durch den Wiener Kongress restauriert oder neu geschaffen wurden, wie etwa das Königreich der Vereinigten Niederlande sowie Territorien in ganz Italien. Neu oder wieder erworbene Gebiete sind in einer intensiveren Farbstufe als die restlichen Besitzungen eines Staats zu erkennen, z. B. große Teile Preußens und Österreichs. Im Hinblick auf die Probleme der Nationalstaatsbildung in Deutschland besonders wichtig ist die fett in roter Farbe markierte Grenze des **Deutschen Bunds**.

Auf dem **Wiener Kongress 1814/15** war es nicht zur Gründung eines deutschen Nationalstaats, sondern nur zur Schaffung eines **lockeren Staatenbunds**, des Deutschen Bunds, gekommen. Seine **Grenzen** zeigen bereits eine zentrale Frage im Hinblick auf einen zukünftigen deutschen Nationalstaat, nämlich das Territorium, das dieser umfassen sollte. So verlief die Grenze des Deutschen Bunds mitten durch die Staatsgebiete der beiden Großmächte Preußen und Österreich, auf der Karte in blauer bzw. beiger/orangener Farbe markiert. Sollten auch **Gebiete jenseits der Grenzen des Bunds** zu einem deutschen Nationalstaat gehören? Dies war gerade in Bezug auf das Kaisertum **Österreich** eine wichtige Frage, da in diesem **Vielvölkerstaat** verschiedene Sprachen gesprochen wurden, eine gemeinsame Sprache für die Vorstellung von einer deutschen Nation jedoch ein wichtiges Kriterium war. Einer **großdeutschen Lösung** sowie Überlegungen, das Kaiserreich sogar in seiner **Gesamtheit** (nicht nur mit seinen deutschsprachigen

Gebieten) in einen deutschen Nationalstaat aufzunehmen, stand die Möglichkeit der **kleindeutschen Staatenbildung** (Gründung eines Nationalstaats ohne Österreich) gegenüber, die 1871 tatsächlich realisiert wurde.

Die Grenzproblematik zeigt sich auch an einem weiteren Beispiel: So gehörte der südliche Teil des hellgrün eingefärbten Königreichs **Dänemark** zum Deutschen Bund, wie man in der ersten Karte erkennen kann. Dies galt nicht für **Schleswig**, das später aber Teil des Deutschen Kaiserreichs werden sollte. Aufgrund dieser Konstellationen konnte das Territorium eines zukünftigen deutschen Nationalstaats **nicht einfach direkt aus dem Gebiet des Deutschen Bunds** hervorgehen.

In der vorliegenden Karte sind auch größere Städte eingezeichnet, darunter die Hauptstädte zusätzlich unterstrichen. An der Vielzahl von Einzelstaaten mit ihren Zentren innerhalb des Deutschen Bunds wird deutlich, dass auch das Problem bestand, wer eine **führende Rolle** spielen und wo zukünftig die **Hauptstadt** eines deutschen Nationalstaats sein könnte. Insbesondere der **Dualismus zwischen den Großmächten Preußen und Österreich** und die zwischen diesen beiden Mächten ungeklärte Führungsfrage erschwerten diese Thematik.

Zusätzlich zu diesen territorialen und machtpolitischen Unklarheiten gab es auch **verfassungsrechtliche Fragen**. Im Deutschen Bund waren viele Staaten unterschiedlicher Größe vertreten, die zwar in den allermeisten Fällen **Monarchien** waren, aber nicht alle denselben Rang und die gleiche Ausgestaltung dieser Staatsform besaßen. Auf der großen Karte kann man erkennen, dass es im Deutschen Bund neben Königreichen wie Preußen und Bayern z. B. Großherzogtümer und Kurfürstentümer gab. Dies spielt bereits etwas auf die **Frage nach der zukünftigen Staatsform und Verfassung** eines Gesamtstaats an.

Deutlicher wird diese Thematik in der kleineren Karte „**Revolutionäre Erhebungen 1815–1848**", in der die **Staatsformen** vor 1848 differenzierter gekennzeichnet sind: Während die Großmächte Preußen und Österreich von **absoluten Monarchen** regiert wurden, was sich an der hellblauen Farbe zeigt, hatte man in Bayern und Württemberg eine **konstitutionelle Monarchie** wie in Frankreich, erkennbar an der rosa Einfärbung. Weitere Staatsformen, die es damals in Europa gab, waren die parlamentarische Monarchie in Großbritannien und Irland (gelb) und die Republik in der Schweiz (grün). Mit Blick auf die Nationalstaatsbildung in Deutschland ist hier die erneut rot eingezeichnete Grenze des Deutschen Bunds von Bedeutung: Dadurch werden die unterschiedlichen Staatsformen innerhalb des Bunds – absolute bzw. konstitutionelle Monarchie – deutlich.

Das Kernthema der zweiten Karte sind jedoch die verschiedenen **Aufstände**, die Europa 1815–1848 erschütterten. Mit Feuersymbolen sind diejenigen Orte markiert, an denen **liberale und nationale Revolutionen** und Erhebungen stattgefunden haben. Orange Symbole zeigen die Aufstände **1830/31** an, darunter in mehreren deutschen Gebieten, in Frankreich und in Polen. Für **1848/49** kann man anhand roter Feuer die Ausbreitung von Erhebungen nach Osteuropa und Italien erkennen. Darüber hinaus sind in Lila liberale und nationale Aufstände vermerkt, die sich noch auf andere Zeitpunkte und Orte in ganz Europa erstreckten.

Die zweite Karte verweist auf die Frage, wie ein **deutscher Nationalstaat** überhaupt **entstehen** könnte: Im Falle der Revolutionen in den deutschen Gebieten zeigt sich die Forderung bzw. sogar der Versuch der liberalen und nationalen Bewegung, einen solchen Staat „**von unten**", also **vom Volk ausgehend** zu schaffen. Letztendlich sollte der deutsche Nationalstaat aber – unter preußischer Führung – „**von oben**" durch die deutschen Fürsten Wirklichkeit werden, und zwar 1871 durch die Gründung des Deutschen Kaiserreichs.

4 *Diese Aufgabe bezieht sich auf den thematischen Kontext des Europatags am 9. Mai. An diesem Datum wird jährlich die europäische Integration gefeiert, weil sie einen wichtigen Beitrag dazu leistet(e), nationalistische Konfrontationen in Europa zu überwinden.*

4.1 *Im ersten Schritt sollen Sie „maßgebende Ideen und Herausforderungen" des europäischen Integrationsprozesses bis 1963 „aufzeigen" (AFB I). Das bedeutet, dass Sie diese Entwicklung auf das Wesentliche reduziert und sinnvoll wiedergeben müssen. Es geht hier nicht darum, einzelne Verträge aufzuzählen, sondern die grundsätzlichen Ideen und Herausforderungen, die hinter der europäischen Integration stehen, zu beschreiben. Die Aufgabenstellung gibt dabei bereits eine zweigeteilte Gliederung vor.*

Am 9. Mai wird jährlich der **Europatag** gefeiert, um an die **Idee eines friedlichen Europa** zu erinnern. Diese Zukunftsvision hatte der ehemalige französische Außenminister Robert **Schuman** am 9. Mai 1950 in einer Rede entworfen: Darin formulierte er das Ziel, durch wirtschaftliche Zusammenarbeit den Weg für eine politische Einigung zu ebnen, um langfristig Konflikte zu vermeiden und **Frieden zu stiften**. Besondere Bedeutung wies Schuman den Beziehungen zwischen Frankreich und (West-)Deutschland zu. Dahinter stand das Wissen um das **Konstrukt der deutsch-französischen „Erbfeindschaft"**, das nur wenige Jahre zuvor im Zweiten Weltkrieg seinen katastrophalen Höhepunkt gefunden hatte. Ausgehend von einer deutsch-französischen Zusammenarbeit im ökonomischen Bereich könnte, so Schuman, der Frieden in Europa stabilisiert werden.

Von der Schaffung und Förderung eines **europäischen Binnenmarkts** zwischen den teilnehmenden Staaten versprach man sich außerdem ein allgemeines **Wirtschaftswachstum** und **steigenden Wohlstand**, wovon gerade die Bevölkerung profitieren sollte. Gleichzeitig wollte man ein ökonomisches Ungleichgewicht und somit auch die Übermacht einzelner Staaten verhindern: Besonders die Franzosen fürchteten ein wirtschaftlich wiedererstarktes (West-)Deutschland. Durch den Abschluss von Verträgen und eine institutionalisierte Form des Austauschs sollte die geplante Zusammenarbeit verstetigt werden.

Neben diesen wirtschaftlich-politischen Aspekten europäischer Kooperation war nach dem Zweiten Weltkrieg und dem Holocaust die **Wahrung der Menschenrechte ein zentrales Anliegen**. Diese wurden im Zuge der europäischen Integration auf eine rechtliche Basis gestellt, und zwar im Rahmen des **Europarats**

1949. Ein Jahr später wurde von dessen damaligen Mitgliedern die Europäische Menschenrechtskonvention verabschiedet. Diese **rechtliche Kodifizierung der Menschenrechte** sollte dazu führen, dass das rechtsstaatliche Prinzip in den Unterzeichnerstaaten gestützt und ausgeweitet wurde.

Trotz verschiedener Erfolge war die Umsetzung dieser **Ideen** aber auch mit einigen Schwierigkeiten und **Herausforderungen** verbunden. Das größte Problem stellte die **konfliktreiche Vergangenheit** vieler europäischer Staaten dar: Der seit dem 19. Jahrhundert immer weiter gewachsene **Nationalismus** hatte im Laufe der Zeit zu zahlreichen Auseinandersetzungen geführt, unter denen der Erste und Zweite Weltkrieg die negativen Höhepunkte bildeten. Die zum Teil tief verwurzelten **Feindschaften** mussten erst durch **Verständigung** überwunden werden.

Vor allem das **deutsch-französische Verhältnis** war infolge der lange Zeit propagierten „Erbfeindschaft" **sehr zerrüttet**. Auf beiden Seiten hatten sich die **nationalen Feindbilder des 19. Jahrhunderts** durch die weiteren Konfrontationen im Ersten und Zweiten Weltkrieg fest im nationalen Bewusstsein verankert. Gerade seit dem Deutsch-Französischen Krieg 1870/71 erlebten Deutsche und Franzosen, dass grenznahe Gebiete (besonders Elsass-Lothringen) wechselseitig annektiert und besetzt wurden, wodurch bestehende negative Fremdbilder zusätzlich verstärkt wurden. Die **Beseitigung dieser feindlichen Überzeugungen** in Deutschland und Frankreich stellte eine zentrale Herausforderung für den Friedensprozess in Europa dar.

Für die europäische Integration hinderlich waren darüber hinaus noch ungeklärte Fragen, die die **tatsächliche Umsetzung** der Zusammenarbeit der europäischen Staaten betrafen. Viele Nationen befürchteten einen **Verlust ihrer Eigenständigkeit** und waren daher skeptisch gegenüber supranationalen Einrichtungen. Dieses Misstrauen musste abgebaut werden, damit der europäische Einigungsprozess erfolgreich sein konnte.

4.2 *Im zweiten Teil der Aufgabe sollen Sie die Entwicklung der europäischen Einigung bis 1963, deren „Ideen und Herausforderungen" Sie schon beleuchtet haben, „bewerten" (AFB III). Hier wird von Ihnen ein eigenständiges, sinnvoll begründetes Urteil erwartet. Bei der Überprüfung des Sachverhalts müssen Sie M 2 miteinbeziehen – eine Karikatur, die einen Staatsbesuch von Bundeskanzler Adenauer in Frankreich 1962 kommentiert. Es bietet sich an, zunächst die Abbildung zu analysieren und anschließend das begründete Urteil zu entfalten.*

Am 9. Juli **1962** erschien in der **Süddeutschen Zeitung** eine **Karikatur** von Fritz **Behrendt** mit dem Titel „Von höherer Warte betrachtet ..." (M 2). Diese Abbildung soll im Folgenden **analysiert** und davon ausgehend die Entwicklung der europäischen Integration bis 1963 **bewertet** werden.

Im Sommer **1962** absolvierte Bundeskanzler **Konrad Adenauer** einen **Staatsbesuch in Frankreich**. In diesem Kontext nahm er am 8. Juli 1962 mit dem französischen Staatspräsidenten **Charles de Gaulle** an einer feierlichen Messe in der

Kathedrale von Reims teil. Die Karikatur, die einen Tag später veröffentlicht wurde, ist als **Kommentar** zu diesem Ereignis zu betrachten.

In der oberen Bildhälfte von M 2 sind auf einer Wolke **drei frühere europäische Herrscher bzw. Staatsmänner** zu sehen, die vom Himmel auf die Erde herabblicken: Es handelt sich links um den preußischen König **Friedrich II.**, in der Mitte um den französischen Feldherrn und Kaiser **Napoleon Bonaparte**, rechts um den deutschen Reichskanzler **Otto von Bismarck** (zu erkennen an der preußischen Pickelhaube). In der unteren Hälfte sind links **de Gaulle** und rechts **Adenauer** abgebildet, die sich vor der sehr klein dargestellten Kathedrale von Reims freundschaftlich verständigen: Während der deutsche Bundeskanzler mit beiden Händen die rechte Hand des französischen Staatspräsidenten umfasst, legt dieser seine linke Hand brüderlich auf Adenauers Schulter.

Die **deutsch-französische Annäherung** nach dem Zweiten Weltkrieg wird hier **symbolhaft** dargestellt in Person der beiden zivil gekleideten Staatsmänner, die sich anlächeln und bewusst einander zuwenden. Darüber hinaus befinden sie sich durch die Kathedrale im Hintergrund in einem religiösen und somit explizit **nicht kriegerischen Umfeld**. Im Kontrast dazu sind die Staatsmänner des 18./19. Jahrhunderts in Uniform gekleidet, was auf die **konfliktreiche Vergangenheit** der beiden Staaten und ihre nationalistischen Absichten hinweist. So repräsentiert z. B. Napoleon die Zeit der französischen Hegemonie Anfang des 19. Jahrhunderts, Bismarck den Deutsch-Französischen Krieg 1870/71. Nichtsdestotrotz betrachten die drei Vertreter vergangener Zeiten das gegenwärtige Geschehen durchaus mit Interesse.

Der **Titel „Von höherer Warte betrachtet ...“** passt zu dieser Darstellung der deutsch-französischen Beziehungen: Vom Himmel, also **von erhöhter Position aus** blicken die Staatsmänner früherer Zeiten auf das gegenwärtige Handeln der beiden Politiker Adenauer und de Gaulle. Darüber hinaus könnte sich der Titel auch auf den Karikaturisten beziehen, der die **deutsch-französische Geschichte überblickt** und die ideell-moralisch geprägte Annäherung bewusst von den militärischen Konfrontationen vergangener Zeiten abhebt.

Insgesamt betont die Karikatur die **Bedeutung der deutsch-französischen Aussöhnung**, welche wiederum grundlegend für die europäische Integration war und noch immer ist: Ohne die Überwindung der deutsch-französischen Feindschaft wäre eine europäische Einigung nicht möglich gewesen. Maßgeblich dafür verantwortlich waren auch die beiden in M 2 abgebildeten **Politiker de Gaulle und Adenauer**. Die zunehmende wirtschaftliche Zusammenarbeit Westdeutschlands und Frankreichs, angefangen mit der gemeinsamen Verwaltung der Kohle- und Stahlproduktion im **Rahmen der europäischen Integration**, wurde begleitet durch gegenseitige Staatsbesuche wie auch denjenigen von 1962, der in der Karikatur thematisiert wird. In der Öffentlichkeit wurden diese Treffen mit großen Gesten verbunden, als Zeichen der deutsch-französischen Aussöhnung. Eine solche freundschaftliche Haltung ist auch zentrales Element von M 2. Diese Entwicklung gipfelte im **Élysée-Vertrag von 1963**, der die **deutsch-französische Freundschaft** besiegelte.

Der deutsche Bundeskanzler Adenauer zielte jedoch nicht nur auf eine **Versöhnung mit dem „Erbfeind" Frankreich**, sondern suchte insgesamt die Bindung an die westeuropäischen Staaten und gewann hier durch die **Politik der Westintegration** der Bundesrepublik Vertrauen zurück. In diesem Zusammenhang ist vor allem die zunehmende **Kooperation im wirtschaftlichen Bereich** zu sehen, die die Bundesrepublik mit Frankreich, den Benelux-Staaten und Italien intensivierte. Nachdem die „**Montanunion**" 1951 den Anfang gemacht hatte, markierten die **Römischen Verträge** von 1957 einen weiteren Meilenstein auf dem Weg zur heutigen Europäischen Union: Die ökonomische Kooperation der westeuropäischen Staaten bildete langfristig eine bedeutende **Grundlage politischer Stabilität in Europa** und war somit ein wichtiges Instrument der Friedenssicherung.

Die europäische Integration war bis 1963 also gerade **im wirtschaftlichen Bereich Erfolg versprechend**, wesentlich vorangetrieben durch die deutsch-französische Annäherung. Allerdings war diese Zusammenarbeit zuerst auf nur wenige westeuropäische Staaten **begrenzt**; der Großteil Europas war noch nicht beteiligt. Hier muss vor allem auch der **Ost-West-Konflikt** berücksichtigt werden: Der Prozess der europäischen Einigung beschränkte sich ausschließlich auf den Teil Europas, der mit der **westlichen Welt unter amerikanischer Führung** kooperierte. Die osteuropäischen Staaten, die der Sowjetunion nahestanden und zum **Ostblock** zählen, waren während des Kalten Kriegs (also auch im Zeitraum bis 1963) von der europäischen Integration **ausgeschlossen**. Dies sollte sich erst in den 1990er-Jahren nach dem Ende des Ost-West-Konflikts ändern.

5 *Der folgende Lösungsvorschlag greift die **Teilaufgabe a)** zum Halbjahr **11/1** auf. Die Lösungsvorschläge zu den Halbjahren **11/2** und **12/2** finden Sie auf den Seiten 61 ff. und 30 ff. dieses Jahrgangs.*
Die Aufgabe behandelt die Industrialisierung in Deutschland; zu diesem Thema sind Ihnen aus dem Unterricht des Halbjahrs 11/1 die Lebens- und Arbeitswelten der entstehenden Industriegesellschaft des 19. Jahrhunderts vertraut. Sie müssen nun die historische Bedeutung der Zeit der Industrialisierung für die wirtschaftliche und gesellschaftliche Entwicklung in Deutschland „diskutieren" (AFB III), also verschiedene Aspekte zu dieser Frage aufgreifen und auf dieser Basis zu einer begründeten Bewertung kommen. Die Themenstellung ist offen gewählt, sodass Sie hier selbst Schwerpunkte setzen können. Die Schwierigkeit besteht darin, dass Sie sich nicht in Einzelheiten verlieren, sondern die großen Entwicklungslinien anhand passender Beispiele herausstellen sollen. Es ist nicht erforderlich, alle Facetten der Industrialisierung im Detail nachzuzeichnen. Vielmehr geht es um die positiven und negativen Veränderungen infolge der Industrialisierung, die sich möglicherweise sogar bis in die heutige Zeit auswirken.

Vergleicht man heute wohlhabende Staaten mit ärmeren, fällt auf, dass es sich bei den reicheren Ländern hauptsächlich um **Industrienationen** mit einer modernen Marktwirtschaft handelt. Der Grundstein für diesen materiellen Wohlstand wurde vielerorts durch die im 18. Jahrhundert einsetzende **Industrialisierung** gelegt. In **Deutschland** vollzog sich der Industrialisierungsprozess vorwiegend im Laufe des 19. Jahrhunderts, wobei es aber große regionale Unterschiede gab: Besonders früh begann der wirtschaftliche Wandel in **rohstoffreichen** Gebieten wie dem **Ruhrgebiet**. Insofern war die **Schließung des letzten Steinkohlebergwerks** am 21. Dezember 2018 eine wichtige Zäsur in der Erfolgsgeschichte der dortigen **Montanindustrie**. Gerade dieser Industriezweig hat entscheidend zur „industriellen Revolution" in Deutschland beigetragen. Die damals in Gang gesetzten Veränderungen wirken bis heute in verschiedenen Lebensbereichen nach. Im Folgenden soll nun genauer betrachtet werden, welche **Bedeutung die Industrialisierung für die wirtschaftliche und gesellschaftliche Entwicklung in Deutschland** hatte bzw. sogar bis heute hat.

In wirtschaftlicher Hinsicht waren die deutschen Gebiete zu Beginn des 19. Jahrhunderts noch weitgehend **agrarisch** geprägt. Mit der Industrialisierung verschob sich der Schwerpunkt jedoch vom primären hin zum **industriellen Sektor**. Diese Entwicklung setzte sich grundsätzlich bis in die heutige Zeit fort, auch wenn mittlerweile der tertiäre Dienstleistungssektor die größte Bedeutung gewonnen hat.

Ein entscheidender Faktor für die Industrialisierung waren **liberale Wirtschaftsreformen**, die aufgrund der Aufteilung Deutschlands in viele Einzelstaaten zwar auf unterschiedliche Weise und zu verschiedenen Zeiten durchgeführt wurden, sich aber im Verlauf des 19. Jahrhunderts nach und nach in allen deutschen Gebieten durchsetzten. Zu den damaligen staatlichen Modernisierungsmaßnahmen gehörten die **Aufhebung der Grundherrschaft** (im Rahmen der Agrarreformen) und die **Einführung der Gewerbefreiheit**. Durch das Ende von Grundherrschaft und Leibeigenschaft wollte man die feudalen Strukturen aufbrechen und die Erträge in der Landwirtschaft steigern; im Zuge der „**Bauernbefreiung**" gewann die bäuerliche Unterschicht die Freiheit, über ihre eigene Arbeitskraft zu entscheiden. Auch die Gewerbefreiheit zielte auf eine erhöhte Produktivität ab: Die **Auflösung der Zünfte** und die Möglichkeit der **freien Berufswahl** sollten die Konkurrenz fördern.

Im Laufe der Zeit änderte sich die **Arbeitswelt** gravierend. Waren kleine Betriebe zunächst durch Manufakturen abgelöst worden, in denen noch arbeitsteilige Handarbeit vorherrschte, entstanden während der Industrialisierung immer mehr **Fabriken**, die von Unternehmern zentral gesteuert wurden. Durch **Rationalisierung, Mechanisierung und den Einsatz von Maschinen** wurden die Produktivität kontinuierlich erhöht und Güter massenweise produziert, was ein dauerhaftes Wachstum des Sozialprodukts garantierte. Dabei spielten **wissenschaftliche Fortschritte** und **technische Innovationen** eine zentrale Rolle, besonders die Erfindung der **Eisenbahn**. Durch neue Verkehrswege konnten weitere Märkte erschlossen, durch eine **verbesserte Infrastruktur** schneller kommuniziert werden. Gekennzeichnet war die industrielle Arbeitswelt zudem durch **spezialisierte Lohnarbeit und den Einsatz von Kapital** durch die Unternehmer. Bis heute hat sich der Kapitalmarkt immer weiter ausdifferenziert, auch der Grad der Spezialisierung von Arbeitskräften hat zugenommen.

Die neuen Freiheiten und der Wandel der Arbeitswelten hatten beträchtliche wirtschaftliche und gesellschaftliche Auswirkungen. Dazu gehörten **Landflucht und Urbanisierung**. Durch die Beseitigung von Grundherrschaft und Leibeigenschaft gewann die bäuerliche Bevölkerung an individueller Freiheit und Entscheidungsspielraum. Der Übergang von der Stände- zur Industriegesellschaft war hier mit der **Auflösung persönlicher Abhängigkeitsverhältnisse** hin zu größeren Entfaltungsmöglichkeiten für den Einzelnen in der modernen Welt verbunden – ein Prozess, der bis heute andauert. Allerdings erlitt die bäuerliche Unterschicht auch einen **Funktionsverlust**, den das Ende der Agrargesellschaft mit sich brachte. Wegen fehlender Verdienstmöglichkeiten der besitzlosen dörflichen Unterschicht setzte außerdem die Landflucht ein, die die **Verstädterung** beschleunigte und neue industrielle Ballungszentren entstehen ließ.

Befördert wurde die Urbanisierung zudem noch durch die **massive Zunahme der Gesamtbevölkerungszahl** – eine Entwicklung, die bereits um 1750 begonnen hatte und sich im 19. Jahrhundert verstärkte. Dieses Bevölkerungswachstum basierte vornehmlich auf Verbesserungen in der Landwirtschaft und den neuen Transportmöglichkeiten von Lebensmitteln, wodurch immer mehr Menschen ernährt werden konnten. So leistete der **technische Fortschritt** einen wichtigen Beitrag zur Bekämpfung von Hunger, während sich Epidemien durch Entwicklungen in der **Medizin** besser bekämpfen ließen. Zudem steigerte sich die **Geburtenrate**, u. a. weil mit dem Ende der Grundherrschaft bisherige Heiratsbeschränkungen weggefallen waren.

Neben der Arbeitswelt veränderte sich in den Großstädten die **Lebensweise** der Menschen, die hier einen größeren **persönlichen Freiraum** und vermehrt Zugang zu Kultur und Bildung erlangten. Urbanisierung und Landflucht führten – neben der Bauernbefreiung und der Abschaffung des Zunftwesens – aber auch dazu, dass bisherige konfessionelle, nachbar- und verwandtschaftliche Verbindungen und somit wichtige **soziale Sicherungssysteme** wegfielen. Eine weitere Folge der vielen wirtschaftlichen und gesellschaftlichen Veränderungen war die Verarmung großer Bevölkerungsteile auf dem Land und in der Stadt. Dieses Phänomen der **Frühphase** der Industrialisierung wird „**Pauperismus**" genannt.

Mit der Zeit entstand in den Städten und Industriezentren schließlich eine neue Schicht von **Lohnarbeitern**, deren einziger Besitz ihre Arbeitskraft war und die in vielerlei Hinsicht ausgebeutet wurden: Das **Industrieproletariat** hatte u. a. mit **niedrigen Löhnen, langen Arbeitszeiten und unsicheren Arbeitsplätzen** zu kämpfen; außerdem waren die Arbeiter im Falle von Arbeitslosigkeit oder Krankheit sozial nicht abgesichert. Allmählich spitzte sich ihre wirtschaftlich-soziale Notlage in der „**Sozialen Frage**" zu. Es kam zu Massenarmut, Versorgungsproblemen und beengten Wohnverhältnissen in den Städten.

Als Reaktion auf das Elend der Arbeiter formierte sich schon bald die **Arbeiterbewegung**. Neben der Organisation in Selbsthilfevereinen schlossen sich die Arbeiter in Gewerkschaften und später Parteien zusammen. Die **Sozialdemokratische Partei Deutschlands** (SPD), die bis heute existiert und die deutsche Politik mitgestaltet, ist zur damaligen Zeit entstanden. Ziel dieser Vereinigungen war es, durch eine gemeinsame Interessenvertretung die Rechte der Arbeiter und deren Notsituation zu verbessern. Die Erfolge der sozialistischen Arbeiterbewegung missfielen dem deutschen Reichskanzler Otto von **Bismarck**, sodass er sie nicht nur durch das „Sozialistengesetz" bekämpfte, sondern auch eine **Sozialgesetzgebung** im Deutschen Kaiserreich vorantrieb: In den 1880er-Jahren wurden eine Kranken-, Unfall-, Alters- und Invaliditätsversicherung eingeführt. Für die Geschichte des **modernen Sozialstaats**, wie wir ihn heute in Deutschland kennen, stellten diese staatlichen Maßnahmen einen Meilenstein dar.

Schließlich sei noch auf die **Entwicklung der Geschlechterrollen** hingewiesen. Aufgrund der steigenden Anzahl berufstätiger Frauen schritt die **Emanzipation der Frauen**, die ein neues Selbstbewusstsein gewannen, insgesamt voran. Dadurch wurde die Macht des Hausvaters etwas geschmälert, grundsätzlich blieben die Rollenzuschreibungen jedoch **konstant**. Zwar etablierten sich eine bürgerliche und eine proletarische **Frauenbewegung**, die die Position der Frauen verbessern wollten. Dennoch waren Frauen in der Berufswelt weniger wert aufgrund der meist fehlenden Ausbildung; sie wurden schlechter bezahlt und hatten geringere Aufstiegschancen. Auch blieb die Hausarbeit ihre Aufgabe. Insgesamt verfestigten sich die Geschlechterverhältnisse in der Industriegesellschaft, trotz der aufkommenden Frauenbewegung. Die ungleiche Behandlung der Geschlechter setzt sich in unserer Gesellschaft bis heute fort, auch wenn in vielen Bereichen schon Erfolge erzielt wurden.

Zwischen 1800 und 1900 vollzog sich der Wandel hin zum **heutigen deutschen Industriestaat**. Die Auswirkungen dieser Zeit sind bis heute spürbar, sodass die damaligen Lebens- und Arbeitswelten als **Vorläufer** der heutigen modernen Industriegesellschaft gesehen werden können. Allerdings muss man die Entwicklungen seit dem 19. Jahrhundert durchaus **ambivalent** bewerten: So wurden zwar die Standesschranken abgeschafft; dafür entstand ein neues **Klassensystem**. Die Verbesserung der gesamtwirtschaftlichen Lage ließ breitere Schichten an **Wohlstand und Kultur** teilhaben und ebnete den Weg zur **Konsumgesellschaft**. Bis heute ist jedoch in den westlichen Industrieländern ein **Spannungsverhältnis zwischen sozialer Sicherheit und persönlicher (wirtschaftlicher) Freiheit** allgegenwärtig.

Die mit der Industrialisierung verbundenen neuen Wirtschaftsformen haben darüber hinaus zu **massiven Umweltproblemen** geführt, die zur damaligen Zeit noch nicht registriert wurden. Durch die Erschließung neuer Energiequellen wie Kohle wurde die Natur stärker ausgebeutet und die Umwelt immens belastet. In diesem Zusammenhang ist die Schließung des letzten Steinkohlebergwerks im Ruhrgebiet 2018 zu sehen: Die aktuelle **Energiewende in Deutschland** wurde nicht zuletzt aufgrund von durch die Industrie hervorgerufenen Umwelt- und Klimaschäden als notwendig erachtet.

Abitur Geschichte (Bayern) – 2020 – Aufgabe IV
Konfliktregionen und Akteure internationaler Politik in historischer Perspektive

1 Erläutern Sie wesentliche Grundelemente des US-amerikanischen Selbstbewusstseins und prüfen Sie, inwieweit sich diese Grundelemente in der Erklärung des zweiten Kontinentalkongresses vom 6. Juli 1775 (M 1) widerspiegeln! (22 BE)

2 In der zweiten Hälfte des 19. Jahrhunderts vollzog sich in der US-Außenpolitik ein entscheidender Wandel. (38 BE)

2.1 Analysieren und interpretieren Sie die Karikatur „Uncle Sam's picnic" aus dem Jahr 1898 (M 2)!

2.2 Diskutieren Sie, inwieweit die Karikatur M 2 dazu geeignet ist, die US-amerikanische Außenpolitik in der zweiten Hälfte des 19. Jahrhunderts darzustellen!

3 „Das wichtigste Element jeder amerikanischen Politik gegenüber der Sowjetunion muss eine langfristige, geduldige und zugleich feste und wachsame Eindämmung der russischen Expansionsbestrebungen sein", schrieb der amerikanische Diplomat George F. Kennan im Juli 1947. (30 BE)

George F. Kennan: The Sources of Soviet Conduct, in: Foreign Affairs, Juli 1947, S. 575, zit. nach: Josef Joffe: Die Hypermacht. Warum die USA die Welt beherrschen, München – Wien 2006, S. 7 f.

3.1 Legen Sie ausgehend von dem Zitat Grundelemente der US-amerikanischen Außenpolitik nach 1945 dar!

3.2 Beurteilen Sie an einem Beispiel, inwieweit die von Kennan skizzierte Eindämmungspolitik bis 1990 erfolgreich war!

4 Bearbeiten Sie eine der drei folgenden Teilaufgaben! (30 BE)

a) zu Halbjahr 11 / 1
Der 21. Dezember 2018 ist ein historischer Einschnitt für die deutsche Industriegeschichte: Mit der Schließung des letzten Steinkohlebergwerks im Ruhrgebiet wurde der Steinkohlebergbau in Deutschland – und damit ein wichtiger Teil der Industrialisierung – an diesem Tag Geschichte.

Diskutieren Sie vor diesem Hintergrund anhand selbstgewählter Beispiele, welche historische Bedeutung die Zeit der Industrialisierung für die wirtschaftliche und gesellschaftliche Entwicklung in Deutschland besaß!

b) zu Halbjahr 11/2
In diesem Jahr feiert Deutschland das dreißigjährige Jubiläum der Wiedervereinigung. Aus diesem Anlass veranstaltet die Bayerische Landeszentrale für politische Bildungsarbeit den Wettbewerb „Wege zur Freiheit". Ihr Geschichtskurs erstellt hierzu eine Broschüre, in der „Wege zur Freiheit" als Wege hin zu einer stabilen Demokratie aufgezeigt werden sollen.

Verfassen Sie für diese Broschüre einen Artikel, in dem Sie unter Zuhilfenahme anschaulicher Beispiele aus der deutschen Geschichte des 20. Jahrhunderts bewerten, welche Faktoren zur Stabilisierung einer Demokratie beitragen!

c) zu Halbjahr 12/1
Der am 22. Januar 2019 durch Bundeskanzlerin Merkel und Staatspräsident Macron unterzeichnete Aachener Vertrag schreibt den Elysée-Vertrag von 1963 fort. Anlässlich seiner Unterzeichnung erklärte das Auswärtige Amt:

„Mit dem Elysée-Vertrag hatten Deutschland und Frankreich vor 56 Jahren die Lehren aus der blutigen Vergangenheit gezogen und eine historische Weichenstellung vorgenommen. Aus jahrhundertealter angeblicher Erbfeindschaft wurde die deutsch-französische Freundschaft. Aus einer Konfrontation, die Europa immer wieder in Krieg und Zerstörung gestürzt hat, wurde der Motor der europäischen Einigung."

Gemeinsam für Europa – Deutschland und Frankreich schließen Aachener Vertrag, Pressemitteilung des Auswärtigen Amtes vom 18. Januar 2019, https://www.auswaertiges-amt.de/de/aussenpolitik/europa/zusammenarbeit-staaten/frankreich/aachener-vertrag/2175910 (zuletzt abgerufen am 10. Juni 2020).

Nehmen Sie zu dieser Aussage Stellung, indem Sie den Begriff der „Erbfeindschaft" kritisch erläutern, ihn historisch einordnen und die Rolle der deutsch-französischen Freundschaft für die europäische Einigung bis 1963 bewerten!

Material

M 1: Auszug aus der „Erklärung der Gründe, warum es notwendig sein werde, zu den Waffen zu greifen" vom 6. Juli 1775

Nach ersten bewaffneten Zusammenstößen mit britischen Truppen trat im Mai 1775 der zweite Kontinentalkongress, der aus den Delegierten der 13 Kolonien Nordamerikas bestand, in Philadelphia zusammen, um geeignete Maßnahmen zu beraten. Er veröffentlichte im Juli 1775 folgende Erklärung:

Wenn vernünftige Menschen glauben könnten, dass der göttliche Urheber unseres Daseins einen Teil des Menschengeschlechtes dazu bestimmt habe, ein vollkommenes Eigentumsrecht und eine unbeschränkte Gewalt über den anderen Teil auszuüben, den seine unendliche Güte und Weisheit zum Gegenstand einer Unterwerfung ausersehen hätte, gegen die er nie mit Recht sich auflehnen sollte, wenn sie auch noch so streng und drückend wäre: so könnten doch die Einwohner dieser Kolonien zumindest von dem britischen Parlament irgendeinen Beweis verlangen, dass ihm diese furchtbare Gewalt verliehen ist. […] Wie sehr aber diese Versammlung [das britische Parlament] von einer unmäßigen Begierde nach einer unbeschränkten Herrschaft geblendet sein mag, dass sie der Gerechtigkeit und der Meinung der Welt Hohn bieten kann, so halten wir uns doch aus Achtung für unsere Mitmenschen verpflichtet, die Gerechtigkeit unserer Sache bekannt zu machen. […]

Wir sind jetzt gezwungen, entweder eine unbedingte Unterwerfung unter die Tyrannei erzürnter Minister oder eine gewaltsame Gegenwehr zu wählen. Das letztere ergreifen wir. Wir haben die Kosten dieses Kampfes erwogen, und wir finden nichts so furchtbar als willkürliche Sklaverei. […] Unsere Sache ist gerecht. Unsere Vereinigung ist vollkommen. Unsere inneren Hilfsquellen sind groß, und wenn es nötig ist, können wir unstreitig auswärtige Hilfe erlangen. […]

Wenn diese Erklärung unsere Freunde und Mituntertanen in irgendeinem Teil des [britischen] Reiches beunruhigen sollte, so versichern wir ihnen, dass wir nicht die Absicht haben, die Vereinigung, die so lange und glücklich zwischen uns stattfindet, und die zu erhalten wir aufrichtig wünschen, aufzuheben. Noch hat uns die Not nicht zu diesem verzweifelten Entschlusse gebracht oder uns bewogen, eine andere Nation zum Kriege gegen sie aufzureizen. Wir haben nicht in der ehrgeizigen Absicht, uns von Großbritannien zu trennen und unabhängige Staaten zu errichten, eine Armee aufgestellt. Wir fechten nicht um Ruhm oder Eroberung. Wir stellen der Menschheit das merkwürdige Schauspiel eines Volkes dar, das von ungereizten Feinden, ohne Beschuldigung oder Verdacht einer Beleidigung, angegriffen ist. Sie rühmen sich ihrer Privilegien und ihrer Kultur, und dennoch bieten sie keine milderen Bedingungen an als Sklaverei oder Tod.

In unserem Vaterlande, zur Verteidigung der Freiheit, die unser Erbrecht ist und die wir immer genossen, bis sie neulich verletzt ward; zur Beschützung unseres Eigentums, das allein von dem ehrlichen Fleiß unserer Vorfahren und von unserm eigenen erworben wurde; und gegen wirklich angetane Gewalt haben wir die Waffen ergriffen. Wir werden sie niederlegen, sobald die Feindseligkeiten von Seiten der Angreifenden aufhören, und jede Gefahr, dass sie erneuert werden könnten, behoben ist; aber nicht früher.

Erklärung der Gründe, warum es notwendig sein werde, zu den Waffen zu greifen, 6. Juli 1775, in: Herbert Schambeck, Helmut Widder, Marcus Bergmann (Hg.): Dokumente zur Geschichte der Vereinigten Staaten von Amerika, Berlin 1993, S. 90–92. – Der Text wurde zu Prüfungszwecken angepasst.

M 2: Karikatur „Uncle Sam's picnic" von Louis Dalrymple, erschienen im US-amerikanischen Satiremagazin „Puck" (1898)

Text unter der Karikatur:	**Übersetzung:**
Old Party: Ain't ye takin' too many in, Sam?	Alter Mann: Nimmst du nicht zu viele auf, Sam?
Uncle Sam: No Gran'pa; I reckon this team will be strong enough for them all.	Onkel Sam: Nein, Großvater; ich denke, dieses Gespann ist stark genug für uns alle.

Anmerkungen

- Text auf den Schärpen: Philippines, Ladrones [Inseln, u. a. Guam], Porto Rico, Cuba;
- Text auf der gelben Kappe: Hawaii;
- Text auf dem Kopfschmuck der Pferde: „liberty" und „union";
- Text auf dem Hut des alten Mannes: Monroe Doctrine;
- Monroe-Doktrin: In einer Rede am 2. Dezember 1823 entwarf der damalige US-Präsident James Monroe das Konzept einer zweigeteilten Welt. Er betonte das Prinzip der Nichteinmischung der USA in europäische Konflikte. Gleichzeitig forderte er unter Androhung einer Intervention der USA bei Verstößen ein Ende der europäischen Kolonialisierung in Nord-, Mittel- und Südamerika.

Alpha Stock / Alamy Stock Foto.

Hinweis: Eine Farbabbildung des Bildes zum Download finden Sie unter: https://www.stark-verlag.de/mystark (Zugangscode vgl. Umschlaginnenseite).

Lösungsvorschläge

1 *Die Aufgabenstellung umfasst zwei Teile. Zunächst sollen Sie wesentliche Grundelemente des amerikanischen Selbstbewusstseins „erläutern“. Dieser Operator verweist auf den AFB II, da nicht nur das Anführen der einzelnen Elemente, sondern auch das Aufzeigen von gedanklichen Zusammenhängen gefordert wird, was über die reine Reproduktion von Wissen hinausgeht. Anschließend müssen Sie „prüfen“, inwieweit sich diese Bestandteile in der Erklärung des Zweiten Kontinentalkongresses (M 1) wiederfinden lassen (AFB III). Auf der Basis einer genauen Texterschließung sollen Sie beurteilen, welche Elemente in dem Dokument thematisiert werden, welche hingegen nicht zur Sprache kommen und daher vermutlich damals noch keine große Rolle spielten. Im folgenden Lösungsvorschlag wird bei der Erläuterung der Grundelemente auf deren Entstehung Bezug genommen, auch wenn die Aufgabenformulierung dies nicht unbedingt verlangt. Allerdings legt die Einbeziehung von M 1 einen solchen historischen Bezug nahe.*

Im Zuge des Unabhängigkeitskampfs gegen Großbritannien in der zweiten Hälfte des 18. Jahrhunderts bildeten sich wesentliche **Grundelemente des US-amerikanischen Selbstbewusstseins** heraus, die bis heute die amerikanische Identität prägen: die zentrale Bedeutung der Werte **Freiheit und Gleichheit**, ein **republikanisches Sendungsbewusstsein**, ein religiös gefärbter **Auserwähltheitsglaube** („Manifest Destiny“) sowie ein ausgeprägter **Patriotismus**.

Freiheit und Gleichheit spielten im Kampf gegen die Regierung in London eine große Rolle. Die Kolonisten waren durch die von Großbritannien längere Zeit verfolgte Politik der „**wohlwollenden Vernachlässigung**“ große Freiräume bei der Regelung ihrer Angelegenheiten gewöhnt. In den „Assemblies“ trafen sie wichtige politische Entscheidungen, auch im wirtschaftlichen Bereich konnten sie sich relativ frei entfalten, ohne zu sehr durch Abgaben und Steuern belastet zu werden. Daher war der Übergang zu stärkerer politischer Einflussnahme des Mutterlands und zu höheren Abgaben, die durch Großbritanniens finanzielle Probleme (eine Folge des Siebenjährigen Kriegs 1754/56–1763) motiviert waren, für die Siedler umso überraschender. Sie lehnten die Steuerforderungen auch deswegen ab, weil sie keine Mitsprache im Londoner Unterhaus hatten („**no taxation without representation**“). Der Widerstand gegen die größere finanzielle Belastung verband sich so mit einer **grundlegenden Infragestellung** der Herrschaftsansprüche des britischen Monarchen. Die Kritik der Kolonisten wurde dabei stark vom **politischen Denken der Aufklärung** geprägt. So hatte der Philosoph John Locke das **Recht auf Widerstand** formuliert, für den Fall, dass eine Herrschaft gegen die unveräußerlichen Rechte der Menschen verstößt – eine Idee, auf die sich die Siedler in ihrem Unabhängigkeitskampf beriefen. Auch die Überzeugung von der **Gleichheit der Menschen** war in der Aufklärung wichtig. Dieser Gedanke wurde durch die Verhältnisse in den Kolonien quasi beglaubigt, da die Herkunft nicht mehr entscheidend war und es stattdessen galt, sich bietende Chancen zu nutzen. Die Vorstellung, dass jeder für sein Schicksal selbst verantwortlich sei, prägt bis heute die amerikanische Mentalität.

Eng verbunden mit der zentralen Bedeutung von Freiheit und Gleichheit ist das **republikanische Sendungsbewusstsein** auf der Grundlage eines ausgeprägten **Auserwähltheitsglaubens**. Mit den Vereinigten Staaten von Amerika wurde bereits vor der Französischen Revolution die **erste moderne Republik der Neuzeit** geschaffen, in der wesentliche Ideen der Aufklärung weitgehend verwirklicht wurden. Das Bewusstsein, dass es sich um eine Entwicklung von epochaler Bedeutung handelte, verband sich mit der Überzeugung, den gleichsam **göttlichen Auftrag** zu haben, zur Verbreitung der Republik als Staatsform, in der man demokratische Werte wie Freiheit und Gleichheit leben könne, verpflichtet zu sein. Die **religiöse Färbung** erklärt sich durch die Tatsache, dass für viele Kolonisten die Religion einen hohen Stellenwert besaß und sie ihre Heimat einst verlassen hatten, um ihren Glauben frei ausüben zu können. Vor allem die geistige Elite der Kolonisten sah sich im Besitz höherer religiös-moralischer Tugenden. Die Erringung der Unabhängigkeit und die Etablierung eines republikanischen Gemeinwesens wurden als Bestätigung gedeutet, dass Gott mit den Amerikanern Großes vorhabe und sie in seinem Auftrag anderen Völkern den **zivilisatorischen Fortschritt** bringen und **Freiheit, Grundrechte und föderale Selbstverwaltung** verbreiten sollten. Mitte des 19. Jahrhunderts wurde dann von dem Journalisten John O'Sullivan die Idee des „**Manifest Destiny**" propagiert, um ein Recht der weißen Siedler auf Inbesitznahme des ganzen Kontinents aus dieser Bestimmung abzuleiten. Bis in die Gegenwart ist in der US-amerikanischen Außenpolitik dieser **missionarische Zug** zu erkennen.

Aus dem Stolz, aus eigener Kraft etwas Großes geschaffen zu haben und somit **Vorbild für andere Völker** zu sein, entwickelte sich ein **starker Patriotismus**, der bis heute auch der Integration der aus verschiedenen Teilen der Welt stammenden Bürger der Vereinigten Staaten dient. Nationalhymne und Flagge haben einen festen Platz in der Lebenswelt vieler Amerikaner.

In M 1 wird auf den **Auserwähltheitsglauben** angespielt: Die Kolonisten fühlen sich klar im Recht und sehen es als ihre Pflicht an, „die Gerechtigkeit unserer Sache bekannt zu machen" (vgl. Z. 11 f.). Zwar tritt das **republikanische Sendungsbewusstsein** noch nicht zutage, da explizit darauf verwiesen wird, dass man sich nicht „von Großbritannien […] trennen und unabhängige Staaten […] errichten" (Z. 25) wolle. Es wird aber schon begründet, dass es ein **Widerstandsrecht gegen tyrannische Herrschaft** gebe und Unterdrückung als nicht hinnehmbarer Zustand betrachtet werde (vgl. Z. 13–18). Demgegenüber wird mit „Verteidigung der **Freiheit**" (Z. 31) ein zentraler Wert angesprochen, in Verbindung mit dem **Eigentumsrecht**, dessen Bewahrung den gewaltsamen Widerstand rechtfertige (vgl. Z. 31–37).

Der **Patriotismus** klingt in M 1 wiederholt an, indem z. B. die Gerechtigkeit des eigenen Anliegens und der große innere Zusammenhalt betont werden (vgl. Z. 16–20). Die Delegierten des Kontinentalkongresses sehen sich jedoch immer noch als **Untertanen des britischen Reichs** und verweisen auf die Dauer und die Vorteile der **Bindung an das Mutterland** (vgl. Z. 19–22). Allerdings ist davon die Rede, dass die Kolonisten „[i]n [ihrem] **Vaterlande**" (Z. 31) die Waffen zur

Verteidigung ihrer angestammten Rechte ergriffen hätten, was bereits eine gewisse Vorstellung von **Autonomie** und **Eigenständigkeit** erkennen lässt.

Man kann feststellen, dass in M 1 wesentliche **Grundelemente des amerikanischen Selbstbewusstseins** bereits in Umrissen vorhanden, aber **noch nicht völlig ausgeprägt** sind. Die Delegierten des Zweiten Kontinentalkongresses hatten den endgültigen Bruch mit dem Mutterland 1775 noch nicht vollzogen, sondern sahen sich weiter als loyale Untertanen der Krone. Erst ein Jahr später sollte die Entschlossenheit, ein eigenes republikanisches Gemeinwesen zu gründen, in der **Unabhängigkeitserklärung** vom 4. Juli 1776 zum Ausdruck kommen.

2.1 *In dieser Aufgabe wird verlangt, die Karikatur „Uncle Sam's picnic" (M 2) von 1898 zu analysieren und zu interpretieren. „Analysieren" heißt, dass Sie die verschiedenen Bildelemente beschreiben und deren Bedeutung erschließen (AFB II). „Interpretieren" gehört dagegen zu den übergeordneten Operatoren (AFB I–III): Hier müssen Sie Sinnzusammenhänge auf Grundlage Ihrer Analyseergebnisse aufzeigen. In Ihrer eigenen Darstellung sollte deutlich werden, welche Sichtweise des Künstlers auf die historischen Ereignisse zum Ausdruck kommt.*

In der **Karikatur „Uncle Sam's picnic"** (M 2) von Louis **Dalrymple**, die **1898** in der Satirezeitschrift **„Puck"** erschienen ist, sieht man einen von einem Pferdegespann gezogenen Wagen. Gelenkt wird er von **„Uncle Sam"**, der **Allegorie der Vereinigten Staaten**, der mit einer Reihe adrett angezogener Kinder zu einem Picknick aufbricht. Die Jungen und Mädchen, die gut gelaunt in der Kutsche sitzen und US-Fähnchen in den Händen halten, repräsentieren die **Bundesstaaten**, die nach und nach Teil der USA geworden sind. Direkt hinter Uncle Sam sitzt ein dunkelhäutiger Junge, der eine Mütze mit dem Aufdruck „Hawaii" trägt: **Hawaii** hatte schon länger unter amerikanischer Schutzherrschaft gestanden und wurde 1898 von den USA annektiert. Vier weitere Kinder in farbenfroher Kleidung laufen freudig auf die Kutsche zu: Uncle Sam hilft dem Mädchen mit der „**Cuba**"-Schärpe auf den Wagen, während die Kinder, die die **Philippinen**, die **Ladrones-Inseln** und **Puerto Rico** verkörpern, nachdrängen. Die zwei Pferde, ein weißes und ein braunes, warten ruhig, bis alle eingestiegen sind. Ihr Kopfschmuck in den US-Nationalfarben (rot-weiß-blau) trägt die Begriffe bzw. Namen „**Liberty**" und „**Union**", was auf die **Leitwerte der amerikanischen Nation** und ihre „Zugkraft" verweist. Rechts sitzt ein alter Mann am Wegrand; sein Hut trägt die Aufschrift „**Monroe Doctrine**". Skeptisch fragt er Uncle Sam, ob er nicht zu viele Kinder mitnehme, was dieser verneint: Das Gespann sei „stark genug für uns alle".

Die Karikatur bezieht sich auf den **Schritt der USA zum Imperialismus** Ende des 19. Jahrhunderts. Durch ihren Sieg im **Spanisch-Amerikanischen Krieg** von 1898 verleibten sich die USA die Philippinen, die Ladrones-Inselgruppe (mit Guam) und Puerto Rico ein. Kuba wurde faktisch zu einem US-amerikanischen Protektorat. Der alte Mann am Wegrand repräsentiert eine **kritische Sichtweise** gegenüber dieser Expansion in Richtung Mittelamerika und Pazifik. Wandte sich die von Präsident **James Monroe 1823** formulierte **Doktrin**, auf die hier in M 2 hingewiesen wird, noch gegen weitere kolonialistische Bestrebungen der europäischen Mächte in Amerika, so wurden die USA nun selbst zur **Kolonialmacht**. Die in der Frage des alten Manns mitschwingende Kritik an der imperialen Politik wird von Uncle Sam **selbstbewusst** durch den Verweis auf die Stärke der Vereinigten Staaten zurückgewiesen. In der Karikatur wird dies durch die edlen Pferde, die für die **Leitwerte Einheit und Freiheit** stehen, zum Ausdruck gebracht. Laut M 2 ist die **Anziehungskraft der USA** so groß, dass die Bevölkerung der betroffenen Gebiete von selbst danach drängt, Teil der Vereinigten Staaten zu werden.

Die Karikatur bezieht sich auf den Übergang der USA zum **Imperialismus**, durch den sie ihren Einfluss in den karibischen und pazifischen Raum ausgedehnt haben. Im Gegensatz zu dieser auf **Machterweiterung** orientierten Außenpolitik war die bis dahin verfolgte Politik eher **defensiv** ausgerichtet gewesen und hatte ihr Hauptziel in der Verhinderung europäischer Einmischung in amerikanische Verhältnisse gesehen. Die neue Außenpolitik scheint vom Zeichner, der die vermeintliche **Vorbildwirkung und Anziehungskraft** des amerikanischen Modells herausstellt, **begrüßt** zu werden. Gleichzeitig kommt in Gestalt des alten Manns aber auch eine **kritische Stimme** zu Wort. Die Karikatur spiegelt also die unterschiedlichen Einstellungen der US-amerikanischen Öffentlichkeit zur außenpolitischen Wendung zum Imperialismus wider.

2.2 *Die Aufgabenstellung fordert Sie auf zu „diskutieren", inwieweit M 2 geeignet ist, die amerikanische Außenpolitik in der zweiten Hälfte des 19. Jahrhunderts darzustellen (AFB III): Sie sollen zu einem reflektierten Urteil darüber gelangen, in welchem Umfang die bildliche Darstellung M 2 die damalige Außenpolitik der Vereinigten Staaten treffend charakterisiert. Es bietet sich an, diese Frage von zwei Seiten zu beleuchten: So können Sie zuerst untersuchen, welche Faktoren für eine Eignung der Karikatur sprechen, bevor Sie dann klären, welche Punkte dagegensprechen. Am Ende sollten Sie auf der Basis Ihrer Ergebnisse ein abgewogenes eigenes Urteil formulieren.*

Für eine Eignung der Karikatur zur Darstellung der US-amerikanischen Außenpolitik in der zweiten Hälfte des 19. Jahrhunderts spricht, dass sie die damalige **territoriale Ausdehnung** der Vereinigten Staaten **im karibischen und pazifischen Raum** thematisiert. So wird auf die Folgen des gegen Spanien gewonnenen Kriegs und die Annexion Hawaiis angespielt. Der rasante Aufstieg der USA zur **führenden Weltwirtschafts-** sowie **Führungsmacht im amerikanischen Raum** spiegeln sich in der Größe Uncle Sams und seiner Funktion als Kutscher eines prächtigen Gespanns wider.

Durch die Abbildung der fröhlichen und kultivierten Picknickgruppe wird auf die Bedeutung des **republikanischen Sendungsbewusstseins** und des „**Manifest Destiny**" Bezug genommen. Die amerikanischen Fähnchen, die von den Kindern begeistert geschwungen werden, lassen auf Einheitlichkeit und Zustimmung zu den vertretenen Werten schließen, was die Mission der USA, die **Ausbreitung**

von Kultur und Fortschritt, verbildlicht. In der Betonung von **Freiheit und Einheit** könnte man die ideologische Begründung der Expansionspolitik sehen: So wurde der Krieg gegen Spanien 1898 als Kampf gegen die Unterdrückung der Bevölkerung auf Kuba durch die spanische Kolonialmacht gerechtfertigt.

Die skeptische Frage des alten Manns, ob Uncle Sam nicht zu viele Kinder aufnehme, deutet die **kontroverse Diskussion** über die Berechtigung der Expansion an: In den USA gab es durchaus prominente **Kritiker der neuen imperialistischen Politik**, darunter den früheren Präsidenten Grover Cleveland, den Industriellen Andrew Carnegie und den Schriftsteller Mark Twain, die Mitglieder der „Antiimperialistischen Liga" waren.

Allerdings lassen sich auch **Einwände** gegen die Eignung der Karikatur erheben. So bleiben die **wirtschaftlichen und machtpolitischen Motive** für die Expansion im Dunkeln. Nach der erfolgreichen Erschließung des nordamerikanischen Kontinents bis zum Pazifik (Ende der Frontier um 1890) wurde, angesichts einer dynamisch wachsenden Wirtschaft, die Frage nach **neuen Absatzmärkten** immer drängender. Im Krieg gegen Spanien ging es nicht nur um die Freiheitsbestrebungen der kubanischen Bevölkerung, sondern vor allem um die Möglichkeit, Herrschaft über **strategisch bedeutende Gebiete in der Karibik und im Pazifik** auszuüben. Dazu gehörten die Philippinen, wo die USA die spanische Pazifikflotte während des Spanisch-Amerikanischen Kriegs zur Kapitulation zwangen. Dies war von Bedeutung, da der **asiatische Raum** stärker in den handelspolitischen Fokus gelangte und dort eine „**Open Door Policy**" verfolgt wurde.

In M 2 scheint es, als ob sich die USA gütig den Völkern des Karibik- und Pazifikraums zuwenden und ihnen die Aufnahme in die Vereinigten Staaten ermöglichen würden. In der Realität empfand die Bevölkerung der annektierten karibischen Gebiete die Vereinigten Staaten zum großen Teil als **Fremdherrscher**; auf den Philippinen kämpfte eine Unabhängigkeitsbewegung jahrelang mit Gewalt gegen die amerikanische Kolonialherrschaft.

Des Weiteren spiegelt der letztendlich nur sanfte Einwand des alten Manns nicht das Ausmaß des **erbitterten Streits** wider, den es in den USA um die **Legitimität des neuen imperialistischen Kurses** gab. Dabei ging es um nichts weniger als um die Frage, ob diese außenpolitische Ausrichtung noch mit den Grundwerten der Vereinigten Staaten vereinbar sei oder ob sie im Gegenteil sogar einen Verrat an den amerikanischen Idealen darstelle.

Wägt man die Argumente ab, kommt man zu dem Urteil, dass die Karikatur **kein besonders realistisches Bild** der US-amerikanischen Außenpolitik in der zweiten Hälfte des 19. Jahrhunderts zeichnet, sondern sie vielmehr stark **idealisiert** erscheinen lässt. Es fehlt vor allem die Thematisierung einer entschieden nationale Interessen verfolgenden **Machtpolitik** der USA. Zudem beschränkt sich die Darstellung auf die **amerikanische Sichtweise**; die Auswirkungen der amerikanischen Außenpolitik auf die Menschen in den beherrschten Gebieten werden dagegen nicht beleuchtet.

3.1 *Ausgehend von einem Zitat George F. Kennans zur Notwendigkeit einer stetigen Eindämmungspolitik gegenüber der Sowjetunion sollen Grundelemente der US-amerikanischen Außenpolitik nach 1945 „dargelegt", also in geraffter Form wiedergegeben werden (AFB I). Der Endzeitpunkt Ihrer Betrachtung wird in der Aufgabenstellung nicht explizit genannt. Allerdings müssen Sie Kennans Zitat berücksichtigen, das von der Sowjetunion spricht, die Anfang der 1990er-Jahre aufgelöst wurde. Auch Teilaufgabe 3.2 legt eine Beschränkung auf die Zeit des Kalten Kriegs nahe. Daher liegt der Schwerpunkt der folgenden Ausführungen auf der Zeit zwischen 1945 und 1990.*

Nachdem Deutschland im Mai 1945 bedingungslos kapituliert hatte, zeichnete sich bereits ab, dass die „**Anti-Hitler-Koalition**" nach dem Wegfall des gemeinsamen Gegners nicht mehr lange halten würde: Auf Dauer konnten die **unterschiedlichen Ordnungsvorstellungen** der liberalen Demokratien USA und Großbritannien auf der einen, der kommunistischen Sowjetunion auf der anderen Seite nicht auf einen Nenner gebracht werden. Unmittelbar nach Kriegsende in Europa war die US-Außenpolitik jedoch noch auf einen **Ausgleich mit der Sowjetunion** ausgerichtet: Der jahrelange gemeinsame Kampf gegen NS-Deutschland schloss ein schnelles Umschalten auf Konfrontation aus, auch war die Verwaltung des besiegten Deutschlands ohne die Kooperation mit der Sowjetunion nicht vorstellbar. Zudem war der Krieg zwar in Europa, nicht aber im Pazifik beendet. Deswegen waren die Vereinigten Staaten auf der **Konferenz von Potsdam** im Juli/August **1945** bereit, sich auf **Kompromisse** einzulassen, obwohl hellsichtige Beobachter wie George F. Kennan dies als Selbsttäuschung einstuften. Als aber die Staaten Osteuropas ab 1945 **sowjetisiert** und als **Satellitenstaaten** in den sowjetischen Machtbereich einbezogen wurden, realisierte die westliche Führungsmacht USA, dass die Zeichen auf **Konfrontation** standen.

Da man auch eine kommunistische Machtübernahme in Griechenland und der Türkei befürchtete, formulierte US-Präsident **Truman 1947** die Absicht, die Ausbreitung des Kommunismus einzudämmen („**Containment**") und Staaten, die durch den Kommunismus bedroht seien, Unterstützung zukommen zu lassen. Die „**Truman-Doktrin**" basierte auf den Einschätzungen **Kennans**, der bereits im Februar 1946 eine mögliche Verständigung mit der Sowjetunion ausgeschlossen und der Regierung die Eindämmungsstrategie empfohlen hatte. Mit der Ankündigung des „European Recovery Program" für den Wiederaufbau Europas durch US-Außenminister George Marshall („**Marshallplan**") im Juni 1947 offenbarten die Vereinigten Staaten ihre Bereitschaft zu einem **langfristigen Engagement in Europa**. Die Sowjetunion lehnte die Teilnahme an diesem Hilfsprogramm auch für die mit ihr verbündeten osteuropäischen Staaten ab. Somit wurde die **Teilung Europas in zwei Blöcke** deutlich. Der „**Kalte Krieg**", die Konfrontation zwischen westlicher Welt und Ostblock, zeigte sich seit 1947 in unterschiedlichen Bereichen (u. a. politisch, wirtschaftlich, kulturell), wobei eine militärische Auseinandersetzung (also ein „heißer Krieg") wegen der mit atomaren Waffen verbundenen Gefahren letztlich verhindert werden sollte. Die Furcht vor einer weiteren kommunistischen Expansion wurde in den Vereinigten Staaten durch die **Machtübernahme der Kommunisten** unter Mao in **China** 1949 verstärkt. Durch das Engagement in der 1949 gegründeten **NATO** gingen die USA nun auch langfristige vertragliche Verpflichtungen ein, was ebenfalls eine **Abkehr von ihrem traditionellen Isolationismus** bedeutete. Die USA bekannten sich offen zu ihrer Führungsrolle in einem ihrer Ansicht nach weltumfassenden Kampf für Freiheit und Demokratie.

Anfang der 1950er-Jahre wurde in der US-Administration auch das Konzept der Zurückdrängung des kommunistischen Machtbereichs („**Roll-back**") entwickelt, das aber angesichts des seit 1949 bestehenden **atomaren Patts** keine Aussicht auf Realisierung hatte. Spätestens der „**Sputnik-Schock**" 1957, der einen Vorsprung der Sowjetunion in der Weltraumforschung erkennen ließ, zeigte die fehlende machtpolitische Grundlage dieser Zielsetzung.

Die **Kubakrise 1962** verdeutlichte die Gefahren, die mit der extremen Konfrontation der beiden Lager und dem anhaltenden Wettrüsten einhergingen: Eine **atomare Eskalation** zwischen den USA und der Sowjetunion erschien plötzlich völlig real. Die erschreckende Erkenntnis, am Rande des atomaren Abgrunds gestanden zu haben, führte zu einem Umdenken und zum Beginn einer **Entspannungsphase** im Verhältnis der Supermächte. Die Errichtung einer direkten Fernschreibverbindung zwischen Weißem Haus und Kreml („**Heißer Draht**") sollte die Kommunikation in Krisenzeiten verbessern. Auch wurden Ende der 1960er-Jahre Gespräche über **Rüstungsbegrenzungen** im Bereich der strategischen Waffen begonnen (SALT-Verhandlungen), die schließlich zu ersten Vereinbarungen (SALT I-Abkommen 1972) führten.

Wegen des Einmarschs der UdSSR in Afghanistan 1979 sowie der Aufstellung einer neuen Generation sowjetischer Mittelstreckenraketen kam es Anfang der 1980er-Jahre jedoch zu einer **neuen Eiszeit**. Die Strategie der US-Regierung unter Präsident Reagan basierte auf der Überzeugung, dass wieder eine **Politik der Stärke** mit erneuter Aufrüstung notwendig sei. Als aber **Michail Gorbatschow** zum Generalsekretär der KPdSU und starken Mann in der Sowjetunion wurde, verbesserte sich das Verhältnis zwischen Ost und West deutlich und es kam zu großen Fortschritten im Bereich der Abrüstung. Die **Auflösung des Ostblocks** und der Zusammenbruch der Sowjetunion 1991 führten zum **Ende der bipolaren Mächtestruktur**. Der Wegfall des langjährigen Gegners und vermeintliche Triumph des liberalen Systems ließen in den USA Vorstellungen vom Ende der ideologischen Konflikte und **vollständigen Sieg der Demokratie** aufkommen. Doch schon bald sollte die Sicherheit der Vereinigten Staaten durch neue Entwicklungen (religiöser Fundamentalismus, internationaler Terrorismus) bedroht werden.

3.2 *In der Aufgabe wird von Ihnen gefordert, den Erfolg der von George F. Kennan geforderten Eindämmungspolitik anhand eines selbst gewählten Beispiels bis zum Ende des Kalten Kriegs 1990 zu „beurteilen" (AFB III). Überlegen Sie sich zuerst, welche Ereignisse infrage kommen: So können Sie z. B. den Koreakrieg, die Kubakrise oder den Vietnamkrieg unter der angesprochenen Problemstellung untersuchen, da eines dieser Themen auf jeden Fall im Kurs behandelt worden sein sollte. Möglich wäre es auch, die Reaktion der USA auf die Blockade West-Berlins 1948 zu beleuchten, wenngleich dieses Thema im Unterricht vermutlich nur gestreift worden ist. Egal, welches Beispiel Sie wählen: Beschreiben Sie das historische Geschehen, um anschließend zu einem begründeten Urteil darüber zu kommen, ob durch die jeweilige Politik der USA das Ziel einer Eindämmung des Kommunismus erreicht worden ist. Beachten Sie, dass Sie laut Aufgabenstellung nur ein Beispiel ausarbeiten müssen. Der folgende Lösungsvorschlag behandelt den Koreakrieg 1950–1953.*

Nach dem **Angriff des kommunistischen Nordkoreas** auf das westlich orientierte **Südkorea 1950** war in den USA die Angst verbreitet, dass noch ein asiatischer Staat kommunistisch werden würde, nachdem 1949 Maos Kommunisten in **China** die Macht übernommen hatten. US-Präsident **Truman** war fest entschlossen, eine weitere Ausbreitung des kommunistischen Machtbereichs nicht zuzulassen. Im UN-Sicherheitsrat (den die Sowjetunion damals boykottierte, um die Aufnahme des kommunistischen China zu erzwingen) wurde der Angriff Nordkoreas **als Friedensbruch verurteilt**. Mit **UN-Mandat** griffen die USA in den Konflikt ein und unterstützten Südkorea, dessen Truppen von den nordkoreanischen Verbänden bereits weit zurückgedrängt worden waren. Zunächst wendete sich das Blatt militärisch, bis China aufseiten Nordkoreas eingriff und die von den USA geführten UN-Truppen wieder an Boden verloren. Schließlich kam es **1953** zu einem **Waffenstillstand**, der die auch heute noch geltende **Teilung des Landes** entlang der Demarkationslinie am 38. Breitengrad besiegelte.

Durch das Eingreifen der USA wurde **verhindert**, dass **ganz Korea unter kommunistische Herrschaft** geriet. Südkorea wurde bis Ende der 1980er-Jahre von einer Militärregierung regiert, bevor es eine demokratische Entwicklung nahm. Heute ist es ein westlich orientierter, demokratischer, wirtschaftlich erfolgreicher und politisch insgesamt stabiler Staat. Zwar ging der nordkoreanische Angriff auf Südkorea vor allem auf den nordkoreanischen Diktator **Kim Il-Sung** zurück, sodass der Krieg vermutlich nicht Teil eines großen, von Stalin überlegt vorbereiteten Plans zur Ausdehnung des Kommunismus gewesen ist. Die amerikanische Reaktion hatte insgesamt aber eine **abschreckende Wirkung** für etwaige weitere Versuche der Sowjetunion oder Chinas, die **Einflusssphären in Asien** gewaltsam zu verschieben. Zudem stärkten die USA ihre eigene Position in dieser Region, indem sie und andere westliche Staaten Verteidigungsbündnisse mit asiatischen Staaten abschlossen.

Neben Asien hatte der Koreakrieg **Auswirkungen auf Europa**, das zwischen Ost und West geteilt war. Die **Integration der Bundesrepublik Deutschland** in das westliche Verteidigungsbündnis erfuhr eine Beschleunigung: 1954/55 wurde in den Pariser Verträgen die Aufnahme Westdeutschlands (mit der neu gegründeten Bundeswehr) in die **NATO** beschlossen. Zudem konnte die sowjetische Führung aus der amerikanischen Reaktion in Korea ablesen, dass z. B. eine einseitige Veränderung des **Viermächtestatus in Berlin** riskant wäre.

4 *Der folgende Lösungsvorschlag greift die **Teilaufgabe b)** zum Halbjahr **11/2** auf. Die Lösungsvorschläge zu den Halbjahren **11/1** und **12/1** finden Sie auf den Seiten 45 ff. und 13 ff. dieses Jahrgangs.*
Als kommunikativer Rahmen ist die Feier des dreißigjährigen Jubiläums der Wiedervereinigung gegeben; hierfür hat die Bayerische Landeszentrale für politische Bildungsarbeit einen Wettbewerb zum Thema „Wege zur Freiheit“ ausgeschrieben. Ihr Geschichtskurs möchte mit einer selbst erstellten Broschüre teilnehmen. Ihre Aufgabe ist es nun, einen Artikel zu verfassen, in dem Sie sich – mithilfe von Beispielen aus der deutschen Geschichte des 20. Jahrhunderts – mit für die Stabilisierung einer Demokratie bedeutsamen Faktoren beschäftigen. Aus dem Unterricht sind Ihnen die demokratischen Ordnungen der Weimarer Republik und der Bundesrepublik Deutschland bekannt. Zwar hat sich die Weimarer Republik letztlich nicht als stabile Demokratie bewiesen, doch kann sie trotzdem als Beispiel dienen, da auch das Fehlen bestimmter stabilisierender Faktoren deren Relevanz verdeutlicht. In diesem Sinne ist es auch möglich, auf Wissen zur DDR zurückzugreifen, wenngleich die DDR von Anfang an eine Einparteiendiktatur gewesen ist. Führen Sie kurz zum Thema hin, zeigen Sie dann verschiedene Faktoren auf, veranschaulichen Sie diese mit Beispielen und „bewerten“ Sie (AFB III) die Bedeutung der Faktoren für die Stabilisierung der Demokratie. Schließen Sie den Aufsatz mit einem kurzen Resümee ab.

In der deutschen Geschichte gibt es zwei Beispiele für die **Verwirklichung einer demokratischen Ordnung:** die **Weimarer Republik** (1918/19–1933) und die **Bundesrepublik Deutschland** (seit 1949). Während die Weimarer Republik am Ende gescheitert und in die nationalsozialistische Gewaltherrschaft übergegangen ist, wird mit Blick auf die Bundesrepublik zu Recht von einer „**geglückten Demokratie**“ (Edgar Wolfrum) gesprochen. Doch welche Faktoren sind es, die in der Bundesrepublik zur Stabilisierung der Demokratie beigetragen, im Fall der Weimarer Republik jedoch eine solche Erfolgsgeschichte verhindert haben? Sich über diese Fragestellung Klarheit zu verschaffen, ist auch für unsere Gegenwart wichtig: Die **Stabilität einer demokratischen Ordnung** ist nicht für alle Zeit garantiert, sondern bedarf des **Engagements ihrer Bürgerinnen und Bürger**. Das Wissen darüber, worauf es in einer Demokratie ankommt und was sie stärkt, ist deshalb von großer Bedeutung.

Ein deutlicher Faktor für den Erfolg der Demokratie in der Bundesrepublik war die äußerst **positive wirtschaftliche Entwicklung** besonders in den 1950er-Jahren, die häufig mit dem Begriff „**Wirtschaftswunder**“ charakterisiert wird. Ein „Wunder“ war diese Entwicklung zwar nicht, sondern ließ sich durch bestimmte Ursachen erklären, wie die funktionierende **Marktwirtschaft** auf der Basis einer stabilen Währung, die große Leistungsfähigkeit und -bereitschaft der Bevölkerung und die wirtschaftliche Hilfe aus den USA. Entscheidend im Hinblick auf die Akzeptanz des politischen Systems war, dass die junge Demokratie nicht mehr infrage gestellt wurde, weil es den Bürgerinnen und Bürgern wirtschaftlich zunehmend besser ging und sie ihr Leben auf sicherer ökonomischer Grundlage frei gestalten konnten. Ergänzt wurde die auf dem freien Spiel der Kräfte fußende

Wirtschaftspolitik durch eine **Sozialpolitik**, die z. B. für die Integration von Flüchtlingen, einen „Lastenausgleich" zugunsten von Menschen, die im Krieg große materielle Schäden erlitten hatten, sowie die gesetzliche Regelung der Renten (Rentenreform, „Generationenvertrag") Sorge trug. Die erfolgreiche Wirtschafts- und Sozialpolitik **verhinderte eine prekäre wirtschaftliche Lage** bestimmter Schichten, was andernfalls durchaus in politische Gegnerschaft zum neuen demokratischen Staat hätte münden können.

Wie wirtschaftlich krisenhafte Entwicklungen dafür sorgen können, dass eine demokratische Ordnung infrage gestellt wird, zeigt sich an der Weimarer Republik. Die **Hyperinflation von 1923** führte vor allem im Mittelstand zu einem enormen Vermögens- und – damit einhergehend – oft auch **Vertrauensverlust** in die Weimarer Demokratie. Die extrem ansteigende **Arbeitslosigkeit** schien ein Beweis zu sein für die fehlende Problemlösungsfähigkeit der demokratischen Regierungen. Gerade **republikfeindliche Kräfte** wurden durch wirtschaftliche Schwierigkeiten immens gestärkt. Dies galt in besonderem Maße für die **Weltwirtschaftskrise** ab 1929, die den radikalen Parteien, vor allem der NSDAP, massenhaft Wählerstimmen einbrachte und letztendlich mit zum Scheitern von Weimar beitrug. Eine erfolgreiche ökonomische Entwicklung in Verbindung mit einer staatlichen Sozialpolitik, die vielfältige Chancen bieten und gleichzeitig z. B. für eine gerechte Einkommensverteilung sorgen können, stellen hingegen für jede demokratische Ordnung ein **verlässliches Fundament** dar.

Des Weiteren wird in einer **funktionstüchtigen Verfassung** oft ein Garant für die Stabilität einer Demokratie gesehen. Bei der Konzeption des Grundgesetzes versuchte man, **Schwächen der Weimarer Reichsverfassung** zu vermeiden. Besonderer Wert wurde dabei auf die klare Ausrichtung auf eine **parlamentarische Demokratie** gelegt, mit dem **Bundestag** als eindeutigem Machtzentrum. Die Weimarer Republik wurde dagegen durch eine Mischung aus parlamentarischem und präsidentiellem Regierungssystem sowie dem Dualismus aus Reichstag und Reichspräsident geprägt. Das Parlament war zwar von großer Bedeutung, allerdings hatte der **Reichspräsident** als Staatsoberhaupt eine starke Machtstellung inne („Ersatzkaiser"), die u. a. auf seiner Direktwahl durch das Volk, der Ernennung bzw. Entlassung des Reichskanzlers und der Möglichkeit, Notverordnungen zu erlassen, basierte.

Im Grundgesetz wurde die **Stellung des Bundeskanzlers** dadurch gestärkt, dass dieser von der Mehrheit des Bundestags gewählt wird und nur bei gleichzeitiger Wahl eines Nachfolgers zum Rücktritt gezwungen werden kann (konstruktives Misstrauensvotum). Zudem verfügt er innerhalb der Regierung über die Richtlinienkompetenz. Die im Vergleich zur Weimarer Republik **lange Amtsdauer** der bisherigen Regierungschefs (v. a. Adenauer: 1949–1963) geht auch auf die starke Stellung des Bundeskanzlers zurück. Im Gegensatz zur Weimarer Verfassung wurde für die Bundestagswahl zudem eine **5 %-Sperrklausel** festgelegt: Nur Parteien, die diese Hürde überwinden, ziehen in den Bundestag ein. Auf diese Weise wird eine „**Parteienzersplitterung**" im Parlament verhindert, was die

Regierungsbildung vereinfacht. Im Deutschen Bundestag waren 1961–1983 nur CDU/CSU, SPD und FDP vertreten.

Wie andere politische Systeme haben Demokratien Gegner und Feinde, daher ist die **entschlossene Verteidigung einer demokratischen Ordnung** von großer Bedeutung. In der Weimarer Republik nutzten v. a. die extrem republikfeindlichen **Nationalsozialisten** bedenkenlos auch die Parlamente aus, um hemmungslos gegen die Demokratie zu agitieren. Die Bundesrepublik versteht sich dagegen als „**wehrhafte Demokratie**", die ihre Feinde wirkungsvoll bekämpfen kann: Im Grundgesetz ist die Möglichkeit vorgesehen, **Parteien zu verbieten**, die die verfassungsmäßige Ordnung bekämpfen. Dieser Fall ist bisher zweimal eingetreten: 1952 wurde die rechtsextreme Sozialistische Reichspartei (SRP), 1956 die linksextreme Kommunistische Partei Deutschlands (KPD) verboten.

Für die Stabilität einer demokratischen Ordnung sind aber nicht nur deren verfassungsrechtliche Verankerung, sondern auch eine gewisse **demokratische Tradition** bzw. das Verständnis und die Wertschätzung demokratischer Errungenschaften wichtig. Dies zeigt sich z. B. daran, dass es in den USA selbst während der schweren Weltwirtschaftskrise nicht zum Vertrauensverlust in die demokratische Ordnung an sich gekommen ist – anders als in Deutschland, wo erst im Zuge der **Revolution 1918/19** die Einführung eines demokratischen Regierungssystems gelungen war und in der Weimarer Republik **obrigkeitsstaatlich-monarchische Vorstellungen** andauerten: So wurde der Reichstag häufig als „Schwatzbude" denunziert; Diskussionen und politische Auseinandersetzungen wurden nicht als essenzielle Merkmale der Demokratie begriffen. Während sich gerade auch Angehörige bürgerlicher und nationaler Kreise oft vom ersten Reichspräsidenten, dem Sozialdemokraten **Friedrich Ebert**, distanzierten (nicht zuletzt wegen dessen einfacher Herkunft), wurde mit **Paul von Hindenburg** 1925 und 1932 ein überzeugter Monarchist zum Staatsoberhaupt gewählt. Hier kommen ein fehlendes Verständnis für die persönliche und fachliche Eignung von Politikern in einer Demokratie sowie ein **Mangel an politischer Reife** zum Ausdruck.

Eng verbunden mit der Verankerung demokratischer Werte in der Verfassung und im Bewusstsein der Bürger ist der **Stellenwert der Grundrechte**. Das Grundgesetz beginnt mit dem bedeutenden Satz: „Die Würde des Menschen ist unantastbar." Artikel 1 darf, wie die staatlichen **Strukturprinzipien** (Demokratie, Bundesstaat, Rechtsstaat, Sozialstaat), nicht aufgehoben werden („**Ewigkeitsklausel**"); zudem sind die gleich zu Beginn der Verfassung aufgeführten **Grundrechte besonders geschützt**. Zwar sah auch die Weimarer Verfassung Grundrechte vor, die aber z. B. teilweise durch Notverordnungen des Reichspräsidenten außer Kraft gesetzt werden konnten.

Das Bewusstsein für demokratische Werte und Grundrechte ist auch **Grundlage des Engagements** der Bürgerinnen und Bürger für den demokratischen Staat, was noch durch eine entsprechende **Erinnerungskultur** (z. B. nationale Feiertage, Denkmäler, Nationalhymne) und mit positiven Assoziationen verbunden werden sollte. Ein Mangel an bürgerlichem Engagement wirkt sich dagegen äußerst negativ auf ein demokratisches Gemeinwesen aus. Das Ende der Weimarer Republik lässt sich auch darauf zurückführen, dass es sich großteils um eine „**Republik ohne Republikaner**“ handelte. Die Demokratie in der Bundesrepublik ist nicht zuletzt wegen des sich im Laufe der Zeit steigernden Engagements ihrer Bürgerinnen und Bürger geglückt.

Vor diesem Hintergrund darf die **Bedeutung einzelner Persönlichkeiten** (in positiver wie negativer Hinsicht) nicht vergessen werden. So war der frühe Tod **Gustav Stresemanns** in dem Jahr, als die Weltwirtschaftskrise eine schwere Staats- und Gesellschaftskrise nach sich zog, für die Weimarer Republik eine Katastrophe. Seine Reputation und sein politisches Augenmaß hätten Deutschland damals vielleicht in eine andere Richtung lenken können. Das verhängnisvolle Wirken bestimmter Personen kann man besonders an **Adolf Hitler** sehen, da die NSDAP ohne seine demagogischen Fähigkeiten vermutlich nie an die Macht gelangt wäre. Auch das Agieren von Hitlers Vorgängern als Reichskanzler, Franz von Papen und Kurt von Schleicher, hatte großen Anteil am Scheitern der Republik. Für die Bundesrepublik war z. B. die lange Amtszeit **Konrad Adenauers** (trotz aller möglichen Kritikpunkte) insgesamt ein Glück, da seine beharrliche Politik der Westintegration zum Aufbau einer stabilen, starken Demokratie führte und somit einen Grundstein für die spätere deutsche Einheit legte. Es bedarf also sowohl guter Programme als auch **politischer Persönlichkeiten**, die **Glaubwürdigkeit** verkörpern und mit **Überzeugungskraft** für die Demokratie werben.

Schließlich spielt für die Stabilität einer demokratischen Ordnung auch die **Einbindung eines Staats in das internationale System** eine große Rolle. In der Weimarer Republik fühlten sich viele Deutsche durch die Siegermächte des Ersten Weltkriegs ungerecht behandelt und in ihrem Nationalstolz verletzt, z. B. wegen des „Kriegsschuldartikels“ 231 oder der langjährigen Besetzung des Rheinlands. Auch war Deutschland außenpolitisch zunächst nicht gleichberechtigt und durfte erst 1926 dem Völkerbund beitreten. In der frühen Bundesrepublik war die Lage anders: Aufgrund des Kalten Kriegs fand eine rasche **Integration der Bundesrepublik ins westliche Bündnissystem** statt. Dies hatte nicht nur wirtschaftliche Vorteile und führte 1954/55 zur Souveränität (mit Ausnahme alliierter Vorbehalte), sondern vermittelte den Westdeutschen bald auch das Gefühl, von den westlichen Siegermächten respektvoll behandelt zu werden. Eine solche Anerkennung ist für das **nationale Selbstwertgefühl** und die Akzeptanz einer demokratischen Ordnung in der Bevölkerung sehr wichtig.

Letztendlich gibt es **kein einfaches Erfolgsrezept** für die Stabilität einer demokratischen Ordnung. Vielmehr handelt es sich um ein **Zusammenspiel zahlreicher Faktoren**. Für die Bundesrepublik hat anfangs die erfolgreiche wirtschaftliche Entwicklung eine besondere Rolle gespielt, welche in enger Verbindung mit der internationalen Akzeptanz stand. Auch hat sich das Grundgesetz als äußerst funktionstüchtige Verfassung erwiesen. Entscheidend für die Stabilität einer Demokratie in Gegenwart und Zukunft ist die Bereitschaft der Bürgerinnen und Bürger, sich für diese Ordnung und ihre Werte zu **engagieren** und sie **gegen ihre Gegner zu verteidigen**.

Abitur Geschichte (Bayern) – 2021 – Aufgabe I
Gesellschaft im Wandel (15. bis 19. Jahrhundert)

1 Erläutern Sie wesentliche Kennzeichen der Ständegesellschaft des 15. bis 18. Jahrhunderts! (18 BE)

2 Im Jahr 1523 veröffentlichte der Reformator Wenzel Linck eine Schrift mit dem Titel „Von der Arbeit und vom Betteln. Wie man der Faulheit zuvorkommen und jedermann zur Arbeit anhalten sollte“ (M 1). (36 BE)

2.1 Arbeiten Sie aus M 1 die Position Lincks zur Arbeit und seine Vorschläge zum Umgang mit Bedürftigen heraus!

2.2 Diskutieren Sie, inwieweit Lincks Vorschläge zum Umgang mit Bedürftigen charakteristisch für die soziale Fürsorge der frühneuzeitlichen Ständegesellschaft waren!

3 Zu den Quellen, die über die Industriegesellschaft des 19. Jahrhunderts Auskunft geben, gehören auch Fotografien. Die Schwäbische Gewerbe- und Industrieausstellung 1886 (M 2) wurde ebenso fotografiert wie der Lumpensortiersaal der Papierfabrik Gebrüder Rauch um 1900 (M 3). (36 BE)

3.1 Analysieren Sie M 2 und M 3 und beurteilen Sie im Anschluss daran, inwiefern sich die Fotografien dazu eignen, die veränderten Arbeitsbedingungen in der Industriegesellschaft des 19. Jahrhunderts darzustellen!

3.2 Bewerten Sie, welche politischen und gesellschaftlichen Auswirkungen der Wandel der Arbeit im 19. Jahrhundert mit sich brachte!

4 Bearbeiten Sie eine der drei folgenden Teilaufgaben! (30 BE)

a) zu Halbjahr 11/2
Am 23. Mai 1949 leitete Konrad Adenauer mit den folgenden Worten die Unterzeichnung des Grundgesetzes im Parlamentarischen Rat ein:

„Wer die Jahre seit 1933 bewusst erlebt hat, wer den völligen Zusammenbruch im Jahre 1945 mitgemacht hat, wer bewusst erlebt hat, wie die ganze staatliche Gewalt seit 1945 von den Alliierten übernommen worden ist, der denkt bewegten Herzens daran, dass heute, mit dem Ablauf dieses Tages, das neue Deutschland entsteht.“

Rede Konrad Adenauers vor dem Parlamentarischen Rat am 23. Mai 1949. Abrufbar unter https://www.bpb.de/geschichte/deutsche-geschichte/grundgesetz-und-parlamentarischer-rat/39033/ein-neues-deutschland (9. Dezember 2020).

Nehmen Sie Stellung zur Frage, inwiefern Adenauer mit seiner Einschätzung Recht behielt!

b) zu Halbjahr 12/1

In seinem 2019 erschienenen Buch „Achterbahn. Europa 1950 bis heute" schreibt der britische Historiker Ian Kershaw über die Situation Westeuropas nach dem Zweiten Weltkrieg:

„Der Nationalstaat bildete die anerkannte Grundlage der politischen Organisation und Identität. [...] Die meisten westlichen Staaten hatten eine längere und manchmal sogar eine extrem lange Geschichte hinter sich. Die nationalen Identitäten, historischen Verankerungen, Traditionen, Kulturen und politischen Entwicklungen hatten den Kontinent zu tief geprägt, als dass die Nationalstaaten leicht oder rasch in supranationalen Strukturen hätten aufgehen können."

Ian Kershaw: Achterbahn. Europa 1950 bis heute, München: DVA 2019, S. 72 f., übersetzt von Klaus-Dieter Schmidt.

Stellen Sie ausgehend von diesem Zitat die Schritte des europäischen Integrationsprozesses nach 1945 dar und bewerten Sie sie! Beziehen Sie sich dabei insbesondere auf das deutsch-französische Verhältnis!

c) zu Halbjahr 12/2

Der Politikwissenschaftler Michael Hennes schrieb 2003 in einem Beitrag der Reihe „Aus Politik und Zeitgeschichte", die USA hätten am Ende des 20. Jahrhunderts „vor keinen neuen Herausforderungen wie noch in den Jahren des Kalten Kriegs" gestanden.

Michael Hennes: Der neue Militärisch-Industrielle Komplex der USA, in: Aus Politik und Zeitgeschichte, Nr. 46 (2003), S. 41. Abrufbar unter: https://www.bpb.de/apuz/27289/der-neue-militaerisch-industrielle-komplex-in-den-usa?p=1 (4. April 2020).

Diskutieren Sie diese Einschätzung unter Bezugnahme auf ein geeignetes Beispiel während und ein geeignetes Beispiel nach der Zeit des Kalten Kriegs!

Material

M 1: Auszug aus der Schrift des lutherischen Reformators Wenzel Linck „Von der Arbeit und vom Betteln. Wie man der Faulheit zuvorkommen und jedermann zur Arbeit anhalten sollte“ (1523)

Alle Gebote leiten dazu an, daß ein Mensch niemanden belästige noch verletze, sondern jedermann helfe und tröste, soviel ihm nur möglich. Dazu ist es sehr dienlich, wenn einer sich mit seiner Arbeit ernährt und nicht andern Leuten zur Last fällt, sondern vielmehr den anderen hilft. Dementsprechend befinden sich gemeinhin die Bauern und arbeitenden Leute mehr in einem Stand der Vollkommenheit als die Geistlichen. Zudem ist Gottes Gesetz gegeben zur Abtötung des alten Menschen mit seinen Begierden und Eigensüchten[1], denn es gebietet Nächstenliebe, auf daß ein jeder jedem helfe; es verbietet Eigensucht, Wollust[2] und Begierde. Da nur durch Arbeit und Schmerzen der alte Mensch gekreuzigt, Gemeinnutz gefördert, eigenes Begehr verdrängt, Gottes Strafe erkannt und das Fleisch dem Geist unterworfen wird, kann man wohl sagen, daß im Gebot der Arbeit alle anderen Gebote des Gesetzes Gottes eingeschlossen seien. [...] Und wer die Arbeit flieht, der flieht das Gesetz und Kreuz Gottes. Wer ohne Arbeit und Schmerzen lebt, der empfindet nicht die Kraft des göttlichen Gesetzes, sucht nicht Gnadenhilfe[3]. Deshalb lenkt auch der Teufel so mannigfach[4] von der Arbeit ab und verführt zu faulem, müßigem Leben. [...]

Unter anderen Formen des Müßiggangs, wodurch Gottes Gesetz, daß dem Menschen als Buße auferlegt sei, sich mit Arbeit zu nähren, verachtet wird, ist die nicht nur geringste, sondern klar die gemeinste[5] die Bettelei. Denn viele faule Leute berufen sich auf die verbreitete Behauptung, die dennoch unbegründet und unchristlich ist, es sei niemandem verboten zu betteln und zu bitten. [...] Armen Bedürftigen, die sich mit körperlicher oder geistiger Arbeit nicht zu erhalten vermögen und doch in Schmerzen das Kreuz, wodurch sie unterm Gesetz Gottes stehen, tragen, denen ist man Hilfe schuldig aus brüderlicher Liebe und göttlichem Gebot, nicht anders, als man verpflichtet ist, einem treuen Arbeiter seinen Lohn zu geben. Deshalb will ich diese nicht unter die Bettelei einbegriffen sehen; denn genauso wie Gott geboten hat, daß sich ein jeder mit seiner Arbeit ernähren solle, damit er niemand anderem zur Last falle, so hat er auch einem jeden befohlen, den anderen Bedürftigen aus Liebe zu unterstützen. [...]

Was dann gebrechliche Menschen betrifft, die gerne einer Gemeinde[6] zur Entlastung verdienen möchten[7] und dieses doch nicht vermögen, denen ist die Gemeinde schuldig und verpflichtet, nicht nur sie geduldig mit ihren Gebrechen zu unterhalten, sondern auch entsprechend der Bedürftigkeit zu ihrer Besserung beizutragen. [...] Wo nun eine Verwandtschaft oder eine Familie ihren armen, kranken, bedürftigen Mitgliedern [und] Angehörigen ausreichend Hilfe zu leisten vermögen, soll man nicht dazu noch eine ganze Gemeinde heranziehen, damit das nicht den anderen Notdürftigen zum Nachteil gereiche. [...] Wenn aber die Voraussetzung nicht gegeben ist, dann soll eine Gemeinde helfen. Des weiteren halte fest: Wenn schon ein Gläubiger, der doch ein Mitglied ist, die Gemeinde soviel wie möglich schonen soll, damit den anderen bedürftigen Gliedmaßen[8] kein Nachteil geschehe, so sollen ihnen noch viel weniger die Fremden, die nicht zum Körper gehören, das Brot vom Munde reißen und ihnen Nachteil bereiten. [...] Wo man aber Überschuß hat, kann man wohl einer anderen Gemeinde vorstrecken, als wenn die Gliedmaße eines Körpers einem anderen Körper dienen.

Wenzel Linck: Von der Arbeit und vom Betteln. Wie man der Faulheit zuvorkommen und jedermann zur Arbeit anhalten sollte (1523), in: Christoph Sachße, Florian Tennstedt: Geschichte der Armenfürsorge in Deutschland. Vom Spätmittelalter bis zum Ersten Weltkrieg, Stuttgart 1998, S. 60–62.

1 Eigensüchte: Egoismen.
2 Wollust: sexuelle Lust.
3 Gemeint ist hier die göttliche Gnade.
4 mannigfach: vielfältig.
5 gemeinste: hier ‚häufigste'.
6 Mit ‚Gemeinde' wird hier die ‚Kirchengemeinde' bezeichnet.
7 Gemeint ist hier: die gerne zur Entlastung der Gemeinde arbeiten möchten.
8 ‚Gliedmaße' steht hier metaphorisch für Mitglieder.

M 2: Schwäbische Gewerbe- und Industrieausstellung 1886

Schwäbische Gewerbe- und Industrieausstellung 1886 (Fotografie von Ferdinand Brauer), in: Franz Häußler: Fotografie in Augsburg 1839–1900 (Beiträge zur Geschichte der Stadt Augsburg, Band 1), Augsburg 2004, S. 105.

M 3: Lumpensortiersaal der Papierfabrik Gebrüder Rauch um 1900

Lumpensortiersaal der Papierfabrik der Gebrüder Rauch um 1900. Abrufbar unter https://stadtarchiv.heilbronn.de/stadtgeschichte/unterrichtsmaterial/neuzeit/arbeiteralltag/arbeitsblaetter.html#c11504 (1. April 2020).

Lösungsvorschläge

1 *Der Operator „erläutern" (AFB II) verlangt, historische Sachverhalte einzuordnen und durch zusätzliche Informationen zu konkretisieren. Bei der vorliegenden Aufgabe geht es darum, die Merkmale der frühneuzeitlichen Ständegesellschaft anzuführen und sie durch Beispiele zu veranschaulichen. Dabei verweist die Formulierung „wesentliche Kennzeichen" auf die Notwendigkeit, allgemeinere Charakteristika zu vermitteln; verlieren Sie sich also nicht in Einzelheiten. Durch die zeitliche Bestimmung „15. bis 18. Jahrhundert" bekommen Sie den Fingerzeig, das Augenmerk auf die Frühe Neuzeit zu legen, da die Ständegesellschaft in diesem Zeitraum doch eine etwas andere Ausprägung hatte als im Mittelalter.*

Die **Ständegesellschaft** der Frühen Neuzeit war grundsätzlich durch die Idee von der **Ungleichheit** ihrer Mitglieder gekennzeichnet. Dies wurde als **gottgewollt** betrachtet und somit **religiös legitimiert**, darüber hinaus jedoch auch **funktional** begründet: Zurückgreifend auf mittelalterliche Vorstellungen wies man den verschiedenen Ständen **eigene Aufgaben** zu: Der Klerus bildete den Lehrstand, der Adel den Wehrstand, die Bürger und Bauern den Nährstand. Allerdings begann dieses Modell am Ende der Frühen Neuzeit immer mehr zu bröckeln, da die **Differenzierung der Gesellschaft stark zugenommen** hatte (z. B. große Bandbreite spezialisierter handwerklicher und technischer Berufe) und das einfache, jahrhundertealte Dreiständemodell den sich zunehmend verändernden wirtschaftlich-gesellschaftlichen Verhältnissen nicht mehr gerecht wurde.

Das Prinzip der Ungleichheit ist auf den **Ordo-Gedanken** zurückzuführen. Man stellte sich die Gesellschaft als **Mikrokosmos** vor, der ein Spiegelbild des Makrokosmos (Ordnung der Gestirne am Himmel) war. Somit war die damalige Gesellschaft bestimmt durch **hierarchisch** aufeinander aufbauende Herrschaftskreise von der Familie bis zum politischen Gemeinwesen bzw. Herrscher. Eine **Aufhebung aller Unterschiede** wäre, so das damalige Weltbild, mit äußerst negativen Auswirkungen verbunden, würde zu vollkommener Unordnung führen und sei erst nach dem Tod möglich.

Aus diesem Grund war die **soziale Mobilität** innerhalb der Ständegesellschaft im Allgemeinen stark **eingeschränkt**. Im Normalfall wurde man in einen konkreten Stand hineingeboren und gehörte diesem ein Leben lang an (**Geburtsstände**). Eine Ausnahme bildete der Erste Stand, der Klerus: Hier war die Zugehörigkeit an eine bewusste Entscheidung für den Dienst in der Kirche und eine entsprechende Ausbildung gebunden (**Funktionsstand**). Zwar gab es für Mitglieder des Dritten Stands vereinzelte Aufstiegsmöglichkeiten, z. B. wenn sie die geistliche Laufbahn einschlugen oder bürgerliche Patriziergeschlechter vom Kaiser in den Adelsstand erhoben wurden, allerdings handelte es sich hier eher um **Einzelfälle**.

Die Zugehörigkeit zu einem Stand war mit **konkreten Rechten und Pflichten** verbunden und bedeutete einen **speziellen Rechtsstatus**, was sich grundsätzlich von der heutigen Vorstellung staatsbürgerlicher Gleichheit unterscheidet. So verfügten die beiden ersten Stände Klerus und Adel über **Privilegien**, wie die Befreiung von bestimmten Steuern, das Monopol auf gewisse Ämter und Pfründen sowie einen eigenen Gerichtsstand. Darüber hinaus grenzte man sich äußerlich voneinander ab, z. B. durch Kleidung oder die Art von Feierlichkeiten. Doch auch innerhalb der Stände gab es erhebliche Abstufungen im Hinblick auf Rang, Ansehen und Vermögen. So waren in der Frühen Neuzeit die Unterschiede zwischen Fernhandelskaufleuten, die europaweit Geschäfte tätigten, und kleinen Handwerkern, die für den lokalen Markt produzierten, sehr groß. Die **soziale Differenzierung** (v. a. innerhalb des Dritten Stands) nahm in der Frühen Neuzeit deutlich zu.

Außerdem wurde die hierarchische Ständeordnung durch die **Geltung sozialer Normen** stabilisiert. Ein zentraler Begriff war die „**Ehre**“. Dabei handelte es sich nicht – wie in unserem heutigen Verständnis – um eine sittlich-moralische Kategorie, die sich nur auf das konkrete Verhalten eines Individuums bezieht, sondern v. a. um Erwartungen, die eng mit dessen Position in der Ständegesellschaft verbunden waren. Wer einen „**unehrlichen**“ **Beruf** ausübte und in diesem Sinne über keine Ehre verfügte, stand **außerhalb der Ständegesellschaft**, wie Henker, Totengräber, Prostituierte oder Spielleute. Die **jüdische Bevölkerung** nahm eine **Sonderstellung** ein. Auf der einen Seite besaß sie einen minderen Rechtsstatus, musste häufig in Gettos leben und war immer wieder Verfolgungen ausgesetzt, auf der anderen Seite erfüllte sie durch ihre Tätigkeit in Kleinhandel und Kreditwesen eine wichtige wirtschaftliche Funktion. Manche Juden wurden sogar zu

Beratern oder Finanziers von Fürsten. Auch gab es besonders im 18. Jahrhundert bedeutende **jüdische Gelehrte** (z. B. Moses Mendelssohn). Obwohl sich im Lauf der Frühen Neuzeit die Aufstiegschancen für Juden verbesserten, war ihre Lage aber stets von großer Unsicherheit geprägt.

Ökonomische Grundlage der hierarchisch gegliederten Ständegesellschaft war die **Grundherrschaft**. Der weitaus größte Teil der **Bauern** bestellte Land, das ihm von adeligen oder kirchlichen Grundherren zugeteilt wurde, und leistete Abgaben und Frondienste. Der **Grad der Abhängigkeit** war äußerst unterschiedlich: Bei der **Gutsherrschaft**, die vorwiegend in den Gebieten östlich der Elbe auftrat, waren die Bauern Leibeigene ihrer mit umfassenden Rechten ausgestatteten Herren, während bei der im Westen des Heiligen Römischen Reiches üblichen Form der Grundherrschaft die hörigen Bauern meist persönlich frei(er) waren. In wirtschaftlich-gesellschaftlicher Hinsicht spielten darüber hinaus verschiedene **genossenschaftliche Zusammenschlüsse** eine Rolle: Auf dem Land war dies die Dorf- bzw. Flurgemeinschaft, in den Städten waren es die Handwerkszünfte und Kaufmannsgilden.

2.1 *Der Operator „herausarbeiten“ (AFB II) macht die Notwendigkeit deutlich, sich eng an den Text M 1 zu halten und wichtige Aussagen zu erschließen. Bestimmen Sie im ersten Schritt, welche Meinung der Autor allgemein zur Bedeutung der Arbeit vertritt, und umreißen Sie dann, wie seiner Auffassung nach mit Bedürftigen umgegangen werden sollte. Wie Sie sehen werden, lässt sich M 1 gut in diese beiden Punkte unterteilen. Es ist sinnvoll, in Ihren Ausführungen durch Zeilenangaben auf die Textstellen zu verweisen, auf die Sie sich beziehen.*

In seiner Schrift aus der Frühzeit der Reformation (1523) weist der Autor **Wenzel Linck** der **Arbeit** vor dem Hintergrund seiner lutherischen Glaubensüberzeugung eine **zentrale Bedeutung** zu. Nach seiner Auffassung liegt die Forderung, dass man seinen Mitmenschen **helfen** und sie **trösten** müsse, **allen göttlichen Geboten** zugrunde; um sie zu erfüllen, sei es aber nötig, dass der Mensch von seiner Arbeit leben könne und nicht von anderen unterstützt werden müsse (vgl. Z. 1–4). Da sie sich selbst von ihrer eigenen Hände Arbeit ernähren würden, billigt Linck den Bauern und allgemein der arbeitenden Bevölkerung einen höheren Grad an **Vollkommenheit** zu als dem Klerus (vgl. Z. 4–6). Auch habe die Arbeit **positive Auswirkungen auf die Persönlichkeit**, weil durch sie negative Einstellungen wie Egoismus und sexuelle Begierden unterdrückt würden und eine Reinigung von früheren Lastern stattfinde. Ein Leben voll Müßiggang dagegen würde den Menschen von den Geboten Gottes, die allesamt **im Gebot der Arbeit vereint** seien, wegführen und deren Missachtung zur Folge haben (vgl. Z. 6–15).

Im **Umgang mit Bedürftigen** befürwortet Linck Hilfe aus dem Geist **christlicher Nächstenliebe** heraus für diejenigen, die zwar körperlich oder geistig arbeiten und sich redlich Mühe geben, sich damit aber nicht über Wasser halten können, sowie für Menschen, die gebrechlich sind. Bettelei lehnt er jedoch als gegen Gottes Gebote stehend ab (vgl. Z. 16–31). Lincks Auffassung nach sei bei Armut,

Krankheit oder Gebrechlichkeit zuerst die **Familie** der Betroffenen aufgerufen, Hilfe zu leisten, bevor die **Kirchengemeinde** tätig werde (vgl. Z. 31–36). Zudem haben für ihn Gemeindemitglieder klar Vorrang vor Fremden. Anderen Gemeinden könne dann beigestanden werden, wenn man die eigenen Bedürftigen versorgt habe und noch über Mittel verfüge (vgl. Z. 36–41).

2.2 *Die zweite Teilaufgabe fordert zu „diskutieren" (AFB III), inwiefern Lincks Ansichten aus M 1, wie mit bedürftigen Menschen verfahren werden sollte, zu den Vorstellungen und zur Praxis sozialer Fürsorge in der Ständegesellschaft der Frühen Neuzeit passen. Sie müssen eine Argumentation entwickeln, die zu einer begründeten Bewertung führt. Bei der Bearbeitung ist es ratsam, erst auf Aspekte einzugehen, die die These stützen, und dann Gesichtspunkte ins Auge zu fassen, die diese Einschätzung relativieren. Ihre Ausführungen sollten mit einer eigenen, gut nachvollziehbaren Stellungnahme abgeschlossen werden.*

Lincks Überlegungen zeugen von Ideen und Praktiken sozialer Fürsorge, die seit dem Mittelalter Geltung hatten: Auch in der Frühen Neuzeit waren **Familie und Verwandtschaft** von zentraler Bedeutung, wenn eine Person **hilfsbedürftig** war. Ebenso ist die **christliche Nächstenliebe als Basis karitativen Handelns** charakteristisch für die damalige Zeit, die von einer **tiefen Religiosität** geprägt war. Die Bedeutung der christlichen Lebens- und Vorstellungswelt zeigt sich zudem darin, dass der Autor die **Kirchengemeinde** neben den Familien als wichtigste Akteurin sieht, in organisatorischer wie in finanzieller Hinsicht. Speziell bei Linck kommt auch dessen **reformatorische Gesinnung** zum Ausdruck, und zwar in der besonderen **Hochschätzung der Arbeit** und der deutlichen **Kritik am Betteln**. Durch die zunehmende Verbreitung reformatorischen Gedankenguts ab 1517 rückte die **Selbstverantwortung** des Menschen immer mehr in den Vordergrund und damit die Idee, dass jeder für sein Schicksal selbst verantwortlich sei. Dadurch verlor das Geben von Almosen für die **Erlangung des Seelenheils** stark an Bedeutung, was sich auf die allgemeine Betrachtung von Armut auswirkte. Auch sind in M 1 Bestrebungen zu erkennen, Hilfeleistungen für Bedürftige an Kriterien zu binden, also zwischen Menschen zu unterscheiden, die Ansprüche erheben können oder denen wegen Müßiggangs oder ortsfremder Herkunft keine Unterstützung zu gewähren ist. Hier kündigt sich der Prozess der **Rationalisierung** im Bereich der sozialen Fürsorge an, der ein Kennzeichen der Frühen Neuzeit werden sollte.

Zwar sind Lincks konkrete Vorschläge **durchaus charakteristisch** für die damalige Zeit, allerdings liefern sie **kein vollständiges Bild sozialer Fürsorge** in der Frühen Neuzeit. So hebt er in M 1 die Bedeutung der Familien und Kirchengemeinden hervor, geht aber nicht auf die Rolle von Landesherren oder Kommunen ein: Durch Verordnungen wie **Bettelordnungen**, die den Umgang mit Bedürftigen genau regelten, sowie die Einrichtung von Spitälern, Zucht-, Arbeits-, Findel- und Krankenhäusern wurden die **Obrigkeiten** in der Frühen Neuzeit zu wichtigen Akteuren. Man spricht hier von der **Kommunalisierung und Rationalisierung der sozialen Fürsorge**. Parallel dazu kam es zur **Bürokratisierung** und zum

Aufbau von Verwaltungen, da das Einhalten der Verordnungen überprüft werden musste. In Lincks Text wird außerdem die für die Frühe Neuzeit typische Tendenz, das **Verhalten der Menschen zu ändern**, noch nicht fassbar, auch wenn er schon betont, welche positiven Auswirkungen die Arbeit auf die Persönlichkeit des Einzelnen habe. Die Obrigkeiten richteten damals ihr Augenmerk verstärkt darauf, bedürftige Menschen zu erziehen (**Pädagogisierung**). In **Zucht- und Arbeitshäusern** sollten sie zum regelmäßigen Arbeiten gebracht und so wieder zu respektierten Mitgliedern der Gemeinschaft gemacht werden. Schließlich thematisiert Linck nicht die soziale Absicherung in genossenschaftlichen Zusammenschlüssen: **Zünfte und Gilden** boten ihren Mitgliedern und deren Familien im Notfall Schutz und Hilfe. Auf dem Land spielte außerdem neben der Kirchengemeinde die **Dorfgemeinschaft** eine bedeutsame soziale Rolle. Auch hatten die **Grundherren** gegenüber den von ihnen abhängigen Bauern gewisse Verpflichtungen, obgleich der Umfang der Unterstützung äußerst unterschiedlich gewesen sein dürfte.

Insgesamt lässt sich festhalten, dass in M 1 durchaus **typische Elemente** sozialer Fürsorge in der Frühen Neuzeit zu **erkennen** sind, jedoch **wichtige Tendenzen** wie die Kommunalisierung und Pädagogisierung **nicht angesprochen** werden, genauso wenig wie die Bedeutung von Zusammenschlüssen wie den Zünften. Die Vorschläge des Autors decken nur einen kleinen Bereich und bei Weitem **nicht die ganze Bandbreite** sozialer Maßnahmen in der Frühen Neuzeit ab.

3.1 *Der Operator „analysieren“ (AFB II) verlangt von Ihnen, die beiden Fotografien M 2 und M 3 zu beschreiben und ihre Aussagekraft darzulegen. Darüber hinaus müssen Sie „beurteilen“ (AFB III), inwiefern sich anhand der zwei Abbildungen die durch die Industrialisierung veränderten Arbeitsbedingungen zeigen lassen. Unterscheiden Sie Gesichtspunkte, die für eine Eignung sprechen, und Aspekte, die man gegen eine Verwendung der Fotografien anführen kann. Am Ende sollten Sie zu einem begründeten Sachurteil kommen.*

Auf der **Fotografie M 2** ist eine große, geräumige und aufgrund der vielen hohen Fenster helle **Ausstellungshalle** der Schwäbischen Gewerbe- und Industrieausstellung von 1886 zu erkennen. Dominierendes Element in der Bildmitte ist eine **moderne Webmaschine**. Im Raum verteilt ist eine Reihe von Personen zu sehen, vermutlich **Maschinenpersonal** und/oder **Besucher** der Veranstaltung: So kann man z. B. im rechten Vordergrund Männer in Anzügen und mit Hüten ausmachen, die in die Kamera schauen, während in der Mitte ein Mann in Arbeitskleidung neben einer Maschine steht und den Blick leicht abwendet.

Bei dem **Foto M 3** handelt es sich um eine Aufnahme des **Lumpensortiersaals** der Papierfabrik der Gebrüder Rauch um **1900**. Im Vordergrund sind Behälter zu erkennen, die teils über den Rand hinaus mit Lumpen gefüllt sind. Im Hintergrund haben sich über zwei Dutzend **Fabrikarbeiterinnen** in Arbeitskleidung, meist mit Kopftüchern, für die Aufnahme aufgestellt. In ihrer Mitte steht ein Mann mit Mütze, Anzug und Krawatte. Rechts oben spenden zwei Fenster etwas Licht.

Die Fotografien **eignen sich in mancher Hinsicht** dazu, die neuen Arbeitsbedingungen der Industriegesellschaft darzustellen. So veranschaulicht die moderne Webmaschine in M 2 die Bedeutung des **Einsatzes von Maschinen** und die zunehmende **Rationalisierung der Arbeit**. Die Aufnahme des Lumpensortiersaals vermittelt einen Eindruck von den **beengten, eher dunklen Arbeitsplätzen** und lässt erahnen, dass die Arbeitsumstände **gesundheitsgefährdend** gewesen sein dürften. M 3 verweist darüber hinaus darauf, dass die **Erwerbstätigkeit von Frauen** der Arbeiterklasse nötig war, um ein ausreichendes Familieneinkommen zu sichern. Bei dem Mann im Anzug handelt es sich wohl um einen **Vorgesetzten**/Vorarbeiter, was den starken **disziplinarischen Druck** zumindest andeutet, dem die Beschäftigten in Fabriken oft ausgesetzt waren. Die übervollen Lumpenbehälter legen nahe, dass ein enormes **Arbeitspensum** zu bewältigen war.

Gegen eine Eignung der Abbildungen lässt sich einwenden, dass M 2 nur Einblick in eine **Gewerbe- und Industrieausstellung** gibt und daher keinen konkreten Produktionsprozess abbildet, sodass man etwas über den **technischen Fortschritt**, aber nichts über die täglichen Arbeitsverhältnisse in einer Fabrik erfährt. M 3 zeigt dagegen eine Szene aus einer Papierfabrik, allerdings kommen keine **Maschinen** zum Einsatz, was aber für das Industriezeitalter zentral ist. Darüber hinaus sind hier einige Arbeiterinnen zu sehen: Auch wenn nicht klar wird, welcher Tätigkeit sie genau nachgehen, wird auf die verbreitete **Frauenarbeit** in der Industriegesellschaft verwiesen. Allerdings stellten Männer den größten Teil der in der Fabrik Beschäftigten, außerdem spielte **Kinderarbeit** lange eine Rolle, was aber an den Fotos nicht deutlich wird. Auch ist die in M 3 nur angedeutete Disziplinierung der Arbeiterinnen nicht repräsentativ für das damalige **Ausmaß der Unterjochung und Ausbeutung:** Die Unternehmer stellten strenge Reglements auf, da sie die vorhandene Arbeitskraft maximal ausnutzen wollten. Dazu kam, dass viele Beschäftigte vorher auf dem Land gearbeitet hatten und den neuen Arbeitsrhythmus in der Fabrik noch nicht gewohnt waren. Die Enge und das wenige Licht in M 3 lassen die **Gefährdung** durch ungesicherte Maschinen und unmenschliche Arbeitsbedingungen (z. B. Hitze, schlechte Luft) höchstens erahnen.

Letztendlich handelt es sich bei M 2 und M 3 um **Momentaufnahmen**, die die wesentlichen Kennzeichen der industriellen Arbeitswelt des 19. Jahrhunderts **nur in Ausschnitten** festhalten. Ein umfassendes Bild wird nicht geliefert, auch gibt es keine Informationen zur weiteren Entwicklung, z. B. darüber, dass sich diese Arbeitsbedingungen durch den Zusammenschluss der Arbeiterschaft in **Gewerkschaften und Parteien** verbesserten. Außerdem ist es aufgrund der Bildqualität nicht einfach, Einzelheiten klar zu erkennen, sodass auch aus diesem Grund nur begrenzt Aufschlüsse über die damaligen Arbeitsverhältnisse zu gewinnen sind. Insgesamt lässt sich konstatieren, dass man aus den beiden Aufnahmen zwar **allgemeine Tendenzen** ablesen kann, sie jedoch **nur bedingt geeignet** sind, einen **vollständigen Eindruck** von den veränderten Arbeitsbedingungen in der Industriegesellschaft des 19. Jahrhunderts zu vermitteln.

3.2 *In der Aufgabe sollen Sie darauf eingehen, was sich durch die neuen Arbeitsverhältnisse im 19. Jahrhundert konkret in Politik und Gesellschaft verändert hat. Der Operator „bewerten" (AFB III) verlangt, die relevanten Entwicklungen anzusprechen und dann ein begründetes Werturteil abzugeben. Es ist aus Gründen der Übersichtlichkeit anzuraten, die gesellschaftlichen und politischen Auswirkungen nacheinander zu beleuchten, auch wenn sie in der Realität eng verbunden waren und nicht immer klar voneinander getrennt werden können. Im Bereich der Gesellschaft können Sie eine ganze Reihe unterschiedlicher Aspekte thematisieren (z. B. Migration, Urbanisierung, Soziale Frage, Familie, Gesellschaftsstruktur). Hierbei muss man sich auf wesentliche Entwicklungen und ausgewählte Beispiele beschränken; so können Sie z. B. nicht alle Formen des Engagements zur Überwindung sozialer Not beschreiben. Für den Bereich der Politik sollten Sie neue Formen politischer Interessenvertretung sowie konkrete staatliche Maßnahmen wie die Sozialgesetzgebung ansprechen.*

Im 19. Jahrhundert ging der **Wandel der Arbeit** mit grundlegenden **gesellschaftlichen und politischen Veränderungen** einher. Schon bevor die Industrialisierung in vollem Umfang einsetzte, befanden sich viele Landarbeiter und Beschäftigte der Heimindustrie in einer verzweifelten wirtschaftlichen Lage und mussten **um ihre Existenz kämpfen**. Aufgrund des zunehmenden **Angebots an Arbeitskräften** infolge der starken **Bevölkerungszunahme** und der noch begrenzten Anzahl an Arbeitsplätzen in der Industrie waren sie völlig von den Unternehmern abhängig, die aber immer stärker auf **moderne Maschinen** setzten, um Lohnkosten einzusparen und die Produktionszahlen zu steigern. Die Verelendung der Arbeiter in der ersten Hälfte des 19. Jahrhunderts vor dem Durchbruch der industriellen Revolution wird auch als „**Pauperismus**" bezeichnet. Besonders als sich die Industrialisierung ab Mitte des 19. Jahrhunderts in Deutschland durchsetzte („Take-off"), gab es eine enorme **Wanderungsbewegung** von Arbeitskräften aus ländlichen Gebieten in die schnell wachsenden Industriezentren. **Landflucht** und **Verstädterung** waren untrennbar verbunden. Die Lage der häufig am Existenzminimum lebenden Arbeiterschaft war meist sehr schlecht, bei der Arbeit in den Fabriken (geringe Löhne, kaum Schutzvorkehrungen, Arbeitsunfälle, Willkür der Unternehmer) und darüber hinaus: So waren die **Wohnverhältnisse** in feuchten, dunklen und engen Wohnungen in **Mietskasernen** häufig katastrophal.

Die Gesamtheit dieser problematischen Arbeits- und Lebensbedingungen der Arbeiterschaft wird durch den Begriff „**Soziale Frage**" bezeichnet: Es wurde zunehmend deutlich, dass eine Lösung angesichts der Missstände gefunden werden musste, wollte man keine gewaltsame Veränderung der Verhältnisse riskieren. In der Gesellschaft gab es nun eine Reihe von Bemühungen, um eine Verbesserung der sozialen Lage der Arbeiterinnen und Arbeiter zu erreichen. So ließ **Alfred Krupp** günstige Werkswohnungen bauen und eine betriebseigene Kasse zur Absicherung der Beschäftigten im Falle von Krankheit bzw. Invalidität einrichten, wenngleich diese Maßnahmen auch durch das Bestreben motiviert waren, die Arbeitskräfte an den Betrieb zu binden. **Ernst Abbe**, Inhaber eines Unternehmens für optische Gläser und Instrumente in Jena, verwirklichte im Rahmen der „**Carl-**

Zeiss-Stiftung" ein sozialpolitisch ambitioniertes Programm, u. a. die Verkürzung der Arbeitszeit, eine betriebliche Gewinnbeteiligung, die Auszahlung von Weihnachtsgeld sowie eine Betriebskrankenkasse, in der auch Familienmitglieder mitversichert waren. Neben bürgerlichen Unternehmern sahen Vertreter der **christlichen Kirchen** die Problematik der schlechten Arbeits- und Lebensbedingungen der Arbeiter, wie **Adolph Kolping** auf katholischer und **Johann Hinrich Wichern** auf evangelischer Seite, die Unterstützungsangebote initiierten. Die Kirchenleitungen zögerten dagegen noch lange, sich mit der Sozialen Frage auseinanderzusetzen. Im ländlichen Raum entwickelte **Friedrich Wilhelm Raiffeisen** den **Genossenschaftsgedanken:** Durch Einkaufsgenossenschaften und Genossenschaftsbanken sollten die wirtschaftlichen Bedingungen speziell für **Bauern** nach dem Prinzip „Hilfe durch Selbsthilfe" verbessert werden.

Durch die **Trennung von Arbeitsplatz und Wohnort** kam es darüber hinaus zur grundlegenden Veränderung der **Familienstrukturen**. In bürgerlichen Familien bildete sich das Modell heraus, dass der Mann außer Haus für das Einkommen sorgte, während sich die Frau um den häuslichen Bereich und v. a. die Kindererziehung kümmerte. Das war gleichsam die **Geburtsstunde der bürgerlichen Klein- und Kernfamilie**. In der Arbeiterschicht setzte sich dieses Konzept aber lange nicht durch, weil die **Arbeit von Frauen** – und zu Beginn der Industrialisierung oft von **Kindern** – unverzichtbar für die Existenzsicherung der Familie war. Arbeiterfamilien wiesen außerdem häufig halboffene Strukturen auf, da aus finanziellen Gründen Untermieter oder „Schlafgänger" in die Wohnung aufgenommen werden mussten. Veränderungen gab es außerdem in der **Struktur der Gesellschaft**, die jetzt in erster Linie durch das **Gegenüber von besitzender Klasse und Arbeiterklasse** geprägt war. Aufgrund der ansteigenden Bedeutung des administrativen Sektors entwickelte sich aber auch die äußerst heterogene Schicht der Angestellten. Allgemein kann man mit Blick auf die Industriegesellschaft des 19. Jahrhunderts von einer **Überwindung der Ständegesellschaft** und einem **Übergang zu einer Klassengesellschaft** sprechen.

Der Wandel der Arbeit und die damit verbundenen sozialen Probleme brachten im 19. Jahrhundert starke Veränderungen im **politischen Bereich** mit sich. So lässt sich ab Mitte des 19. Jahrhunderts ein Trend zum **Zusammenschluss innerhalb der Arbeiterschaft** beobachten, was das Bewusstsein einer gemeinsamen Interessenlage stärken, die Durchsetzung eigener Forderungen ermöglichen und die Lage der Arbeiter nach und nach durch politische Reformen verbessern sollte. So wurden schon vor der Revolution von 1848/49 **Arbeiterbildungsvereine** geschaffen. In den 1860er-Jahren begann die Geschichte der **Arbeiterparteien:** 1863 wurde der Allgemeine Deutsche Arbeiterverein (ADAV) unter Ferdinand Lassalle ins Leben gerufen, 1869 folgte die Sozialdemokratische Arbeiterpartei (SDAP) unter August Bebel und Wilhelm Liebknecht. 1875 vereinigten sich die beiden Parteien in Gotha zur Sozialistischen Arbeiterpartei (SAP), die sich 1891 in **Sozialdemokratische Partei Deutschlands** (SPD) umbenannte. In ihrem Programm orientierte sich die SPD zwar an der Lehre von Karl Marx und dem Ziel, durch eine Revolution eine klassenlose Gesellschaft zu schaffen, doch setzte sie sich in der Praxis für die **allmähliche Verbesserung** der Arbeits- und Lebensbedingungen der Arbeiterklasse (z. B. höhere Löhne, kürzere Arbeitszeiten) durch eine **Politik der kleinen Schritte** ein. Bei Reichstagswahlen konnte die SPD die Zahl ihrer Abgeordneten stetig steigern und wurde schließlich zur stärksten Partei im Kaiserreich. Darüber hinaus organisierte sich die Arbeiterschaft in **Gewerkschaften**, die – angefangen mit dem ersten, 1848 von Buchdruckern gegründeten Zusammenschluss – ab der Jahrhundertmitte einen starken Aufschwung erlebten, v. a. in den 1860er-Jahren, als in vielen deutschen Staaten das Koalitionsverbot fiel. Durch verschiedene Mittel wie Streiks versuchten sie, ihre Forderungen durchzusetzen. Insgesamt konnte die **organisierte Arbeiterschaft** durch ihren engagierten Einsatz dazu beitragen, dass sich die **Arbeits- und Lebensbedingungen** der Arbeiterinnen und Arbeiter **allmählich verbesserten**.

In diesem Zusammenhang sind jedoch auch **staatliche Maßnahmen** zur Lösung der Sozialen Frage zu betrachten. Reichskanzler **Otto von Bismarck** sah in der starken Zunahme der Arbeiterschicht und dem steigenden politischen Einfluss der Sozialdemokraten eine Gefahr für die Hohenzollernherrschaft. 1878 nahm er zwei angeblich von Linken begangene Attentate auf Kaiser Wilhelm I. zum Anlass, um im Reichstag die Verabschiedung eines Gesetzes gegen „die gemeingefährlichen Bestrebungen der Sozialdemokratie" („**Sozialistengesetz**") durchzusetzen und die Arbeit sozialistischer und sozialdemokratischer Vereinigungen deutlich einzuschränken. Bismarck war sich aber bewusst, dass er die Arbeiterschaft durch die restriktive Politik gegenüber ihren Interessenvertretungen nicht für den Staat gewinnen konnte, sondern dass sich ihre Lage grundlegend verbessern musste. Deswegen brachte er eine für die damalige Zeit vorbildliche **Sozialgesetzgebung** auf den Weg: In den 1880er-Jahren wurden von Reichstag und Bundesrat Gesetze zur Einführung von Kranken-, Unfall-, Alters- und Invaliditätsversicherungen verabschiedet, die (mit Ausnahme der Unfallversicherung) gemeinsam von Arbeitnehmern und Arbeitgebern getragen wurden. Die Sozialgesetzgebung **linderte die ärgste Not**, obgleich sie hinter heutigen Vorstellungen von sozialer Gerechtigkeit noch weit zurückblieb.

Insgesamt lässt sich feststellen, dass der Wandel der Arbeit in der modernen Industriegesellschaft und die damit verbundenen sozialen Probleme **grundlegende Umwälzungen in Politik und Gesellschaft** mit sich brachten; zudem stellten sie diese Bereiche durch die Schnelligkeit der Veränderungen vor große Herausforderungen. Vergleichbar mit der digitalen Revolution der heutigen Zeit ließ der damalige Umbruch **letztlich keinen Lebensbereich unberührt**.

4 *Der folgende Lösungsvorschlag greift die **Teilaufgabe c)** zum Halbjahr **12/2** auf. Die Lösungsvorschläge zu den Halbjahren **11/2** und **12/1** finden Sie auf den Seiten 45 ff. und 30 ff. dieses Jahrgangs.*
Hier sollen Sie die Einschätzung des Politikwissenschaftlers Michael Hennes „diskutieren" (AFB III), dass die Vereinigten Staaten in den 1990er-Jahren „vor keinen neuen Herausforderungen" wie im Kalten Krieg gestanden hätten. Sie

müssen also eine Argumentation entwickeln, an deren Ende ein begründetes Sachurteil steht, und dabei auf je ein geeignetes Beispiel während und nach der Zeit des Ost-West-Konflikts eingehen. Das schließt nicht aus, auf weitere Beispiele für das außenpolitische Engagement der USA zu verweisen, um eigene Aussagen zu untermauern bzw. zu ergänzen. Achten Sie allerdings darauf, diese nicht zu ausführlich zu untersuchen, um das Thema der Aufgabe nicht zu verfehlen und nicht wertvolle Bearbeitungszeit zu verlieren. Der folgende Lösungsvorschlag zeigt Ihnen eine Reihe von Punkten, die Sie einbringen könnten. Berücksichtigen Sie die zeitliche Angabe „am Ende des 20. Jahrhunderts", was bedeutet, beim Vergleich mit dem Kalten Krieg das Augenmerk auf die 1990er-Jahre zu legen. Wenn Sie Entwicklungen des 21. Jahrhunderts ansprechen, die ihren Ursprung im letzten Jahrzehnt des 20. Jahrhunderts haben, widerspricht das sicher nicht der Aufgabe. Arbeiten Sie anhand des ersten Falls zuerst die besondere Herausforderung der US-Außenpolitik im Kalten Krieg heraus, um die Grundlage für die Diskussion zu erhalten. Ihre Argumentation sollte dann aus zwei Teilen bestehen: Legen Sie dar, welche Aspekte die Aussage des Politikwissenschaftlers stützen und welche Punkte die Geltung seiner Aussage einschränken bzw. relativieren. Dabei sollte auf das zweite außenpolitische Ereignis eingegangen werden. Am Ende geben Sie eine kurze eigene Bewertung ab. Als Beispiel für den Kalten Krieg eignen sich v. a. der Koreakrieg, die Kubakrise und der Vietnamkrieg, für die 1990er-Jahre z. B. der Golfkrieg 1991 oder der jahrelange Jugoslawien-Konflikt.

Um die These des Politikwissenschaftlers **Michael Hennes**, die USA hätten nach 1990 „vor keinen neuen Herausforderungen" wie im Kalten Krieg gestanden, untersuchen zu können, muss erst die **besondere Herausforderung während des Ost-West-Konflikts** deutlich werden. Als Beispiel soll hier die **Kubakrise 1962** dienen: Damals drohte ein Krieg zwischen den Supermächten USA und Sowjetunion; bis heute stand die Welt nicht so dicht vor einem atomaren Inferno. Die US-Regierung hatte herausgefunden, dass die Sowjetunion dabei war, auf **Kuba** Abschussrampen für atomar bestückte Mittelstreckenraketen aufzubauen; die Aufstellung dieser Raketen, die fast jeden Teil der Vereinigten Staaten erreicht hätten, musste um jeden Preis verhindert werden. Um Druck auszuüben, setzte US-Präsident John F. Kennedy die US-Luftstreitkräfte in höchste Alarmbereitschaft und verhängte eine **Seeblockade** („**Quarantäne**") über Kuba: Sowjetische Schiffe mit Kurs auf die Insel sollten angehalten werden, damit sie das nötige Material nicht anliefern könnten. Dies bedeutete, dass jetzt sogar eine offene Konfrontation zwischen den USA und der UdSSR zu befürchten war.

Auf dem Höhepunkt des Kalten Kriegs standen sich also die **zwei Supermächte**, die über riesige Atomwaffenarsenale verfügten, **unmittelbar gegenüber**. Für die US-Regierung ging es darum, eine reale Bedrohung der eigenen Sicherheit abzuwenden, den **Kommunismus** in die Schranken zu weisen und das eigene Gesicht zu wahren. Kuba hatte vor diesem Hintergrund schon im Jahr zuvor eine Rolle gespielt, als ein von den USA unterstützter Invasionsversuch von Exilkubanern in der **Schweinebucht** misslungen war. Aus der Kubakrise wollte Kennedy auf jeden Fall als Sieger hervorgehen, um nicht als schwach zu erscheinen und somit die **Glaubwürdigkeit der USA als westliche Vormacht** zu untergraben. Die sowjetische Führung lenkte im letzten Moment ein und kündigte an, ihre Raketen auf Kuba abzubauen. Im Gegenzug sicherte Kennedy im Geheimen zu, US-Mittelstreckenraketen aus der Türkei abzuziehen und eine künftige Invasion Kubas auszuschließen. Als Reaktion auf die Erfahrung, so kurz vor einem **atomaren Krieg** gestanden zu haben, zogen die beiden Kontrahenten Konsequenzen und begannen eine **Politik der Entspannung**, die sich z. B. in der Einrichtung einer direkten Fernschreibverbindung („**Heißer Draht**") zwischen Weißem Haus und Kreml niederschlug.

Die besondere Herausforderung der USA im Kalten Krieg, die zur Überprüfung von Hennes' These herangezogen werden soll, bestand in der **ideologisch-machtpolitischen Auseinandersetzung mit der UdSSR**, der weltweiten **Bekämpfung des Kommunismus** und der Notwendigkeit, Führungsstärke zu beweisen. Für die USA bedeutete dies immer wieder gewaltige Kraftanstrengungen im globalen Rahmen. Weitere Beispiele sind der **Koreakrieg**, in dem die USA Südkorea nach dem Überfall durch das kommunistische Nordkorea unterstützten, und der **Vietnamkrieg**, in dem sich die USA ebenfalls aus der Überzeugung heraus engagierten, dass die Aufgabe Südvietnams den Triumph des Kommunismus in Südostasien bedeuten würde. In beiden Fällen sah man sich als **Führungsmacht des Westens** in der Pflicht, aus ideologischen Gründen in die Konflikte einzutreten.

Die **Auffassung des Politikwissenschaftlers** lässt sich durch den Verweis auf die Position der Vereinigten Staaten nach dem Zusammenbruch des Ostblocks, der Auflösung der Sowjetunion und des Warschauer Pakts **stützen**. Jetzt waren die USA die **einzig verbliebene Supermacht**, die erstmal keinen großen Gegenspieler mehr hatte. Seit der Überwindung des Kalten Kriegs und dem Ende der stark ideologisch geprägten Konkurrenz können die USA außenpolitische Entscheidungen noch deutlicher nach eigenen nationalen Interessen fällen. Das bedeutete nicht nur den **Wegfall einer jahrzehntelangen existenziellen Herausforderung**, sondern auch eine Zunahme an Handlungsmöglichkeiten, die sie aufgrund ihrer militärisch-wirtschaftlichen Stärke auch nutz(t)en. Mit dem Sieg im Kalten Krieg setzten sich die von den USA vertretenen **Werte wie Freiheit, Demokratie und Marktwirtschaft** in weiten Teilen der Welt durch, sodass die USA kaum noch auf ideologische Grenzen Rücksicht nehmen mussten. Selbst in **Russland** kam es (zumindest der Verfassung nach) zur liberalen Demokratie und zum Übergang zur Marktwirtschaft. In internationalen Organisationen und Bündnissen wie der weiter bestehenden NATO gaben die USA aufgrund ihrer unangefochtenen Machtstellung immer noch den Ton an. Schließlich zeigt der Einfluss US-amerikanischer Unternehmen (z. B. Microsoft, Apple, Google, Amazon) in der sich seit den 1990er-Jahren vollziehenden technologisch-digitalen Revolution bis in unsere Gegenwart die führende Rolle der USA im Prozess der **Globalisierung**, nicht zuletzt auch in Verbindung mit einer konkurrenzlosen **kulturellen Ausstrahlung**.

Allerdings gibt es eine Reihe von Gesichtspunkten, die **Hennes' These relativieren:** Durch den Zusammenbruch des Ostblocks und die Überwindung der bipolaren Weltordnung kamen „**neu[e] Herausforderungen**" für die USA zum Vorschein, darunter **nationale, ethnische oder religiöse Konflikte**, die vorher durch den fundamentalen Systemkonflikt überlagert worden waren. Es wurde klar, dass die Ost-West-Konfrontation auch eine disziplinierende Wirkung besessen hatte. Dies änderte sich zu Beginn der 1990er-Jahre, was sich besonders in **Jugoslawien** zeigte. Der **Vielvölkerstaat auf dem Balkan** war jahrzehntelang von **Josip Broz Tito** geführt worden, der 1945 mit seiner kommunistischen Partei eine sozialistische Ordnung errichtet hatte, dann aber einen gewissen Abstand zur UdSSR hielt und seinem Land im Vergleich zu anderen Staaten im sowjetischen Einflussbereich größere Spielräume bewahrte. Bereits nach Titos Tod 1980 und dem Wegfall der zentralen Identifikationsfigur wurde deutlich, dass das **Zusammenleben der verschiedenen Volksgruppen** äußerst fragil war. Auch rückten die großen wirtschaftlich-sozialen Unterschiede zwischen den Regionen die Idee von der Einheit Jugoslawiens in den Hintergrund. 1991 brachen die **Jugoslawien-Kriege** aus, in deren Verlauf sich eine Teilrepublik nach der anderen die Unabhängigkeit erkämpfen sollte.

Zunächst versuchten EG (ab 1992: EU) und UNO, den Konflikt beizulegen; die USA hielten sich noch zurück, da keine eigenen Interessen berührt waren. Als sich aber die Lage in **Bosnien-Herzegowina** zuspitzte und Nachrichten über ethnische Säuberungen, Konzentrationslager und Terror gegen die Zivilbevölkerung für großes Aufsehen sorgten, fühlten sich viele US-Amerikaner an den Holocaust erinnert, sodass der Druck auf die US-Regierung unter Bill Clinton stark zunahm. Vor allem das von Serben begangene Massaker im bosnischen **Srebrenica** im Juli 1995 mit über 8 000 ermordeten Muslimen führte der Weltöffentlichkeit die Grausamkeit des Kriegs vor Augen. Eine „Kontaktgruppe", in der neben den Vereinigten Staaten auch Russland, Großbritannien, Frankreich und Deutschland vertreten waren, legte einen Plan für die Beilegung des Konflikts vor: Bosnien-Herzegowina sollte ein souveräner Staat werden, geteilt in eine muslimisch-kroatische und eine serbische Teilrepublik. Durch massive Luftangriffe der NATO unter Federführung der USA auf Stellungen der bosnisch-serbischen Armee und die Drohung mit dem Einsatz weiterer militärischer Gewalt wurde die serbische Seite letztendlich dazu gebracht, die Friedensverhandlungen zu akzeptieren. Im Herbst 1995 trafen sich die Vertreter Bosniens, Serbiens, Kroatiens und der Kontaktgruppenstaaten unter Vermittlung der USA auf dem Luftwaffenstützpunkt **Dayton** (Ohio), um die Details eines Friedensvertrags zu besprechen, der dann im Dezember 1995 in Paris unterzeichnet wurde. Der Frieden in Bosnien-Herzegowina hält bei aller Fragilität bis heute. Die Auseinandersetzungen im früheren Jugoslawien, die sich nach 1995 noch in weiteren Landesteilen fortsetzten (v. a. im Kosovo), zeigten aber deutlich, dass **nationale und ethnische Konflikte** die internationale Sicherheit bedrohten und auch für die Außenpolitik der USA eine **große neue Herausforderung** darstellten.

Darüber hinaus gab es noch **weitere Herausforderungen in einer immer komplexeren Welt**, die zwar im gewählten Beispiel nicht zum Tragen kamen, dennoch die US-Außenpolitik bis heute immer wieder beschäftigen. So zeigte das erste Bombenattentat der islamistischen Terrorgruppe al-Qaida 1993 auf das World Trade Center (WTC) in New York, dass sich die USA einer neuen Bedrohungslage durch den **internationalen Terrorismus** gegenübersahen. Nach dem zweiten, deutlich gravierenderen al-Qaida-Anschlag auf das WTC am **11. September 2001** erklärte Präsident George W. Bush den „**Krieg gegen den Terror**" („War on Terror"), der die USA bis heute beschäftigt, sich aber wegen der dezentralen Organisationsstruktur und der zunehmenden digitalen Vernetzung der Terrorgruppen sehr schwierig gestaltet. Der **internationale Terrorismus** stellt eine ganz neue Herausforderung besonders für die USA dar, weil sie wegen ihrer Wirtschaftsmacht und ihrer globalen kulturellen Ausstrahlung zum Hauptziel geworden sind. Vor allem im arabischen Raum verband sich dabei **religiöser Extremismus** mit dem Empfinden wirtschaftlich-kultureller Unterdrückung durch den Westen, repräsentiert durch die Vereinigten Staaten. Da sich die USA zudem über 1990 hinaus als **Führungsmacht der „freien Welt**" sehen, greifen sie immer wieder in Konflikte ein und nehmen dabei auch Opfer auf sich. Hier kam es öfter als zu Zeiten des Kalten Kriegs zu **asymmetrischen Kriegen**, die die USA zum Teil über Jahre hinweg beschäftigen sollten, was sich v. a. am langwierigen Afghanistan-Einsatz (2001–2021) zeigte. Eine **neue weltpolitische Konstellation** und somit eine weitere neue Herausforderung haben sich mittlerweile durch den wirtschaftlichen und machtpolitischen **Aufstieg Chinas** ergeben, das den Vereinigten Staaten stark Konkurrenz macht. Außenpolitisch haben es sich die USA zur Aufgabe gemacht, Chinas Expansionsbestrebungen (z. B. Ansprüche auf Taiwan) einzudämmen und die aufstrebende asiatische Macht durch Verträge in die internationale Ordnung einzubinden.

Die **These des Politikwissenschaftlers Hennes** hat eine **gewisse Berechtigung**, wenn man sich auf die unmittelbaren Folgen des Zusammenbruchs des Ostblocks sowie der Auflösung der bipolaren, ideologisch geprägten Weltordnung um 1990 konzentriert. Allerdings zeigte sich im Laufe der 1990er-Jahre immer deutlicher, dass sich die Vereinigten Staaten jetzt **ganz neuen Bedrohungen und Herausforderungen** zu stellen hatten und noch immer haben. Die Weltordnung ist viel **komplexer und unübersichtlicher** geworden, seit sich nicht mehr zwei Blöcke unter Führung der beiden Supermächte USA und Sowjetunion gegenüberstehen, sondern eine große Zahl staatlicher und nichtstaatlicher Akteure Einfluss auf die internationale Politik nimmt. Bis in die Gegenwart gibt es daher **zahlreiche neue Herausforderungen für die US-Außenpolitik**, die sich zwar nur schwer mit denjenigen aus der Zeit des Kalten Kriegs vergleichen lassen, aber deswegen nicht von geringerer Gewichtigkeit sind.

Abitur Geschichte (Bayern) – 2021 – Aufgabe II
Demokratie und Diktatur – Probleme der deutschen Geschichte im 20. Jahrhundert

1 Der deutsche Staatsrechtler, Politiker und Mitbegründer der DDP, Hugo Preuß, legte im November 1918 seine Vorstellung zur Ausgestaltung einer stabilen Demokratie dar (M 1). (38 BE)

1.1 Arbeiten Sie aus dem Zeitungsartikel M 1 die Position und Argumentation von Hugo Preuß vor dem Hintergrund des Ringens um eine demokratische Ordnung heraus!

1.2 „Für den Lauf, den die Dinge bei uns nehmen werden, wird Haltung und Stimmung des Bürgertums sicherlich von schwerwiegender Bedeutung sein." (Z. 47 f.)

Beurteilen Sie, inwieweit die in dieser Aussage von Hugo Preuß angedeutete Gefahr für die Akzeptanz der Weimarer Republik ihr späteres Scheitern erklärt!

2 Geben Sie einen Überblick über wesentliche Schritte zur Beseitigung der Demokratie und zum Ausbau der NS-Diktatur! (16 BE)

3 Im Rahmen Ihres Geschichtskurses haben Sie die Aufgabe, ein Referat über die Akzeptanz des demokratischen Systems in der frühen Bundesrepublik Deutschland zu halten. Bei der Suche nach geeigneten Materialien stoßen Sie auf ein Wahlplakat der CDU zur Bundestagswahl 1953 (M 2). (36 BE)

3.1 Analysieren und interpretieren Sie das Plakat M 2!

3.2 Diskutieren Sie, inwieweit das Plakat dazu geeignet ist, die Gründe für die Akzeptanz des demokratischen Systems der Bundesrepublik Deutschland zu verdeutlichen!

4 Bearbeiten Sie eine der drei folgenden Teilaufgaben! (30 BE)

a) zu Halbjahr 11/1
Der Historiker Jürgen Osterhammel schreibt in seinem 2009 erschienenen Buch „Die Verwandlung der Welt. Eine Geschichte des 19. Jahrhunderts":

„Es war ein Vorzug der industriellen Produktionsweise, dass sie in mindestens einem Sinne *nicht* revolutionär war: Sie vernichtete nicht sämtliche früheren Formen der Wertschöpfung [wirtschaftliche Leistung] und schuf keine radikal neue Welt."

Jürgen Osterhammel: Die Verwandlung der Welt. Eine Geschichte des 19. Jahrhunderts, München: C.H. Beck 2009, S. 924.

Nehmen Sie zu diesem Zitat Stellung, indem Sie sich auf wirtschaftliche und gesellschaftliche Aspekte des Wandels und der Kontinuität zwischen der Ständegesellschaft des 15. bis 18. Jahrhunderts und der beginnenden Industriegesellschaft des 19. Jahrhunderts beziehen!

b) zu Halbjahr 12/1
In seinem 2019 erschienenen Buch „Achterbahn. Europa 1950 bis heute" schreibt der britische Historiker Ian Kershaw über die Situation Westeuropas nach dem Zweiten Weltkrieg:

„Der Nationalstaat bildete die anerkannte Grundlage der politischen Organisation und Identität. [...] Die meisten westlichen Staaten hatten eine längere und manchmal sogar eine extrem lange Geschichte hinter sich. Die nationalen Identitäten, historischen Verankerungen, Traditionen, Kulturen und politischen Entwicklungen hatten den Kontinent zu tief geprägt, als dass die Nationalstaaten leicht oder rasch in supranationalen Strukturen hätten aufgehen können."

Ian Kershaw: Achterbahn. Europa 1950 bis heute, München: DVA 2019, S. 72 f., übersetzt von Klaus-Dieter Schmidt.

Stellen Sie ausgehend von diesem Zitat die Schritte des europäischen Integrationsprozesses nach 1945 dar und bewerten Sie sie! Beziehen Sie sich dabei insbesondere auf das deutsch-französische Verhältnis!

c) zu Halbjahr 12/2
Der Politikwissenschaftler Michael Hennes schrieb 2003 in einem Beitrag der Reihe „Aus Politik und Zeitgeschichte", die USA hätten am Ende des 20. Jahrhunderts „vor keinen neuen Herausforderungen wie noch in den Jahren des Kalten Kriegs" gestanden.

Michael Hennes: Der neue Militärisch-Industrielle Komplex der USA, in: Aus Politik und Zeitgeschichte, Nr. 46 (2003), S. 41. Abrufbar unter: https://www.bpb.de/apuz/27289/der-neue-militaerisch-industrielle-komplex-in-den-usa?p=1 (4. April 2020).

Diskutieren Sie diese Einschätzung unter Bezugnahme auf ein geeignetes Beispiel während und ein geeignetes Beispiel nach der Zeit des Kalten Kriegs!

Material

M 1: Auszug aus einem am 14. November 1918 erschienenen Zeitungsartikel von Hugo Preuß zur Ausgestaltung der künftigen Republik

Der Staatsrechtler Hugo Preuß (1860–1925) wurde einen Tag nach Erscheinen des Artikels zum Staatssekretär im Reichsamt des Innern berufen und mit dem Entwurf einer Verfassung für die Republik beauftragt.

Wenige Tage sind seit dem Sturz des alten Obrigkeitssystems in Deutschland erst verstrichen; […] und doch kann man schon immer zahlreichere Stimmen hören, aus denen etwas wie Heimweh nach dem alten Obrigkeitsstaat spricht; und zwar auch von Soldaten, die bisher keineswegs seine Anhänger waren. Das ist psychologisch ebenso begreiflich, wie es politisch unsinnig ist. Denn die Überalterung des Obrigkeitsstaats war die Ursache seines Bankrotts und des gegenwärtigen Umsturzes; sie ist aber auch die Ursache, daß an seine Stelle noch keineswegs der Volksstaat getreten ist, sondern ein umgedrehtes Obrigkeitssystem. Im alten Obrigkeitsstaat hatte der Bürger sehr wenig, im gegenwärtigen hat er absolut gar nichts zu sagen;[1] mehr als je vorher ist im Augenblick das Volk in seiner Gesamtheit lediglich Objekt einer Regierung, die ihm durch unerforschliche Ratschläge gesetzt wird, nur daß sich diese nicht auf ein Gottesgnadentum berufen, sondern auf eine genau ebenso unfaßliche Volksgnade. […]

Gewiß kann man dem „Bürgertum" in dem leider üblich gewordenen engen Sinne dieses Wortes entgegenhalten, daß es kein Recht habe, sich über seine Ausschließung zu beklagen, weil seine politischen Unterlassungssünden, seine Schlappheit und Servilität[2] ein gerüttelt Maß der Schuld tragen an der Überalterung jenes Obrigkeitssystems und folglich an dem gegenwärtigen Zusammenbruch. Auch ist es unzweifelhaft, daß das Bürgertum und die alten politischen Parteien einen Umschwung, wie den eben erlebten, aus eigener Kraft niemals zustande gebracht hätten; und es ist daher begreiflich, wenn die Organisatoren der Revolution deren Früchte allein zu genießen wünschen. Aber diesem Wunsche steht die Tatsache entgegen, daß er nicht nur die Entwicklung politischer Freiheit, unter deren Losung doch der Umschwung vollzogen wurde, unmöglich macht, sondern auch das ganze Schicksal unseres schon so hart heimgesuchten deutschen Volkes dem Verderben preisgeben muß.

[…] Wer jene Überzeugung [des Bürgertums] vertritt, wer lange Jahre hindurch diesen Standpunkt ungebeugt den alten Mächten gegenüber, wenn auch vergeblich, zur Geltung zu bringen versucht hat, der wird heute nicht vor den neuen Machthabern schweigen, sondern ihnen zurufen: Ihr könnt dem geschlagenen deutschen Volke Erhebung, dem zerrütteten deutschen Staate neues Leben unmöglich unter Entrechtung seines Bürgertums, unmöglich im Zeichen des Klassenkampfes bringen. Die Absichten der gegenwärtigen Machthaber mögen die lautersten[3] und reinsten sein; [aber] sie können doch der zwingenden Logik nicht entgehen, daß der Versuch, den deutschen Staat unter Zurückdrängung seines Bürgertums zu konstituieren, in kurzer Frist unabwendbar zum bolschewistischen Terror führen muß. Der gegenwärtige Zustand, daß zahlreiche bürgerliche Elemente die öffentlichen Geschäfte führen unter der Diktatur einer ihnen prinzipiell fremden Obrigkeit, mag im Augenblick als Notbehelf unvermeidlich sein; aber er ist nur auf kürzeste Frist haltbar […]. Wenn er bis dahin seine Lösung nicht in einer auf der Gleichberechtigung aller Volksgenossen ruhenden politisch-demokratischen Organisation gefunden hat, so gibt es keinen anderen Ausweg als rechtlose Gewalt und mit ihr [die] völlige Zerrüttung des wirtschaftlichen Lebens. Auf solchen Wegen mag seine Ziele verfolgen, wer unter Zerstörung aller nationalen Gliederungen die allgemeine Zwangsherrschaft des internationalen Proletariats herstellen zu können wähnt; niemals jedoch der, der aus dem großen Zusammenbruch den demokratischen deutschen Volksstaat retten will, dem sich auch die noch außenstehenden Glieder freiwillig und freudig anschließen sollen. Hier scheiden sich die Wege sofort und unbedingt. […]

Für den Lauf, den die Dinge bei uns nehmen werden, wird Haltung und Stimmung des Bürgertums sicherlich von schwerwiegender Bedeutung sein. […] Nicht zum Vortrupp reaktionärer Bestrebungen darf und will sich das Bürgertum hergeben; es will Hand in Hand gehen mit den neuen Mächten, aber nicht als Handlanger, sondern als gleichberechtigter Genosse.

Nicht Klassen und Gruppen, nicht Parteien und Stände in gegensätzlicher Isolierung, sondern nur das gesamte deutsche Volk, vertreten durch die aus völlig demokratischen Wahlen hervorgehende deutsche Nationalversammlung, kann den deutschen Volksstaat schaffen. Sie muß ihn baldigst schaffen, wenn nicht unsagbares Unheil unser armes Volk vollends verelenden soll. Gewiß muß eine moderne Demokratie vom Geiste eines kräftigen sozialen Fortschritts erfüllt sein; aber ihre politische Grundlage kann niemals der soziale Klassenkampf, die Unterdrückung einer sozialen Schicht durch die andere bilden, sondern nur die Einheit und Gleichheit aller Volksgenossen. Im Rahmen der zu schaffenden demokratischen Verfassung sind die unausbleiblichen sozialpolitischen Kämpfe der Zukunft friedlich auszutragen. Die Stellung zu der konstituierenden Nationalversammlung des deutschen Volksstaates ist zugleich die Stellung zu der Frage: Demokratie oder Bolschewismus.

Hugo Preuß: Wir haben die Wahl: Demokratie oder Bolschewismus, in: Berliner Tageblatt, Nr. 583 vom 14. November 1918. Abrufbar unter https://www.weimarer-republik.net/jubilaeum/revolution-und-gruendung-der-republik-tag-fuer-tag/nov-1918/hugo-preuss-wir-haben-die-wahl-demokratie-oder-bolschewismus/ (8. April 2020).

1 Mit dem „gegenwärtigen [Obrigkeitsstaat]“ bezieht sich Hugo Preuß auf den Rat der Volksbeauftragten, der den Übergang vom Kaiserreich zur Weimarer Republik gestaltete.

2 Servilität: Unterwürfigkeit.

3 lauter: aufrichtig.

M 2: Wahlplakat der CDU zur Bundestagswahl 1953

KAS/ACDP 10-001: 428 CC-BY-SA 3.0 DE.

Anmerkung
Namen der Städte von oben nach unten: Washington, London, Brüssel, Paris, Berlin, Strassburg, Rom.

Hinweis: Eine Farbabbildung des Bildes zum Download finden Sie unter:
https://www.stark-verlag.de/mystark (Zugangscode vgl. Umschlaginnenseite).

Lösungsvorschläge

1 *In dieser zweiteiligen Aufgabe sollen Sie sich mit einer Quelle aus der Feder des DDP-Politikers und angesehenen Staatsrechtlers Hugo Preuß beschäftigen: In einem Zeitungsartikel (M 1) aus der Zeit der Novemberrevolution 1918 formulierte er konkrete Vorschläge zur Gestaltung des zukünftigen politischen Systems.*

1.1 *Im ersten Schritt müssen Sie aus M 1 „herausarbeiten" (AFB II), welche Position der Autor während der Novemberrevolution und der Auseinandersetzungen um die politische Zukunft Deutschlands vertrat. Führen Sie kurz wesentliche Informationen zur Quelle an, führen Sie aus, welche Argumente Preuß anbringt, und stellen Sie Zusammenhänge her. Lassen Sie sich dabei nicht verunsichern, wenn manche Aspekte von Preuß nur indirekt angesprochen werden.*

Der liberale Politiker und Staatsrechtler **Hugo Preuß** legte in einem **Zeitungsartikel** (M 1), der am **14. November 1918** publiziert wurde, seine **Vision einer künftigen deutschen Demokratie** dar. Erst kurz zuvor, am 9. November 1918, war das Ende des Deutschen Kaiserreichs eingeleitet worden (vgl. Z. 1 f.). An diesem Tag war die **Republik** gleich **zweimal proklamiert** worden: Zunächst hatte der Sozialdemokrat Philipp Scheidemann die „Deutsche Republik" ausgerufen, woraufhin der Führer des kommunistischen Spartakusbundes, Karl Liebknecht, die „Freie Sozialistische Republik Deutschland" verkündet hatte.

Preuß nimmt zu Beginn des Artikels Bezug auf die jüngsten Ereignisse und äußert ein gewisses Verständnis für die **Wehmut** vieler Menschen **angesichts des Untergangs der Monarchie** (vgl. Z. 2–5). Gleichzeitig ruft er aber auch Gründe in Erinnerung, die zum Ende des Kaiserreichs geführt hätten, allen voran der **fehlende Wille zur Modernisierung** (vgl. Z. 5 f.). Er mahnt, nicht gleich die nächste Herrschaftsform ohne umfassende Volksbeteiligung zuzulassen. Damit richtet er sich **gegen die aktuelle Regierung**, die sich vordergründig als Vertreterin des Volkes präsentiere, jedoch **nicht demokratisch legitimiert** sei (vgl. Z. 6–12).

Im Folgenden geht er näher auf die **Rolle des Bürgertums** ein, das im bisherigen Verlauf der Revolution **keine Berücksichtigung** gefunden habe. Einerseits sieht er dies als **legitim** an, da die bürgerlichen Vertreter den überholten Obrigkeitsstaat entscheidend gestützt und somit eine Mitverantwortung an dessen Niedergang zu tragen hätten. Er räumt ein, dass dem Bürgertum die Erneuerungskraft fehle, um weitreichende politische Veränderungen anzustoßen (vgl. Z. 13–21). Andererseits sieht er es als **großen Fehler**, würde man die bürgerlichen Kräfte dauerhaft außen vor lassen, da das Ziel des Umsturzes, die politische Freiheit für alle, eben auch diese einschließen müsse. Ein **erfolgreicher Systemwechsel** ist daher seiner Meinung nach **nur gemeinsam mit dem Bürgertum** machbar, nicht aber gegen dessen Widerstand. Andernfalls könnte ein Bürgerkrieg „im Zeichen des Klassenkampfes" (Z. 30) drohen (vgl. Z. 21–30).

Vor diesem Hintergrund warnt Preuß eindringlich davor, dass eine **sozialistische Räterepublik ohne Beteiligung des Bürgertums** rasch in eine kommunistische

Diktatur münden würde. Die daraus resultierende **Gewalt** würde der ohnehin bereits angeschlagenen Wirtschaft noch mehr schaden (vgl. Z. 30–40). Als einzige Alternative gegen das Schreckensbild der „allgemeine[n] **Zwangsherrschaft des internationalen Proletariats**“ (Z. 42) sieht er eine **vom gesamten deutschen Volk legitimierte und akzeptierte Demokratie**. Dafür sei die gleichberechtigte Beteiligung von bürgerlichen und sozialistischen Kräften wichtig. Unter dieser Voraussetzung sei das Bürgertum, das nicht „Vortrupp reaktionärer Bestrebungen“ (Z. 48 f.) sein wolle bzw. dürfe, zur Zusammenarbeit bereit (vgl. Z. 40–51).

Der Zeitungsartikel endet mit einem **Appell an die Einigkeit** des deutschen Volkes über sämtliche Gegensätze hinweg. Preuß betont die Bedeutung allgemeiner, freier Wahlen sowie politischer Gleichheit und fordert eine „**konstituierend[e] Nationalversammlung**“ (Z. 61 f.), um das neue politische System auf eine breite demokratische Basis zu stellen. Dabei treibt er zur Eile, um eine Eskalation der Gewalt zu vermeiden. Sein Plädoyer für die **parlamentarische Demokratie** beschließt er mit der Mahnung, die unterschiedlichen (sozialen) Interessen friedlich zu verhandeln (vgl. Z. 52–63).

1.2 *Der zweite Teil der Aufgabe greift eine konkrete Aussage aus M 1 heraus: Darin macht Preuß den Erfolg der zukünftigen politischen Ordnung von der Einstellung des Bürgertums abhängig. Sie sollen nun „beurteilen“ (AFB III), inwieweit diese Andeutung das spätere Scheitern der Weimarer Republik erklärt. Sammeln Sie Aspekte, die für Preuß' Aussage sprechen, sowie Faktoren, die auch zum Untergang der ersten deutschen Demokratie beigetragen haben. Erklären Sie die nötigen Zusammenhänge und gelangen Sie am Ende zu einer sachlichen Bewertung.*

Preuß erläutert in M 1, dass die **Grundansichten und die Gefühlslage des Bürgertums** maßgeblichen Einfluss auf das Gelingen der Demokratisierung und des künftigen politischen Systems haben würden. Diese Aussage soll mit Blick auf das spätere **Scheitern der Weimarer Republik beurteilt** werden. Unter dem Begriff „Bürgertum“ wird im Folgenden die soziale Mittelschicht zwischen dem Adel auf der einen, der Arbeiterschaft und den Bauern auf der anderen Seite verstanden.

Tatsächlich waren vom Beginn der parlamentarischen Demokratie bis zu ihrem Untergang **erhebliche Zweifel** vorhanden, zumindest in Teilen des Bürgertums. Hier hatte die **unruhige, gewalttätige Entstehungszeit** der Republik Spuren hinterlassen, v. a. die sozialistischen Aufstandsversuche und blutigen Straßenkämpfe 1919. Auch die Ereignisse im bolschewistischen Russland verstärkten die **Furcht vor einer kommunistischen Revolution** und deren wirtschaftlich-sozialen Konsequenzen. So kam es, dass bei vielen Bürgerlichen die Angst vor linken Parteien von Anfang an groß war und man der Republik aufgrund ihrer turbulenten Gründungsphase nur wenig Vertrauen entgegenbrachte.

Diese Einstellung war auch insofern von einiger Bedeutung, da das Bürgertum über das Ende des Kaiserreichs hinaus **zentrale Stellen in der Verwaltung, der Reichswehr und der Justiz** besetzte. Gerade die alten Eliten, die eher **nationalkonservativ** gesinnt waren und der jungen Demokratie skeptisch bis ablehnend gegenüberstanden, nahmen weiterhin eine bedeutende Machtposition ein. Die in diesen Kreisen vorherrschende Gesinnung zeigte sich z. B. vor Gericht, wo politische **Straftaten von Linken härter bestraft** wurden als verfassungsfeindliche Aktivitäten rechter Kräfte. Dabei wurden **rechtsextreme Bedrohungen** auch massiv **unterschätzt**, nicht zuletzt 1933, als Monarchisten und bürgerliche Gruppen glaubten, die Nationalsozialisten „zähmen" zu können. Neben den bürgerlichen Vertretern der alten Eliten befürworteten zudem viele bürgerliche Industrielle konservative Pläne eines Systemwechsels, was die Schwächung oder sogar Abschaffung des Parlamentarismus bedeutet hätte.

Dennoch darf nicht vergessen werden, dass es auch viele Bürgerliche gab, die **sich bewusst für die Republik einsetzten** (wie Hugo Preuß und seine DDP). Allerdings zeigten die bürgerlichen Parteien, die regelmäßig Teil der Reichsregierung waren, letztendlich **zu wenig Kompromissbereitschaft und Entschlossenheit**, was sich in der Endphase der Republik fatal auswirken sollte. Die Regierungsbildung war nicht erst 1930 schwierig, als die Große Koalition aus SPD sowie bürgerlich-liberalen Parteien auseinanderbrach. Nun gab es keine regierungsfähigen Mehrheiten mehr im Reichstag. Es folgte die Zeit der **Präsidialkabinette**, wodurch das republikfeindliche Lager (darunter die Reichswehr und der Kreis um Reichspräsident Hindenburg) gestärkt wurde.

Insofern behielt Preuß mit seiner Befürchtung **durchaus recht:** Die Ablehnung der Demokratie durch weite Kreise des Bürgertums, aber auch die Schwäche der bürgerlichen Unterstützer der Republik sollten gerade Anfang der 1930er-Jahre großen Anteil am Scheitern von Weimar haben.

Andererseits war die fehlende Akzeptanz der politischen Ordnung, die im Bürgertum verbreitet war, **nicht der einzige Grund für den Untergang der Republik**. Bis zur NS-Machtübernahme 1933 kamen viele weitere Entwicklungen dazu, die zum Zeitpunkt von Preuß' Artikel zum Teil gar nicht vorhersehbar waren.

So spielten etwa der **Versailler Vertrag** und dessen Wahrnehmung in Deutschland eine zentrale Rolle. Unterzeichnet wurde er im Juni 1919 von der damaligen SPD-geführten Regierung, die keinen Verhandlungsspielraum hatte und anstelle der tatsächlichen Verantwortlichen (v. a. Wilhelm II., Oberste Heeresleitung) die Schuld für die Kriegsniederlage auf sich nehmen musste. Wegen seiner harten Friedensbedingungen wurde der Vertrag von weiten Teilen der Bevölkerung als „**Schanddiktat**" abgelehnt; viele enttäuschte Bürger wandten sich konservativen Parteien, Revanchisten und Monarchisten zu. Die Reichswehr genoss ungebrochenes Ansehen und erhielt das Narrativ am Leben, dass man im Felde ungeschlagen geblieben und von linken Revolutionären in der Heimat „erdolcht" worden sei (**Dolchstoßlegende**). So wälzte man die Schuld für die Kriegsniederlage auf Sozialdemokraten und Juden ab, was auch die Weichen stellte für den zunehmenden Erfolg der antisemitischen NSDAP.

Darüber hinaus offenbarte die Republik einige **institutionelle Schwächen**, da die **Reichsverfassung** von 1919 Regelungen beinhaltete, die letztlich mitursächlich für das Scheitern von Weimar waren. So ermöglichte **Artikel 48** das System der

Präsidialkabinette ab 1930: Er erlaubte es dem Reichspräsidenten, Notverordnungen ohne Zustimmung des Parlaments zu erlassen, das er nach Artikel 25 auch auflösen durfte. Die außerordentlichen Machtbefugnisse des Reichspräsidenten erleichterten es dem antirepublikanischen Kreis um Hindenburg, die **demokratischen Mechanismen auszuhebeln**.

Ebenso darf der bedeutende Einfluss der **Weltwirtschaftskrise** nicht außer Acht gelassen werden: Nachdem im Oktober 1929 die Kurse an der New Yorker Börse eingebrochen waren, gingen auch in Deutschland viele Firmen insolvent, was zu Massenarbeitslosigkeit und existenzieller Not in großen Teilen der Bevölkerung führte. Dies war ein wesentlicher Grund für die Erosion der Akzeptanz der demokratischen Ordnung. Von der Krisenstimmung profitierten v. a. die **radikalen Parteien**, die die Weimarer Republik bereits zuvor ständig angegriffen hatten: Neben der **NSDAP**, die zur Massenpartei aufstieg, gewann die KPD an Stimmen. Allerdings war die **Arbeiterbewegung zerstritten:** Zeitweilig wendeten **KPD** und **SPD** deutlich mehr Energie auf, sich voneinander abzugrenzen, als ein wirksames Gegengewicht gegen die gemeinsamen rechtsextremen Gegner zu bilden. Diese fehlende Stärke trug maßgeblich zum Aufstieg der Nationalsozialisten bei.

Die Haltung und Stimmung des Bürgertums, die Preuß als ausschlaggebend für die weitere Entwicklung erachtet, trugen in der Gesamtschau einen **bedeutenden Anteil** am Untergang der Weimarer Demokratie; eine **alleinige Erklärung** für ihr Scheitern bieten sie **aber nicht**. Die Krise der Republik ist vielmehr auf verschiedene Ursachen zurückzuführen, u. a. die dauerhaften Attacken durch Links- und Rechtsextremisten, die Spaltung der Arbeiterschaft und die beschriebenen verfassungsrechtlichen, wirtschaftlichen und außenpolitischen Faktoren. Viele Entwicklungen konnte Preuß in dieser Form **nicht vorhersehen**, wie das Verhalten der führenden Politiker um Hindenburg, die zunehmende Handlungsunfähigkeit der republiktragenden Parteien oder den Ausbruch der Weltwirtschaftskrise.

2 *Sie sollen „einen Überblick geben" über die wichtigsten Maßnahmen, die zur völligen Abschaffung der Demokratie und zur Festigung der NS-Diktatur führten, was dem AFB I entspricht. Beschränken Sie sich dabei auf wesentliche Schritte ab Januar 1933 und holen Sie nicht zu weit aus. Als Endpunkt der Betrachtung bietet sich der Tod von Reichspräsident Hindenburg im August 1934 an, da dieses Ereignis und seine Folgen gemeinhin als Abschluss des Machtausbaus gelten.*

Am **30. Januar 1933** wurde **Adolf Hitler** von Reichspräsident Hindenburg zum Reichskanzler ernannt, womit die NSDAP mit der DNVP (zusammen 41,4 % der Stimmen bei der Reichstagswahl im November 1932) die Regierungsgeschäfte übernahm. Hitler strebte jedoch die absolute Macht an und brachte Hindenburg dazu, schon am 1. Februar 1933 **Neuwahlen** auszurufen. Kurz darauf wurden wesentliche Bürgerrechte per Notverordnung des Reichspräsidenten eingeschränkt. Dadurch konnten Veranstaltungen politischer Gegner aufgelöst und die Presse zensiert werden, sodass v. a. die kommunistische **Opposition unterdrückt** und auch im laufenden Wahlkampf behindert wurde.

Am Tag nach dem Brand des Reichstags (27. Februar 1933) wurde die „**Reichstagsbrandverordnung**" erlassen, die weitere Menschen- und Bürgerrechte außer Kraft setzte und unter Ausnutzung der Schwächen der Weimarer Verfassung die umfassende Verfolgung der Gegner der Nationalsozialisten ermöglichte. Bei den **Wahlen vom 5. März 1933** erreichte die NSDAP 43,9 % der abgegebenen Stimmen und hätte eigentlich mit der DNVP (8 %) eine stabile Mehrheitsregierung bilden können. Da man die Sitze der KPD für ungültig erklärte, stellte die NSDAP wegen der geringeren Gesamtzahl an Abgeordneten letztlich die meisten Vertreter. Als am 23. März 1933 im „**Ermächtigungsgesetz**" das Recht der Regierung niedergeschrieben werden sollte, Gesetze ohne parlamentarische Beteiligung zu erlassen, benötigten die Nationalsozialisten aber eine Zweidrittelmehrheit. Diese erlangten sie durch Drohungen und die Betonung ihrer angeblich bürgerlich-konservativen Absichten; nur die SPD stimmte gegen das Gesetz. Somit schaffte sich der Reichstag de facto selbst ab; die Regierung übernahm neben der Exekutive die Legislative, womit die Teilung zwischen diesen beiden Gewalten endete.

In der Folge wurde die von den Nationalsozialisten angestrebte „**Gleichschaltung**" **aller Lebensbereiche** schrittweise umgesetzt und der Druck auf die Opposition immer weiter erhöht. Kurz nach dem „Ermächtigungsgesetz" wurden die Länderparlamente aufgelöst und die Länderregierungen durch Reichsstatthalter ersetzt, wodurch das **föderalistische System** nach und nach **ausgehebelt** wurde.

Darüber hinaus wurden **Parteien, Organisationen und Verbände**, die nicht der Kontrolle der NSDAP unterlagen, **beseitigt**. Am 2. Mai 1933 wurden die freien Gewerkschaften durch die SA und die SS zerschlagen; Arbeitnehmer und Arbeitgeber wurden fortan gemeinsam in der Deutschen Arbeitsfront organisiert. Nachdem die KPD schon von Anfang an massiv bekämpft worden war, verbot man nun diea SPD und zwang die übrigen Parteien, sich selbst aufzulösen. Die Gründung neuer Parteien wurde verboten, die **NSDAP** wurde zur einzig zugelassenen **Staatspartei**. Zudem etablierten die Nationalsozialisten **Massenorganisationen**, die alle gesellschaftlichen Schichten und Berufsgruppen repräsentieren sollten. So wurde z. B. die junge Generation einem Reichsjugendführer unterstellt und in der **Hitlerjugend** zusammengefasst. Durch diese Schritte waren alle Möglichkeiten politischer und gesellschaftlicher Mitsprache abgeschafft.

Parallel zur „Gleichschaltung" der Gesellschaft setzte Hitler auf **Gewaltaktionen** seiner bewaffneten Einheiten und die gezielte **Unterdrückung jeglicher Opposition**. Ab März 1933 wurden, angefangen mit Dachau, Konzentrationslager eingerichtet, in denen politische Gegner massenhaft inhaftiert wurden. Zudem wurden die gesetzlichen Maßnahmen der Nationalsozialisten von Terroraktionen begleitet, die v. a. vom Wehrverband der NSDAP, der **Sturmabteilung** (SA), verübt wurden. Diese hatte sich schon vor 1933 in blutigen Saalschlachten gegen andere Kampfverbände durch ihre Brutalität hervorgetan und schüchterte nun durch Terror und Gewalt viele Andersdenkende ein. Innerhalb der SA hatte sich die **Schutzstaffel** (SS) als Eliteeinheit etabliert, die besonders auf Hitler eingeschworen war. Nach der Machtübernahme der NSDAP kam es zu Differenzen der NS-Führung mit der SA-Spitze, die mehr Macht forderte und deshalb im Juni

1934 ermordet wurde. Fortan verlor die SA an Bedeutung, während die SS eigenständig wurde und unter Führung von Heinrich Himmler immer wichtiger wurde.

Am 2. August 1934 **starb** Reichspräsident Paul von **Hindenburg**, woraufhin Hitler auch offiziell alleiniger Machthaber wurde und von nun an den Titel „Führer und Reichskanzler" trug. Die Reichswehr wurde jetzt direkt auf seine Person vereidigt. Diese Entwicklungen gelten als **Abschluss des Machtausbaus und der Herrschaftskonsolidierung des NS-Regimes**.

3 *Die zweiteilige Aufgabe ist in einen situativen Kontext eingebettet: Sie müssen in Ihrem Geschichtskurs zum Thema „Akzeptanz des demokratischen Systems in der frühen Bundesrepublik Deutschland" referieren. Als Quelle sollen Sie dabei ein Wahlplakat der CDU zur Bundestagswahl 1953 (M 2) berücksichtigen.*

3.1 *Der erste Teil der Aufgabenstellung verlangt, ebendieses Plakat zu „analysieren" (AFB II) und zu „interpretieren" (AFB I–III). Eine Analyse erfordert, dass Sie M 2 kriterienorientiert erschließen: Beschreiben Sie zuerst die Bild- und Textelemente, gehen Sie auf die jeweiligen Gestaltungsmittel ein und deuten Sie die Aussage sowie die Intention, die vermutlich hinter dem Plakat steckt. Beachten Sie, dass Ihnen eine farbige Fassung der Abbildung vorliegt. Auf Ihren Ergebnissen beruht die anschließende Interpretation, die alle drei Anforderungsbereiche umfasst: Ordnen Sie das Plakat hierfür in seinen historischen Zusammenhang ein und bewerten Sie es dann in einer begründeten Stellungnahme.*

Vier Jahre nach **Gründung der Bundesrepublik 1949** wurde **1953** zum zweiten Mal der **Deutsche Bundestag gewählt**. Damit stellten sich die im Parlament vertretenen Parteien erstmals in der Geschichte des jungen demokratischen Staats der Wiederwahl. Im Folgenden wird ein **CDU-Wahlplakat** (M 2) aus dem damaligen Wahlkampf **analysiert** und **interpretiert**.

Im Zentrum von M 2 steht Bundeskanzler Konrad **Adenauer**, der in einen Anzug gekleidet ist und seinen Hut zum Gruße zieht. Die obere Bildhälfte wird dominiert von ebendiesem schwarzen Hut, im unteren Teil ist der CDU-Politiker von der Brust aufwärts zu sehen. Das Plakat ist überwiegend in **Blautönen** gehalten, allerdings kann man hinter der Fotografie von Adenauer mehrere Punkte in unterschiedlichen Farben erkennen, die durch Linien miteinander verbunden sind und die **Namen** der früheren gesamtdeutschen Hauptstadt Berlin sowie verschiedener **westlicher (Haupt-)Städte** tragen: Washington, London, Brüssel, Paris, Straßburg und Rom. Sie stehen symbolisch für die drei **westlichen Siegermächte** und weitere **Bündnispartner** der Bundesrepublik sowie für Orte, die Sitz europäischer Institutionen waren/sind. Im unteren Drittel des Plakats ist schräg der folgende rote Schriftzug abgedruckt: „Er knüpfte die Fäden zur freien Welt".

Das Plakat, das im Wahlkampf 1953 zum Einsatz kam, stellt die **Westbindung der Bundesrepublik als wesentliches Verdienst Adenauers** dar. Der Bundeskanzler steht im Zentrum von M 2, sodass die Westintegration nicht primär seiner Partei, sondern seiner Person zugeschrieben wird. Tatsächlich war er derjenige, der die damaligen außenpolitischen Beziehungen Westdeutschlands federführend gestaltete und der Ausrichtung nach Westen eine zentrale Bedeutung beimaß. Das Netz westlicher (Haupt-)Städte im Hintergrund führt die Einbindung der Bundesrepublik in das **Bündnissystem der westlichen Staatenwelt** unter Führung der USA deutlich vor Augen. Die westeuropäischen Städte verweisen zudem auf die Schaffung supranationaler Organisationen als **erste Schritte im europäischen Einigungsprozess**, für den sich Adenauer v. a. mit seinem französischen Kollegen Robert Schuman intensiv eingesetzt hat.

Die Nennung der seit 1945 **geteilten früheren Hauptstadt Berlin** könnte darauf verweisen, dass die Bundesrepublik die DDR nicht anerkannte und sich als einzig **rechtmäßige Vertretung aller Deutschen** ansah. Dieser Alleinvertretungsanspruch sollte zwei Jahre später in der Hallstein-Doktrin besonders zum Ausdruck kommen. Gleichzeitig wird im abgedruckten Spruch die **Abgrenzung zum Kommunismus** hervorgehoben, indem von der „freien Welt“ (gemeint ist der liberaldemokratische Westen) die Rede ist. Dies passt zur antikommunistischen Politik, die Adenauer und die CDU verfolgten. Durch die Abbildung des Bundeskanzlers im Anzug und mit Hut wird dessen **Bürgerlichkeit** im Gegensatz zum **Sozialismus**, der Bauern und Arbeiter in den Vordergrund rückte, betont.

Bei der **Bundestagswahl** am 6. September **1953** gewann die CDU/CSU 45,2 % der Stimmen, was einen Zuwachs von etwa 14 Prozentpunkten gegenüber 1949 bedeutete. Die Strategie, im Wahlkampf Plakate wie M 2 einzusetzen, Bundeskanzler Adenauer und seine Politik der Westbindung zu betonen und mit seinen diesbezüglichen Erfolgen um die Gunst der Wähler zu werben, ist somit offensichtlich aufgegangen.

3.2 *Nun müssen Sie noch herausfinden, ob sich die Quelle M 2 für Ihr Referat eignet, und diese Frage „diskutieren“ (AFB III): Legen Sie verschiedene Gründe für die Akzeptanz des politischen Systems in der Bundesrepublik dar, überprüfen Sie, ob sie in M 2 abgebildet sind, und bewerten Sie Ihre Pro- und Kontra-Argumente.*

Mehrere Aspekte spielten eine Rolle dabei, dass die **neue Demokratie** von der westdeutschen Bevölkerung **rasch akzeptiert** wurde. Im Folgenden wird überprüft, inwiefern sich das **CDU-Wahlplakat von 1953** eignet, um die Gründe für die Akzeptanz des demokratischen Systems in der noch jungen Bundesrepublik zu verdeutlichen.

Für die Eignung des Plakats spricht, dass das **Konzept der Westbindung**, das in M 2 in den Mittelpunkt gestellt wird, einen entscheidenden Anteil am Erfolg der Demokratie in der Bundesrepublik hatte: Die Unterstützung durch die **westlichen Alliierten** und die außenpolitische Zusammenarbeit mit weiteren **demokratischen Staaten des Westens** schufen die Grundlage für den politischen und wirtschaftlichen Wiederaufbau im westlichen Teil Deutschlands und stärkten die Position der jungen Bundesrepublik. Die herausragende Bedeutung der Westintegration wird im Plakat durch das Netzwerk westlicher Städte sowie den Slogan zur „freien Welt“ abgebildet.

Darüber hinaus handelt es sich bei M 2 um ein Plakat zur **Bundestagswahl** 1953, was grundsätzlich darauf verweist, dass die erst vier Jahre zuvor durch das Grundgesetz etablierte westdeutsche **Demokratie funktionierte** und die wahlberechtigte Bevölkerung zum zweiten Mal ihre parlamentarischen Vertreter bestimmte. Dadurch wird verdeutlicht, dass die politischen Einrichtungen ihre Aufgaben erfüllten und freie Wahlen stattfanden.

Allerdings wird in M 2 der **Wirtschaftsaufschwung** überhaupt nicht erwähnt, der aber von zentraler Bedeutung für die Zustimmung der Bevölkerung zum politischen System gewesen ist. Mit der **Sozialen Marktwirtschaft** und dem „**Wirtschaftswunder**" der 1950er-Jahre wurde der Grundstein dafür gelegt, dass der allgemeine **Lebensstandard gesteigert** werden konnte. Die Idee der Sozialen Marktwirtschaft kombinierte die Regeln des freien Markts (Orientierung an Angebot und Nachfrage) mit staatlichen Maßnahmen zum Ausgleich sozialer Nachteile. Auf diese Weise sollte ein gewisses Maß an **sozialer Sicherheit** erreicht und „**Wohlstand für alle**" (Ludwig Erhard) ermöglicht werden. Der Wirtschaftsaufschwung führte dazu, dass sich eine **Konsumgesellschaft** nach dem Vorbild anderer westlicher Staaten herausbildete. Die sich bessernde wirtschaftliche Lage der Westdeutschen war letztlich der entscheidende Faktor dafür, dass auch das politische System anerkannt wurde. Hinzu kam die **Sozialpolitik** der Bundesregierung, die insgesamt **positiv bewertet** wurde. Der **soziale Wohnungsbau** (Wohnungsbaugesetz 1950) linderte die durch die zahlreichen Kriegszerstörungen akute Wohnungsnot. Das **Lastenausgleichsgesetz** (1952) bot eine finanzielle Entschädigung für all jene an, die durch den Zweiten Weltkrieg Schaden genommen hatten, etwa durch Flucht und Vertreibung. Dadurch wurde die soziale Not in der Bevölkerung merklich abgeschwächt. Auch diese Faktoren werden auf dem Plakat nicht berücksichtigt.

Insgesamt zeigt das Wahlplakat also die **wichtige Rolle der Westintegration** der Bundesrepublik auf. **Weitere Aspekte**, die dazu beitrugen, dass das neue demokratische System akzeptiert wurde, **werden dagegen vernachlässigt**. Deshalb **eignet** sich M 2 **nicht**, wenn alle Gründe auf einmal im Sinne eines vollständigen Überblicks verdeutlicht werden sollen. Für das Referat kann die Abbildung aber dennoch verwendet werden, sofern diese Problematik thematisiert wird und noch **weitere Quellen einbezogen** werden.

4 *Der folgende Lösungsvorschlag greift die **Teilaufgabe b)** zum Halbjahr **12/1** auf. Die Lösungsvorschläge zu den Halbjahren **11/1** und **12/2** finden Sie auf den Seiten 62 ff. und 13 ff. dieses Jahrgangs.*
Die Aufgabe geht von einem Auszug aus dem recht neuen Werk des britischen Historikers Ian Kershaw aus: „Achterbahn. Europa 1950 bis heute". Im Zitat geht er auf Westeuropa nach 1945 und die Bedeutung des Nationalstaatsgedankens und nationaler Identitäten ein, die eine „leicht[e] oder rasch[e]" Schaffung supranationaler Strukturen erschwert hätten. Davon ausgehend sollen Sie die Etappen der europäischen Integration nach dem Zweiten Weltkrieg „darstellen",

was alle drei AFB umfasst: Beschreiben und erklären Sie die Entwicklungen und deuten Sie sie. Ein zweiter Operator, nämlich „bewerten“, hebt noch einmal den AFB III und das begründete Urteil hervor. Vergessen Sie nicht, in Ihren Ausführungen die deutsch-französischen Beziehungen besonders zu berücksichtigen. Von der Vorgehensweise bietet es sich an, zuerst Kershaws Aussage zusammenzufassen, dann den Überblick über den Integrationsprozess zu geben und schließlich das Zitat auf dieser Faktenbasis zu bewerten.

Die Darstellung „Achterbahn. Europa 1950 bis heute“ des britischen Historikers **Ian Kershaw** von **2019** beschäftigt sich mit der Entwicklung Europas nach dem Zweiten Weltkrieg. Aus diesem Werk stammt das abgedruckte Zitat, das im Folgenden zusammengefasst wird. Davon ausgehend wird dann der **Prozess der europäischen Integration** genauer beschrieben und beurteilt. Ein besonderes Augenmerk wird dabei auf die **deutsch-französische Aussöhnung** gelegt.

Kershaw sieht im Nationalstaatsdenken und somit in den **Nationalstaaten** auch nach 1945 **den Ausgangspunkt** politischer Ordnungssysteme und des jeweiligen nationalen Selbstverständnisses. In den meisten Staaten des Westens seien lange **historische Kontinuitäten und Traditionen** vorhanden. Eine Überwindung der gewachsenen Nationalideen, Identitäten und Selbstbilder, die auf der jeweiligen Kultur und Geschichte fußten, betrachtet Kershaw als große **Herausforderung** für die Etablierung überstaatlicher europäischer Institutionen.

Tatsächlich hatte das **Zeitalter des Nationalismus** mit den beiden Weltkriegen in der ersten Hälfte des 20. Jahrhunderts einen **traurigen Höhepunkt** erreicht. Vor diesem Hintergrund war eine europäische Einigung und Versöhnung unabdingbar für **dauerhaften Frieden**. Insbesondere die **deutsch-französische „Erbfeindschaft“**, die über Jahrzehnte hinweg von beiden Seiten propagiert worden war, galt es nun zu überwinden. Politikern wie **Robert Schuman** auf französischer und **Konrad Adenauer** auf westdeutscher Seite ist es zu verdanken, dass der Wille zur Beilegung alter Konflikte auch praktisch umgesetzt wurde.

1950 schlug der französische Außenminister Schuman in der „Schuman-Erklärung“ die **Europäische Gemeinschaft für Kohle und Stahl** (EGKS) vor, die ein Jahr später von Westdeutschland, Frankreich, Italien, Belgien, Luxemburg und den Niederlanden gegründet wurde. Die wirtschaftliche Zusammenarbeit war mit der Zusammenlegung der kriegswichtigen Kohle- und Stahlproduktion verbunden. An der EGKS zeigt sich, dass die Kooperation im wirtschaftlichen Bereich gewinnbringend für alle Seiten und so ein wichtiger Faktor für supranationale Bündnisse sein konnte. Der gegenseitige Nutzen überwog die Vorbehalte, die es aufgrund der alten nationalen Stereotype durchaus gegeben hat. Diese Entwicklung setzte sich fort: Durch die **Römischen Verträge** 1957 gründeten die gleichen sechs Länder die **Europäische Wirtschaftsgemeinschaft** (EWG) und die **Europäische Atomgemeinschaft** (EURATOM). Durch die EWG wollte man die wirtschaftliche Zusammenarbeit weiter ausbauen mit dem Ziel, einen europäischen Binnenmarkt mit freiem Waren-, Personen-, Dienstleistungs- und Kapitalverkehr zu schaffen. Die EURATOM sah die Vertiefung der wirtschaftlichen

Kooperation im Bereich der friedlich genutzten Kernenergie vor. Schon für die EGKS hatte man eine Reihe **supranationaler Organe** geschaffen, die man nun weiterentwickelte. Die Europäische Kommission (Exekutive) sowie der Ministerrat und das Europäische Parlament (Legislative) sind die Vorläufer der heutigen EU-Institutionen. Trotz aller Anfangserfolge gab es aber auch Rückschläge, die die **Grenzen supranationaler Integration** aufzeigten. So scheiterte die Idee, im Rahmen einer **Europäischen Verteidigungsgemeinschaft** (EVG) militärisch eng zusammenzuarbeiten, an nationalen Eigeninteressen.

Die dennoch vielversprechende Entwicklung im europäischen Einigungsprozess wirkte sich wiederum positiv auf die **deutsch-französische Annäherung** aus. Durch das neu gefasste Vertrauen wurde 1963 der **Élysée-Vertrag** geschlossen, der die Kooperation in verschiedenen Bereichen festlegte: Neben regelmäßigem Austausch auf politischer Ebene (z. B. Abstimmung in der Außen- und Sicherheitspolitik) war die Zusammenarbeit in den Bereichen Jugend und Kultur besonders wichtig. So trugen Austauschprogramme und Städtepartnerschaften zum nachhaltigen Abbau von gegenseitigen Vorurteilen bei. Der deutsch-französische Freundschaftsvertrag, der von **Konrad Adenauer** und **Charles de Gaulle** unterzeichnet wurde, war daher ein wichtiger Meilenstein für den Frieden in Europa.

In den folgenden Jahrzehnten traten weitere Mitglieder der Gemeinschaft (seit 1992: Europäische Union) bei, nach dem Ende des Kalten Kriegs auch aus Osteuropa. Heute umfasst die EU **27 Staaten**, da Großbritannien 2020 ausgetreten ist, um wieder mehr nationale Interessen zu verfolgen. Auch wenn der europäische Integrationsprozess wiederholt ins Stocken geraten ist und **Rückschläge** erlitten hat, machte er viele Fortschritte: So wurden neue Politikfelder in die Zuständigkeit der EU überführt, das Europäische Parlament wird seit 1979 direkt von der Bevölkerung gewählt und erhält stetig mehr Kompetenzen, zudem ist der **Euro als gemeinsame Währung** Zahlungsmittel in vielen Mitgliedsländern.

Obwohl der europäische Integrationsprozess nicht immer „**leicht**" (gewesen) ist und **nationale Eigeninteressen** bis heute eine große Herausforderung für die EU bilden, ist der **Erfolg der europäischen Einigung** doch eindeutig: Bedenkt man die von **Hass und nationalistischem Eifer** geprägten Konfrontationen zwischen den europäischen Staaten in der ersten Hälfte des 20. Jahrhunderts, so ist der **Aussöhnungsprozess** unerwartet „**rasch**" vorangetrieben worden. Vor allem angesichts der tiefen Gräben zwischen Deutschen und Franzosen ist die gegenseitige Annäherung durchaus als **außergewöhnlicher Prozess** zu bewerten. Kershaw weist darauf hin, dass das Nationalstaatsdenken in den europäischen Ländern auf eine zum Teil lange Vergangenheit zurückblickt. Die Einsicht nach dem Zweiten Weltkrieg, dass eine überstaatliche institutionelle Zusammenarbeit einen **Nutzen für alle** bietet, ist aus diesem Blickwinkel umso **beachtlicher**.

Abitur Geschichte (Bayern) – 2021 – Aufgabe III
Die DDR – eine deutsche Alternative? *
Historische Komponenten europäischer Kultur und Gesellschaft

1 Erläutern Sie auch unter Bezugnahme auf das Wahlplakat zur Volkskammerwahl in der DDR aus dem Jahr 1954 (M 1) Anspruch und Wirklichkeit in der DDR! (22 BE)

2 In seinem 1762 erschienenen Hauptwerk „Der Gesellschaftsvertrag" schreibt der Philosoph Jean-Jacques Rousseau (1712–1778):

„Der Verzicht auf die eigene Freiheit schließt den Verzicht auf Menschentum, Menschenrechte und -pflichten mit ein. Für einen solchen Verzicht gibt es überhaupt keinen Ersatz; er verträgt sich nicht mit der Natur des Menschen. Nimmt man seinem Willen die Freiheit, so nimmt man seinem Handeln die sittliche Grundlage."

Jean-Jacques Rousseau: Die modernen Völker haben keine Sklaven, sie sind selbst welche, in: Hagen Schulze, Ina Ulrike Paul (Hg.): Europäische Geschichte. Quellen und Materialien, München: BSV 1994, S. 507–513, hier S. 507 f.

Stellen Sie ausgehend von diesem Zitat die Bedeutung des Menschenbilds der Aufklärung für die Herausbildung moderner politischer Ordnungen dar! (20 BE)

3 Das deutsch-französische Verhältnis im 19. und in der ersten Hälfte des 20. Jahrhunderts ist durch eine Vielzahl nationaler Selbst- und Fremdbilder charakterisiert. (48 BE)

3.1 Arbeiten Sie aus dem Auszug des Gedichts „Hurra Germania" von Ferdinand Freiligrath (M 2) das hier entworfene nationale Selbstbild heraus!

3.2 Bewerten Sie ausgehend von Ihren Ergebnissen aus 3.1 die Bedeutung von Mythen und historischen Bezügen bei der „Erfindung der Nation" in Deutschland im 19. Jahrhundert!

3.3 Beurteilen Sie, inwieweit sich französische und deutsche Selbst- und Fremdbilder im Zeitraum von 1870 bis zum Ersten Weltkrieg ähnelten und aufeinander bezogen!

4 Bearbeiten Sie eine der drei folgenden Teilaufgaben! (30 BE)

a) zu Halbjahr 11/1
Der Historiker Jürgen Osterhammel schreibt in seinem 2009 erschienenen Buch „Die Verwandlung der Welt. Eine Geschichte des 19. Jahrhunderts":

„Es war ein Vorzug der industriellen Produktionsweise, dass sie in mindestens einem Sinne *nicht* revolutionär war: Sie vernichtete nicht sämtliche früheren Formen der Wertschöpfung [wirtschaftliche Leistung] und schuf keine radikal neue Welt."

Jürgen Osterhammel: Die Verwandlung der Welt. Eine Geschichte des 19. Jahrhunderts, München: C.H. Beck 2009, S. 924.

Nehmen Sie zu diesem Zitat Stellung, indem Sie sich auf wirtschaftliche und gesellschaftliche Aspekte des Wandels und der Kontinuität zwischen der Ständegesellschaft des 15. bis 18. Jahrhunderts und der beginnenden Industriegesellschaft des 19. Jahrhunderts beziehen!

b) zu Halbjahr 11/2
Am 23. Mai 1949 leitete Konrad Adenauer mit den folgenden Worten die Unterzeichnung des Grundgesetzes im Parlamentarischen Rat ein:

„Wer die Jahre seit 1933 bewusst erlebt hat, wer den völligen Zusammenbruch im Jahre 1945 mitgemacht hat, wer bewusst erlebt hat, wie die ganze staatliche Gewalt seit 1945 von den Alliierten übernommen worden ist, der denkt bewegten Herzens daran, dass heute, mit dem Ablauf dieses Tages, das neue Deutschland entsteht."

Rede Konrad Adenauers vor dem Parlamentarischen Rat am 23. Mai 1949. Abrufbar unter https://www.bpb.de/geschichte/deutsche-geschichte/grundgesetz-und-parlamentarischer-rat/39033/ein-neues-deutschland (9. Dezember 2020).

Nehmen Sie Stellung zur Frage, inwiefern Adenauer mit seiner Einschätzung Recht behielt!

c) zu Halbjahr 12/2
Der Politikwissenschaftler Michael Hennes schrieb 2003 in einem Beitrag der Reihe „Aus Politik und Zeitgeschichte", die USA hätten am Ende des 20. Jahrhunderts „vor keinen neuen Herausforderungen wie noch in den Jahren des Kalten Kriegs" gestanden.

Michael Hennes: Der neue Militärisch-Industrielle Komplex der USA, in: Aus Politik und Zeitgeschichte, Nr. 46 (2003), S. 41. Abrufbar unter: https://www.bpb.de/apuz/27289/der-neue-militaerisch-industrielle-komplex-in-den-usa?p=1 (4. April 2020).

Diskutieren Sie diese Einschätzung unter Bezugnahme auf ein geeignetes Beispiel während und ein geeignetes Beispiel nach der Zeit des Kalten Kriegs!

* Bitte beachten Sie: Aufgrund der durch die Corona-Pandemie bedingten Einschränkungen des Unterrichtsbetriebs wurde der **Lernbereich 11.2.4** („Die DDR – eine deutsche Alternative?") für die schriftliche Abiturprüfung 2021 in das **Halbjahr 12.1** (statt 11.2) verschoben.

Material

M 1: Plakat der DDR-Einheitsliste „Nationale Front“ zur Volkskammerwahl 1954

Museum Weißenfels – Schloss Neu-Augustenburg, CC BY-SA 3.0.

Anmerkung
Die Ziffer 5 steht für den Fünf-Jahres-Plan.

Hinweis: Eine Farbabbildung des Bildes zum Download finden Sie unter: https://www.stark-verlag.de/mystark (Zugangscode vgl. Umschlaginnenseite).

M 2: Auszug aus „Hurra Germania“ von Ferdinand Freiligrath (1810–1876)

Das Gedicht entstand wenige Tage nach Frankreichs Kriegserklärung an Preußen im Juli 1870. Mit „Germania“ war die damals weit verbreitete bildhafte Darstellung Deutschlands in Gestalt einer Frau gemeint. Nach 1870 wurde das Gedicht unter anderem 1905 in einem deutschen Schullesebuch für die höheren Schulen abgedruckt.

Ferdinand Freiligrath

Hurra Germania

Du dachtest nicht an Kampf und Streit:
In Fried und Freud und Ruh
Auf deinen Feldern weit und breit
Die Ernte schnittest du.
Bei Sichelklang im Ährenkranz
Die Garben[1] fuhrst du ein:
Da plötzlich, horch, ein andrer Tanz!
Das Kriegshorn überm Rhein!
    Hurra, hurra, hurra!
    Hurra, Germania!

Da warfst die Sichel du ins Korn,
den Ährenkranz dazu;
Da fuhrst du auf in hellem Zorn,
tief atmend auf im Nu;
Schlugst jauchzend in die Hände dann:
„Willst du's, so mag es sein!
Auf, meine Kinder, alle Mann!
Zum Rhein! Zum Rhein! Zum Rhein!“
    Hurra, hurra, hurra!
    Hurra, Germania! […]

Mag kommen nun, was kommen mag:
Fest steht Germania!
Dies ist Alldeutschlands Ehrentag:
Nun weh dir, Gallia![2]
Weh, daß ein Räuber dir das Schwert
Frech in die Hand gedrückt!
Fluch ihm! Und nun für Heim und Herd
Das deutsche Schwert gezückt!
    Hurra, hurra, hurra!
    Hurra, Germania!

Für Heim und Herd, für Weib und Kind,
Für jedes teure Gut,
Dem wir bestellt zu Hütern sind
Vor fremdem Frevelmut[3],
Für deutsches Recht, für deutsches Wort,

Für deutsche Sitt und Art –
Für jeden heil'gen deutschen Hort,
Hurra! zur Kriegesfahrt!
Hurra, hurra, hurra!
Hurra, Germania!

Auf, Deutschland, auf, und Gott mit dir!
Ins Feld! Der Würfel klirrt!
Wohl schnürt's die Brust uns, denken wir
Des Bluts, das fließen wird!
Dennoch das Auge kühn empor!
Denn siegen wirst du ja,
Groß, herrlich, frei wie nie zuvor!
Hurra, Germania!
Hurra, Viktoria[4]!
Hurra, Germania!

Deutsches Lesebuch für die höheren Schulen Württembergs. Vierter Band. Für Klasse III der höheren Knabenschulen, Klasse VI der höheren Mädchenschulen, Stuttgart 1905, S. 246 f.

1 Ährenkranz, Garben: gemeint sind Getreidehalme und deren Blüten.
2 Gallia: gemeint ist hier Frankreich.
3 Frevelmut: veraltet für Verwegenheit, Übermut.
4 Gemeint ist hier die Siegesgöttin Viktoria.

Lösungsvorschläge

1 *Im Rahmen der Aufgabenstellung sollen Sie sich mit Anspruch und Wirklichkeit in der DDR auseinandersetzen. Dabei verlangt der Operator „erläutern" (AFB II) von Ihnen, den genannten Sachverhalt zu beschreiben und noch mit zusätzlichen Informationen zu verdeutlichen. Vergessen Sie nicht, in Ihren Ausführungen auch Bezug auf ein Wahlplakat zur Volkskammerwahl in der DDR aus dem Jahr 1954 (M 1) zu nehmen. Es bietet sich an, zunächst die Quelle – unbedingt auch in der originalen farbigen Fassung – zu analysieren. Stellen Sie davon ausgehend dann Anspruch und Wirklichkeit in der DDR gegenüber.*

Die **Deutsche Demokratische Republik** (DDR) entstand als sozialistischer Teilstaat im Osten Deutschlands mit Unterstützung der sowjetischen Besatzungsmacht. Im Folgenden sollen unter Berücksichtigung eines Wahlplakats von 1954 (M 1) **Anspruch und Wirklichkeit in der DDR** betrachtet werden.

Bei der **Gründung der DDR** 1949 schwebte den führenden SED-Politikern um Walter Ulbricht ein **nach sozialistischen Grundsätzen gestalteter, gerechter Staat** vor. Die Vision einer solidarischen, klassenlosen Gesellschaft sollte Fortschritt sowie ein friedliches Zusammenleben nach der Katastrophe des Zweiten Weltkriegs versprechen. Eine solche **Idealvorstellung** verdeutlicht das **Wahlplakat** der DDR-Einheitsliste „Nationale Front" zur Volkskammerwahl **1954**. Im

Zentrum der Abbildung, die überwiegend in gelblich roten Farben gehalten ist, sieht man eine **Stadt im (Wieder-)Aufbau**, aus der hohe Industrieschlote und dunkle Fabriktürme ragen. Die obere Bildhälfte wird von einer mittig platzierten **Sonne** dominiert. Darin sind mehrere Elemente zu finden: **Ähren**, die wie Sonnenstrahlen von der Sonne wegführen, ein **Hammer**, die **Zahl 5** und ein **Zirkel**. Rechts unten fahren Personen auf drei Traktoren aus einer Lagerhalle. In der linken unteren Bildhälfte ist in schwarzer Farbe und Großbuchstaben der Schriftzug „**Wir bauen alle mit**“ abgedruckt. Der restliche Text – „und wählen die Kandidatenliste der Nationalen Front des demokratischen Deutschland“ – ist direkt darunter in Blau zu lesen.

Hammer, Ähre und Sichel stehen symbolisch für die Berufsgruppen der **Arbeiter, Bauern und Handwerker**, womit im Plakat die Vorstellung von der DDR als **Arbeiter- und Bauernstaat** ohne Klassenunterschiede aufgegriffen wird. Der Wahlspruch „**Wir** bauen **alle** mit“ appelliert an das **Gemeinschaftsgefühl** und die **Solidarität** der Bevölkerung. Durch gemeinsamen **Fleiß** und Einsatz soll der wirtschaftliche (Wieder-)Aufbau aus **eigener Kraft** gelingen, was man in M 1 an den arbeitenden Menschen, den Gerüsten, dem Baukran und den imposanten Gebäuden erkennen kann. Die Zahl 5 verweist auf den Fünfjahresplan und somit auf die sozialistische **Planwirtschaft:** Der Staat plant die Volkswirtschaft zentral für die nächsten fünf Jahre. Die Sonne in der oberen Bildmitte vermittelt den Eindruck, dass der DDR eine **strahlende, erfolgreiche Zukunft** beschienen sei.

M 1 passt gut zum Selbstverständnis und Anspruch der DDR: Diese präsentierte sich als **moralisch überlegener Gegenentwurf** zum politischen System und zur kapitalistischen Wirtschaft in der Bundesrepublik und grenzte sich durch die Betonung des „Antifaschismus“ schärfer von der NS-Zeit ab. Die ideologische Grundlage der neuen Ordnung bildete der **Sozialismus**, der als **überlegenes Gesellschaftsmodell** propagiert wurde und die **DDR zum „besseren Deutschland**“ machen sollte.

Gleichzeitig zeigt schon M 1, dass dieser Anspruch in **Wirklichkeit** in vielerlei Hinsicht in der DDR **nicht erfüllt** wurde. Anlässlich der Volkskammerwahlen 1954 wirbt das Plakat für eine **Einheitsliste**, was auf die **fehlende Pluralität** unter den Parteien und die eingeschränkte Wahlfreiheit verweist und somit ein massives **demokratisches Defizit** offenbart. Die Vereinigung von KPD und SPD zur **Sozialistischen Einheitspartei** (SED) war 1946 unter Zwang geschehen. Zwar gab es noch andere Parteien, allerdings mussten sich diese mit der SED und deren Massenorganisationen zur in M 1 genannten „**Nationalen Front**“ zusammenschließen. Insgesamt waren im zentralistischen Einheitsstaat die politischen Beteiligungsmöglichkeiten für die Bevölkerung stark begrenzt. De facto war die Volksdemokratie in der DDR eine **Parteidiktatur** der SED. Für die herrschenden Politiker war dies als Diktatur des Proletariats ein legitimes Mittel im Übergang zum Sozialismus, in dem die klassenlose Gesellschaft verwirklicht sein sollte. Zur Durchsetzung dieses Ziels auch gegen Widerstand wurden früh der **Überwachungsstaat** etabliert und der Apparat des **Ministeriums für Staatssicherheit** („Stasi“) ab 1950 kontinuierlich ausgebaut, um Oppositionelle auszuschalten, abweichende Meinungen zu unterdrücken und die Macht der Partei zu sichern. Der **Volksaufstand vom 17. Juni 1953** wurde mit sowjetischer Hilfe niedergeschlagen. Da der Westen stets ein attraktives Ziel für viele DDR-Bürger blieb, wurden die **Grenzen** weiter **gesichert** und mit dem **Bau der Berliner Mauer 1961** noch das letzte Schlupfloch geschlossen.

Auch die **wirtschaftlichen Versprechen**, die im Wahlplakat durch die Darstellung einer riesigen Industrielandschaft sowie den Verweis auf den Fünfjahresplan betont werden, konnten nicht erfüllt werden. Nicht nur, aber ganz besonders in der Endphase der DDR zeigte sich das massive **Versagen der Planwirtschaft**, die **Mangelwirtschaft** und eine schlechte Versorgung der Bevölkerung zur Folge hatte. Im Laufe der Jahre wurde zudem deutlich, dass die DDR in Wissenschaft und Technik nicht mit dem Fortschritt in der Bundesrepublik mithalten konnte. Die **Wirtschafts- und Sozialpolitik der DDR** zielte zwar auf die Steigerung des Lebensstandards ab, konnte in der Realität aber mit dem Wirtschaftswachstum im Westen nicht konkurrieren. Die enormen Staatsschulden führten schließlich in den 1980er-Jahren zum **Staatsbankrott**. Der in M 1 formulierte **Anspruch**, der politisch, wirtschaftlich und gesellschaftlich **bessere deutsche Staat** zu sein, **zerbrach** letztendlich **an den reellen Verhältnissen**.

2 *Die Aufgabe verlangt von Ihnen, unter Berücksichtigung eines Zitats des berühmten Philosophen Jean-Jacques Rousseau das Menschenbild der Aufklärung und dessen Einfluss auf moderne politische Ordnungen zu betrachten. Der Operator „darstellen“ umfasst alle drei Anforderungsbereiche, Sie sollen also die genannten historischen Entwicklungszusammenhänge mithilfe des Zitats beschreiben, erklären und beurteilen. Fassen Sie zunächst Rousseaus Gedanken zusammen und leiten Sie dann auf das allgemeine Menschenbild der Aufklärung und dessen Bedeutung für spätere politische Ordnungen und deren konkrete Merkmale über. Ihr Urteil zur Rolle der aufklärerischen Ideen sollte dabei deutlich werden.*

Die **politischen Philosophen der Aufklärung** griffen mit der **Gewaltenteilung** und den **Menschenrechten** zentrale Ideen auf, die die modernen politischen Ordnungsformen bis heute prägen. Neben Voltaire, John Locke und Charles de Montesquieu war **Jean-Jacques Rousseau** einer der führenden Denker dieser Zeit. Seine wichtigste Schrift „**Der Gesellschaftsvertrag**“ wurde 1762 veröffentlicht.

Diesem Werk ist auch das in der Aufgabenstellung angeführte Zitat entnommen. Darin setzt Rousseau die **individuelle Freiheit** mit der **Wahrung der menschlichen Grundrechte bzw. -pflichten** gleich. Die Freiheit des Einzelnen betrachtet er als Kernstück der „Natur des Menschen“, also als unersetzbares **Naturrecht**. Die **Willensfreiheit** bildet demnach die Basis und Bedingung für die **Sittlichkeit** des Menschen: Nur wer über seine eigenen Handlungen frei und selbstbestimmt entscheiden kann, kann sich an moralischen Maßstäben orientieren. Aus dieser Fähigkeit zu **autonomem Handeln** ergibt sich die **Eigenverantwortlichkeit** des Menschen. Zusammengefasst möchte Rousseau folgende Botschaft vermitteln:

Wer seine individuelle Freiheit aufgibt, der gibt auch sein Menschsein und die damit verbundenen Rechte und Pflichten auf.

Rousseaus Aussagen stehen repräsentativ für die Vorstellung der Aufklärer, dass der Mensch von Geburt an mit **Vernunft** ausgestattet ist und über Rechte verfügt, die ihm keiner nehmen kann und darf, wie die **persönliche Freiheit**. Aus diesen **naturgegebenen Rechten** („Naturrecht“) wird die Forderung nach Grundrechten für jeden Bürger abgeleitet. Ziel der Aufklärung war es dementsprechend, konkrete Menschen- und Bürgerrechte in **Verfassungen** zu verankern. Zudem geht das Menschenbild der Aufklärung davon aus, dass **alle von Natur aus gleich** sind. Die Staatsform des **Absolutismus** ist mit dieser Sichtweise **unvereinbar** und wurde deshalb von den meisten Aufklärern abgelehnt. Aus dem Gleichheitsgedanken ergibt sich, dass keiner dem anderen höhergestellt ist. Zugleich wird damit die **Volkssouveränität** begründet, die wiederum auch zur Idee der **Gewaltenteilung** führt, der zweiten wichtigen Forderung der Aufklärung. Um nämlich die Konzentration von Macht in einer Person oder Stelle zu verhindern und so **Machtmissbrauch vorzubeugen**, sollte die Gewalt im Staat voneinander unabhängigen Organen zugewiesen werden. In diesem Sinne sollten die Regierung, der Gesetzgeber und die Justiz die Aufgaben von **Exekutive, Legislative und Judikative** übernehmen und sich gegenseitig kontrollieren.

Die Idee der Volkssouveränität verband Rousseau noch mit der Vorstellung einer **direkten Demokratie**, in der allein der **Volkswille** zähle. Dabei ging er davon aus, dass sich gleichberechtigte Individuen aus freiem Willen und auf Basis ihrer natürlichen Interessen zu einem Staat zusammenschließen würden. Diese staatliche Ordnung müsse aber dem Volkswillen gehorchen. Die Macht des Staats wird folglich allein dadurch legitimiert, dass jedem Bürger **demokratische Teilhabe** möglich ist. Das Ziel eines solchen Staatsgebildes, das auf einem **Gesellschaftsvertrag** basiert, ist in der Vorstellung der Aufklärer die Sicherung der Menschenrechte sowie die **Steigerung des Glücks** aller. So wird etwa in der Verfassung der USA von 1787 die Förderung des Wohls aller schon in der Präambel genannt.

Neben diesen Ideen, die in Rousseaus Zitat anklingen, fanden weitere aufklärerische Vorstellungen im 18. Jahrhundert ihren Niederschlag, z. B. in der **Unabhängigkeitserklärung** der USA 1776 sowie in der **Erklärung der Menschen- und Bürgerrechte** 1789 während der Französischen Revolution. Insgesamt wurde der Weg zum **modernen Verfassungsstaat** durch die Begrenzung absolutistischer Macht und Willkür geebnet. Ebenso ist die Sicherung der **individuellen Freiheiten** ohne den Einfluss des Menschenbilds der Aufklärung kaum denkbar. Die Vorstellung, dass jeder Mensch aufgrund seiner Vernunft über die **Fähigkeit zur Erkenntnis** verfüge und daher **alle Menschen frei und gleich** sein sollten, wurde zur Grundlage moderner politischer Ordnungsformen: So werden im **Grundgesetz** der Bundesrepublik die Wahrung der Menschenwürde sowie die Unverletzlichkeit und Unveräußerlichkeit der Menschenrechte im ersten Artikel garantiert. Auch das Konzept der **Gewaltenteilung** hat sich in Deutschland und anderen Demokratien durchgesetzt. Lediglich Rousseaus Vorstellung einer direkten Demokratie hat sich in ihrer radikalen Form nicht durchsetzen können.

3 *Die dreigeteilte Aufgabe widmet sich dem deutsch-französischen Verhältnis etwa zwischen 1800 und 1950 sowie den in diesem Zeitraum vorherrschenden Selbst- und Fremdbildern der Nationen. Hierbei sollen Sie sich u. a. mit einer zeitgenössischen Quelle sowie der Rolle von Mythen bei der Nationsbildung beschäftigen.*

3.1 *Zunächst sollen Sie aus einem Auszug aus dem Gedicht „Hurra Germania" (M 2) von Ferdinand Freiligrath „herausarbeiten" (AFB II), welches Selbstbild der deutschen Nation vom Autor festgehalten wurde. Der Operator verlangt also von Ihnen, der Quelle Informationen unter dem genannten Gesichtspunkt zu entnehmen. Beachten Sie dabei unbedingt auch den Zeitpunkt der Entstehung von M 2.*

Im Sommer **1870** verfasste der deutsche Dichter **Ferdinand Freiligrath** ein **Gedicht** (M 2), das er „**Hurra Germania**" betitelte. Die Frauengestalt „**Germania**" steht bildlich für Deutschland. Der Kontext der Entstehung ist bedeutsam: Kurz zuvor hatte der **Deutsch-Französische Krieg** mit Frankreichs Kriegserklärung begonnen. Im Folgenden soll ein Auszug aus diesem Werk im Hinblick auf die **nationale Selbstdarstellung der Deutschen** untersucht werden.

Bereits der Titel „Hurra Germania" deutet darauf hin, dass der Kriegsausbruch, der angeblich ganz unerwartet erfolgte, sehr **positiv bewertet** wird. In der ersten Strophe (vgl. V. 1–10) wird dargestellt, wie die Deutschen bei der friedlichen Feldarbeit vom Krieg überrascht werden. Damit wird das **Selbstbild der fleißigen, friedfertigen deutschen Nation** gezeichnet. Die Nachricht vom Krieg wird von den deutschen Männern **zornig** wie auch **freudig** aufgenommen. Sie sind sofort bereit, ihr Land und vor allem die Grenze am Rhein zu **verteidigen** (vgl. V. 11–20). Dabei wird insbesondere die **deutsche Tatkraft und Entschlossenheit** in den Vordergrund gerückt.

Anschließend wird in der dritten Strophe die **Geschlossenheit, Standhaftigkeit und Ehre** der Deutschen propagiert (vgl. V. 21–30). Das verweist darauf, dass man sich **den Franzosen überlegen** fühlte und sich selbst als **wehrhaftes Volk** sah. Gleichzeitig wird betont, dass die Aggression von einem „Räuber" (V. 25), nämlich **Frankreich**, ausgegangen sei und die Deutschen auf diese ungerechtfertigte Kriegserklärung lediglich reagieren würden.

Im Weiteren werden **Werte und Ziele** aufgeführt, für die es sich **zu kämpfen lohne** (vgl. V. 31–40). Neben dem Schutz der eigenen **Familie und Heimat** zählen hierzu die Errungenschaften als **Kulturnation** (z. B. deutsche Sprache, Sitten und Gebräuche) oder das **Rechtssystem**, auf das man sich ebenfalls stolz zeigte. Angesichts des drohenden Blutvergießens wird schließlich der **Siegeswille der Deutschen** beschworen, indem die **Siegesgöttin Viktoria** zusammen mit der **Germania** angerufen wird. Zudem werden **Tapferkeit und Heldenmut** als vermeintlich besondere Eigenschaften der Deutschen herausgestellt, die im **Vertrauen auf Gott** bereit sind, **sich für die Freiheit ihres Vaterlands zu opfern** (vgl. V. 41–50). Den Höhepunkt der nationalen Selbstverherrlichung in M 2 stellen die Worte „[g]roß, herrlich, frei" (V. 47) am Ende dar.

Freiligraths Gedicht wurde auch im 1871 gegründeten Kaiserreich noch gelesen, u. a. in höheren Schulen, da es z. B. in einem Lesebuch von 1905 zu finden war. An dieser Rezeption zeigt sich, dass das in M 1 vermittelte **nationale Selbstverständnis** nach dem Deutsch-Französischen Krieg 1870/71 weiterhin das **Selbstbild vieler Deutscher prägte**.

3.2 *Im nächsten Schritt sollen Sie nun auf der Basis Ihrer Ergebnisse zu Freiligraths Gedicht (M 2) „bewerten" (AFB III), welche Rolle Mythen sowie der Bezug auf historische Ereignisse und Personen bei der Gestaltung und Schaffung der deutschen Nation im 19. Jahrhundert gespielt haben. Überprüfen Sie also Ihre in 3.1 gewonnenen Erkenntnisse im Hinblick auf die damalige nationale Entwicklung Deutschlands, bringen Sie passende Beispiele ein und fällen Sie abschließend ein gut begründetes Urteil.*

Freiligraths Gedicht „Hurra Germania" zeigt eindrücklich das **überhöhte Selbstbild vieler Deutscher** zur Zeit des Deutsch-Französischen Kriegs 1870/71. Die Anfänge dieses nationalen Selbstverständnisses reichen jedoch bis zum Beginn des 19. Jahrhunderts zurück. Im Folgenden soll daher ausgehend von M 2 näher beleuchtet werden, inwiefern Mythen und historische Bezüge von Bedeutung waren bei der **Konstruktion der deutschen Nation im 19. Jahrhundert**.

Im Zuge der **Französischen Revolution** (ab 1789) war erstmals auch in den deutschen Gebieten die **Vorstellung einer politischen Nation** gewachsen. In den Folgejahren erzeugte insbesondere die Bedrohung von außen durch **Napoleons Eroberungszüge** eine stärkere **Einigkeit im Inneren**, sodass die Idee eines deutschen Nationalstaats immer mehr Anhänger gewann. Als **Identifikationsfigur** wurde **Arminius** beansprucht, ein germanischer Fürst und römischer Ritter, der 9 n. Chr. in der **Varusschlacht** den erfolgreichen Kampf germanischer Stämme gegen die Römer angeführt hatte. Vom römischen Geschichtsschreiber **Tacitus** wurde er deshalb als „**Befreier Germaniens**" bezeichnet – eine Sichtweise, die schon um 1500 von **deutschen Humanisten** bei der Konstruktion einer gemeinsamen deutschen Vergangenheit aufgegriffen wurde. Der von Arminius und seinen Kriegern errungene Sieg wurde so zum **glorreichen Ursprungsmythos** einer deutschen Nation verklärt, die sich als **Nachfahrin dieser Germanen** verstand. Nicht erst im 19. Jahrhundert wurde Arminius (eingedeutscht: „Hermann") als **tapferer Freiheitskämpfer** und **Vorbild** herangezogen, um Einigkeit gegenüber einer äußeren Bedrohung herzustellen. Während der **Befreiungskriege** gegen Napoleon 1813/14 wurde er endgültig zur Projektionsfigur des deutschen Helden, nun im Kampf gegen die französischen Feinde. Seine Legende schuf eine vermeintliche **gemeinsame und siegreiche Vergangenheit** und stärkte auf diese Weise den Kampfgeist und das **Gemeinschaftsgefühl** der aus verschiedenen deutschen Staaten stammenden Soldaten.

Einige Jahrzehnte später fanden die Spannungen zwischen Deutschen und Franzosen in der **Rheinkrise** 1840 einen weiteren Höhepunkt. Damals wurde in der französischen Öffentlichkeit der **Rhein als natürliche Grenze** zwischen beiden

Seiten gefordert, was in „Deutschland" die Angst vor einem Krieg entfachte und die nationalen Ansprüche auf den „deutschen Rhein" verstärkte. Vor diesem Hintergrund entstand eine Reihe von **„Rheinliedern"**, die den Fluss mythisierten und in seiner Bedeutung für die Deutschen überhöhten. Der Rhein als Streitpunkt findet auch in Freiligraths Gedicht Erwähnung (vgl. V. 1–8) und soll dort im Kontext des Deutsch-Französischen Kriegs auf die Ansprüche Frankreichs in der Vergangenheit hinweisen, die es erneut abzuwehren gelte.

Durch die **Einigungskriege 1864–1871** wurde schließlich das **Ziel eines deutschen Nationalstaats** erreicht. Kurz vor dem endgültigen Sieg der deutschen Truppen über die Franzosen wurde am 18. Januar 1871 das **Deutsche Kaiserreich** im Spiegelsaal von Versailles ausgerufen, was eine deutliche Herabwürdigung des Kriegsverlierers darstellte. Da Frankreich zudem noch Elsass-Lothringen abtreten musste, war die **Gründungsgeschichte** des deutschen Nationalstaats eng verknüpft mit der Erniedrigung der Franzosen. In diesen Kontext fällt auch die Entstehung des Gedichts „Hurra Germania", das sich explizit gegen die Franzosen als Feindbild richtet. Noch 35 Jahre später wurde es in einem Schulbuch abgedruckt. Daran kann man erkennen, dass das **Narrativ der stolzen, heldenhaften Deutschen** in Abgrenzung zu ihrem aggressiven Nachbarn im Westen an die junge Generation weitergegeben wurde und zur Identitätsstiftung beitragen sollte. Im Übrigen wurde auch der **Arminius-Mythos** nach der Reichsgründung wachgehalten, um das nationale Zusammengehörigkeitsgefühl zu fördern. So wurde etwa 1875 das Hermannsdenkmal in Detmold feierlich eingeweiht.

Sowohl an der absichtlichen Aufrechterhaltung des Arminius-Mythos als auch an verschiedenen historischen Bezügen (z. B. Rheinkrise) kann man erkennen, dass die **Vergangenheit** eine **wichtige Funktion bei der Erfindung der deutschen Nation** hatte. Die Erinnerung an ein vermeintlich gemeinsames Schicksal und den wiederholten Kampf für Freiheit gegen äußere Aggressoren sollte **die deutsche Nation einen** und die **gegenwärtige Politik legitimieren**. Dies war gerade auch nach 1871 von Bedeutung, da das neu gegründete Deutsche Kaiserreich im Inneren erst **zusammenwachsen** und eine deutsche **Identität ausbilden** musste, wozu das Konstrukt einer gemeinsamen Geschichte und Symbolfiguren wie Arminius beitragen sollten.

3.3 *Die dritte Teilaufgabe behandelt den Zeitraum zwischen dem Deutsch-Französischen Krieg 1870/71 und dem Ersten Weltkrieg 1914–1918. Sie sollen „beurteilen" (AFB III), in welcher Form französische und deutsche Selbst- und Fremdbilder Ähnlichkeiten aufwiesen und sich aufeinander bezogen. Wichtig ist, dass Sie diese dabei auch in ihrer Funktion und Bedeutung bewerten.*

Abschließend werden die **französischen und deutschen Selbst- und Fremdbilder** in der Zeit zwischen dem Deutsch-Französischen Krieg 1870/71 und dem Ersten Weltkrieg 1914–1918 betrachtet. Konkret wird dabei untersucht, ob und inwiefern sie sich ähnlich waren und/oder aufeinander bezogen.

Das Gedicht „Hurra Germania“ (M 2) **diffamiert die französischen Gegner**, um gleichzeitig das **deutsche Selbstbild aufzuwerten**. Diese Vorgehensweise wurde im und nach dem Deutsch-Französischen Krieg 1870/71 fortgesetzt. Die **Konstruktion der deutsch-französischen „Erbfeindschaft“** wurde weiter vertieft, um den neu gegründeten deutschen Nationalstaat durch das nötige Zusammengehörigkeitsgefühl zu stärken. Während sich die Deutschen als **tapfere, fleißige, stolze Nation** betrachteten, wurde der französische Feind – auch in der Folgezeit – **in düstersten Farben** beschrieben. Hatte die Kaiserproklamation in Versailles im Januar 1871 für die französische Seite das Höchstmaß an **Demütigung** dargestellt, hatte sie das **Überlegenheitsgefühl** im deutschen Selbstverständnis verankert. Hinzu kam die Annexion Elsass-Lothringens, die als rechtmäßige Rückübertragung ehemals deutscher Gebiete und somit als Sieg gefeiert wurde. Die Deutschen sahen sich also in ihrer Selbstwahrnehmung als **militärisch potentes Volk** bestätigt.

In Frankreich wiederum erhärtete die **militärische Niederlage** bereits bestehende Hassgefühle gegenüber den Deutschen und schürte **Revanchefantasien**. Insbesondere Preußen wurde als **militaristisch-reaktionär** wahrgenommen; gerade an dieser Stelle bezog sich das Fremdbild stark auf das deutsche Selbstverständnis als militärisch erfolgreiche Nation. Gleichzeitig wurde ein **überhöhtes französisches Selbstbild** gepflegt: Die Franzosen sahen sich selbst als **kulturell höherwertig**, die Angehörigen des deutschen Volks als **unzivilisierte Barbaren**. Die Deutschen betonten dagegen ebenfalls eigene Kulturleistungen, was auch in M 2 deutlich wird (vgl. V. 35 f.).

Zudem bedienten sich beide Nationen eines **Gründungsmythos zur Stärkung des Gemeinschaftsgefühls**. Während bei den Deutschen Arminius als historischer Freiheitsheld gefeiert wurde, knüpften auch die Franzosen an ihre Vergangenheit an: Vom Gallier **Vercingetorix**, der sich gegen die Römer gewehrt hatte, über die **Taufe Chlodwigs** als symbolische Geburtsstunde des Frankenreichs bis hin zur **Französischen Revolution** begriffen sie verschiedene Ereignisse und Personen als Teil eines gemeinsamen, heroischen und sinnstiftenden Kampfes.

Insgesamt funktionierten die **nationalen Identifikationsmuster** auf die gleiche Weise: Der jeweils andere wurde negativ dargestellt, um die eigenen Vorzüge besonders gut herausstellen zu können. Das Ziel war dabei dasselbe: Die Idee der Nation sollte in Abgrenzung zum Gegner gefestigt werden und **identitätsstiftend** wirken, um die **nationale Stärke zu erhalten**. Unterschiede gab es bei der konkreten Ausgestaltung der jeweils zugeschriebenen Eigenschaften sowie der propagandistischen Schwerpunktsetzung, die auch von tagesaktuellen Entwicklungen abhängig war.

Letztendlich sollten diese Stereotype und die damit eng verbundene Konstruktion einer deutsch-französischen „**Erbfeindschaft**“ dazu beitragen, die **Opferbereitschaft für die eigene Nation** zu garantieren. Die Jahre vor dem Ersten Weltkrieg waren auf beiden Seiten geprägt von **nationalistischer Propaganda**; der gemeinsame Feind sollte **innere Gegensätze überdecken**. Der so geschürte Hass führte schließlich dazu, dass der Kriegsausbruch 1914 von Teilen der deutschen wie der französischen Bevölkerung **begeistert** aufgenommen wurde. Die kriegerischen Auseinandersetzungen wurden in den kommenden vier Jahren durch eine **regelrechte Propagandaschlacht** begleitet, die den **Kampfeswillen aufrechterhalten** sollte. Beispielhaft sieht man dies einerseits an alliierter Gräuelpropaganda, in der die Deutschen als besonders barbarisch und brutal diffamiert wurden, und andererseits an Sprüchen wie „Jeder Schuss – ein Russ', jeder Stoß – ein Franzos'", die unter deutschen Soldaten (z. B. auf Postkarten) im Umlauf waren.

4 *Der folgende Lösungsvorschlag greift die **Teilaufgabe b)** zum Halbjahr **11/2** auf. Die Lösungsvorschläge zu den Halbjahren **11/1** und **12/2** finden Sie auf den Seiten 62 ff. und 13 ff. dieses Jahrgangs.*
Die Aufgabe beinhaltet ein Zitat Konrad Adenauers, das aus seiner Rede vom 23. Mai 1949 im Parlamentarischen Rat stammt. Sie müssen zu diesem Zitat Stellung nehmen, was dem AFB III entspricht. Erklären Sie Adenauers Worte einleitend und ordnen Sie sie in den historischen Zusammenhang ein. Betrachten Sie dann die frühen Jahre der Bundesrepublik und entwickeln Sie Argumente, die vor diesem Hintergrund für bzw. gegen die Einschätzung des ersten Bundeskanzlers sprechen. Abschließend müssen Sie zu einem eigenen Werturteil gelangen.

Der **23. Mai 1949** gilt als das **Gründungsdatum der Bundesrepublik Deutschland**, da an diesem Tag das Grundgesetz im Parlamentarischen Rat unterzeichnet und verkündet wurde. Als Präsident des Parlamentarischen Rats, der zuvor von September 1948 bis Mai 1949 das **Grundgesetz als provisorische Verfassung** ausgearbeitet hatte, hielt Konrad Adenauer die Einführungsrede bei der Veranstaltung. Dieser Ansprache entstammen auch die Worte, die hier zitiert werden: Adenauer erinnert an die Herrschaft der Nationalsozialisten ab 1933, die „Stunde Null" 1945 und die anschließende alliierte Besatzung. Die Unterzeichnung der neuen demokratischen Verfassung beschreibt er vor diesem Hintergrund als sehr bewegend und glaubt an einen **Neuanfang**, nämlich ein **„neue[s] Deutschland"**. Im Folgenden soll zur Frage Stellung genommen werden, inwieweit Adenauer aus der Rückschau mit dieser Bewertung richtiglag.

Hier ist zuerst die **neue Verfassung** zu nennen, die in jedem Fall eine politische Neuorientierung versprach. Der Parlamentarische Rat hatte bei der Ausarbeitung des Grundgesetzes bewusst **„Lehren aus Weimar"** ziehen wollen; auch war neben dem Scheitern der Weimarer Republik die Erfahrung der **menschenfeindlichen NS-Diktatur** entscheidend. Darüber hinaus beeinflusste der Vormarsch des Kommunismus in Osteuropa die Beratungen. Ziel war es, die **Wehrhaftigkeit der Demokratie** zu garantieren; das Grundgesetz sollte jeglichen Bedrohungen von links wie auch von rechts standhalten können. So bekam der Bundespräsident weniger Rechte als der Weimarer Reichspräsident; das Parlament wurde gestärkt, die Grundrechte besonders geschützt. Die neue Verfassung sollte eine **stabile Basis bilden für das „neue Deutschland"**. Einschränkend muss man erwähnen, dass das Grundgesetz als Provisorium erst einmal **nur für den Westen Deutschlands** galt und sich die Westalliierten durch das **Besatzungsstatut** (September

1949) einige Rechte vorbehielten, sodass man noch nicht von einer vollständigen Souveränität der Bundesrepublik sprechen konnte.

In den Folgejahren **glückte der politische Systemwechsel** tatsächlich; die westdeutsche Bevölkerung **akzeptierte das demokratische System** relativ schnell. Hierfür sind aber neben dem verfassungsrechtlichen Neuanfang weitere Faktoren verantwortlich. So spielte das **westdeutsche „Wirtschaftswunder"** seit den frühen 1950er-Jahren eine zentrale Rolle: Ein immer größer werdender Teil der Bevölkerung konnte den eigenen Lebensstandard steigern. Die **Soziale Marktwirtschaft** verband die Vorstellung von (wirtschaftlicher) Freiheit mit sozialer Gerechtigkeit und sollte **„Wohlstand für alle"** (Ludwig Erhard) bringen. Dabei zielte die Sozialpolitik der Bundesregierung auf die Sicherung des **sozialen Friedens** ab. Der **Sozialstaat** sollte Menschen in Notlagen helfen und das Zusammengehörigkeitsgefühl der Gesellschaft stärken. Neben den Sozialversicherungen zählten hierzu auch Maßnahmen wie das Lastenausgleichsgesetz 1952 oder die Rentenreform 1957. Die erhöhte **wirtschaftlich-soziale Sicherheit** bildete einen wesentlichen Grundstein für die Zufriedenheit der Menschen, was sich wiederum positiv auf die Anerkennung des politischen Systems auswirkte. Dennoch ist die breite Zustimmung zur neuen Demokratie insofern erstaunlich, als große Teile der Bevölkerung im nationalsozialistischen Sinne erzogen worden waren und das NS-Gedankengut über 12 Jahre lang maßgeblichen Einfluss auf die Wertvorstellungen der Deutschen gehabt hatte. Gleichzeitig hatten aber auch viele Menschen unter der NS-Herrschaft gelitten, weshalb gerade bei ihnen die Freude über den versprochenen Neubeginn umso größer war.

Ein Neuanfang bedeutet außerdem immer, **mit alten Mustern zu brechen**. Dazu gehört auch die **Überwindung früherer Feindbilder**. Aus diesem Grund war für Adenauer die Verständigung mit dem vermeintlichen „Erbfeind" **Frankreich** ein wichtiger Bestandteil der politischen Neuausrichtung. Gemeinsam mit seinem französischen Kollegen Robert Schuman verfolgte er schon früh den Gedanken der **Aussöhnung** und gab wichtige Impulse für den **europäischen Einigungsprozess**. Gleichzeitig strebte er die außenpolitische Einbindung der Bundesrepublik in das Bündnissystem der westlichen Staatengemeinschaft an, etwa durch den Beitritt zur NATO 1955. In dieser Hinsicht kann man daher sicherlich von einem „neue[n] Deutschland" sprechen, das bewusst **den Kontakt und die Zusammenarbeit mit anderen Staaten suchte**, wenn auch wegen des Kalten Kriegs zunächst auf die westliche Welt beschränkt.

Weitere wichtige Bausteine für die Schaffung eines „neue[n] Deutschland" waren die Auseinandersetzung mit und Abkehr von der nationalsozialistischen Vergangenheit und konkret erste Schritte der **Annäherung an Israel**. Adenauer strebte eine **Politik der Wiedergutmachung** für die NS-Verbrechen (Holocaust/Shoah) an und verhandelte diesbezüglich mit der israelischen Regierung. Im Rahmen der „besonderen Beziehungen" wurde 1952 das **Wiedergutmachungsabkommen** zwischen der Bundesrepublik und Israel unterzeichnet. Die darin enthaltenen hohen Geldleistungen sind dabei eher symbolisch zu bewerten, da die Ermordung von Millionen Juden dadurch nicht gesühnt werden konnte. Allerdings lässt sich diese **Anerkennung der kollektiven Schuld des deutschen Volkes** durchaus als Zeichen eines „neue[n] Deutschland" werten.

Auf der anderen Seite stand ein **nicht immer gelungener Umgang mit ebenjener NS-Vergangenheit**, für den es direkt nach Kriegsende durchaus Pläne und Ansätze gegeben hatte. Auf der Potsdamer Konferenz 1945 hatten die Alliierten die **Denazifizierung und Demokratisierung** Deutschlands beschlossen. Dieses Vorhaben wurde anschließend auf verschiedenen Ebenen vorangetrieben: So wurde in den **Nürnberger Prozessen** u. a. die NS-Führungsriege angeklagt und dabei das Ausmaß des NS-Terrors erstmals öffentlich thematisiert. **Gesetze** aus der NS-Zeit wurden aufgehoben, die NSDAP und alle weiteren **NS-Organisationen** verboten und zahlreiche NS-Funktionäre entlassen. In den Westzonen wurde die Bevölkerung mithilfe von **Fragebögen** in unterschiedliche Kategorien (von Hauptschuldigen bis Entlasteten) eingeteilt. Neben der Entnazifizierung setzten v. a. die USA auf die **Umerziehung** („**Reeducation**") der Deutschen, um mithilfe von politischer Bildungsarbeit und kulturellen Projekten nationalsozialistische Vorstellungen zu überwinden. Einen wichtigen Beitrag leisteten hier auch die Massenmedien wie neu gegründete Rundfunkanstalten und Zeitungen.

Die Entnazifizierung wurde bereits 1946/47 an deutsche Gerichte abgegeben; die dortigen **Spruchkammerverfahren** endeten oft mit Freisprüchen, gerade wenn sich Angeklagte entlastende „**Persilscheine**" verschafften. Außerdem wurde bald deutlich, dass eine **umfassende Überprüfung** der Bevölkerung angesichts der großen Anzahl an Fällen gar **nicht möglich** war und man viele Funktionäre **für den Wiederaufbau** staatlicher und wirtschaftlicher Strukturen **benötigte**. So konnten sich zahlreiche NS-Täter bald rehabilitieren. Mit der Ratifikation des Grundgesetzes wurden die Rufe nach einem „**Schlussstrich**" unter die Vergangenheit immer lauter, zumal man auch in der jungen Bundesrepublik Expertenwissen (z. B. in Justiz und Verwaltung) benötigte. In diesem Zusammenhang gab es in den 1950er-Jahren **zwei Straffreiheitsgesetze**, die eine umfassende **Amnestie für bestimmte Verbrechen und Vergehen** gewährten, darunter für Straftaten aus der NS-Zeit, die noch nicht verjährt waren. 1950 empfahl der Deutsche Bundestag die **Beendigung der Entnazifizierungsmaßnahmen**. Zudem ermöglichte 1951 ein neues Gesetz die Wiedereingliederung von Beamten und Soldaten, die nach dem Untergang des NS-Regimes entlassen worden waren, in den öffentlichen Dienst. Hier wird deutlich, dass man damals versuchte, die **NS-Vergangenheit zu verdrängen**; eine weitere Aufarbeitung wurde nicht angestrebt. Stattdessen wurden viele Taten aus der NS-Zeit verharmlost und teils sogar geleugnet, während manche NS-Verbrecher in ihre alte gesellschaftliche Stellung und in führende Positionen in Politik und Wirtschaft zurückkehrten. In diesem Bereich fand also **mitnichten ein Neuanfang** statt. Erst in den 1960er-Jahren fing man an, sich mehr mit der NS-Vergangenheit auseinanderzusetzen und diese Schritt für Schritt **kritisch aufzuarbeiten** – eine Aufgabe, die bis heute andauert.

Abschließend kann man feststellen, dass Adenauer mit seiner Vorstellung bzw. Ankündigung eines „**neue[n] Deutschland**" insofern recht behielt, als in verschiedenen Bereichen tatsächlich ein **Bruch mit der Vergangenheit** vollzogen wurde: Neben dem Erlass des Grundgesetzes und der Neuausrichtung der außenpolitischen Beziehungen betraf dies v. a. die zunehmende Akzeptanz der demokratischen Staatsform. Auf der anderen Seite sind (personelle) Kontinuitäten zu erkennen, die die **Auseinandersetzung mit der NS-Vergangenheit** betreffen: Es wurde nur **bedingt Verantwortung** für die grauenhaften Verbrechen des NS-Regimes übernommen, viele NS-Täter wurden wieder in den Staatsapparat integriert. Diese Punkte **widersprechen Adenauers Einschätzung**.

Abitur Geschichte (Bayern) – 2021 – Aufgabe IV
Konfliktregionen und Akteure internationaler Politik in historischer Perspektive

1 Geben Sie einen Überblick über Ursachen der Hinwendung der USA zu einer imperialistischen Politik in der zweiten Hälfte des 19. Jahrhunderts und charakterisieren Sie diese Politik der USA! (22 BE)

2 Am 22. März 1917 erschien im US-amerikanischen Magazin „Life" die Karikatur „The Last Ditch" (M 1). (32 BE)

2.1 Analysieren und interpretieren Sie die Karikatur M 1!

2.2 Diskutieren Sie, inwieweit „The Last Ditch" (M 1) die US-amerikanischen Motive für den Kriegseintritt im Ersten Weltkrieg angemessen widerspiegelt!

3 Nicht zuletzt in der zweiten Hälfte des 20. Jahrhunderts musste sich die US-amerikanische Außenpolitik immer wieder auf eine veränderte weltpolitische Lage einstellen. (36 BE)

3.1 Am 7. April 1965 hielt US-Präsident Lyndon B. Johnson eine Rede zur amerikanischen Außenpolitik (M 2). Erarbeiten Sie aus M 2, wie der US-Präsident die weltpolitische Lage charakterisiert und welche Konsequenzen er daraus für das außenpolitische Handeln der USA ableitet!

3.2 Beurteilen Sie an einem selbstgewählten Beispiel, inwieweit sich die außenpolitische Rolle der USA im Rahmen der weltpolitischen Lage nach 1990 verändert hat!

4 Bearbeiten Sie eine der drei folgenden Teilaufgaben! (30 BE)

a) zu Halbjahr 11/1
Der Historiker Jürgen Osterhammel schreibt in seinem 2009 erschienenen Buch „Die Verwandlung der Welt. Eine Geschichte des 19. Jahrhunderts":

„Es war ein Vorzug der industriellen Produktionsweise, dass sie in mindestens einem Sinne *nicht* revolutionär war: Sie vernichtete nicht sämtliche früheren Formen der Wertschöpfung [wirtschaftliche Leistung] und schuf keine radikal neue Welt."

Jürgen Osterhammel: Die Verwandlung der Welt. Eine Geschichte des 19. Jahrhunderts, München: C.H. Beck 2009, S. 924.

Nehmen Sie zu diesem Zitat Stellung, indem Sie sich auf wirtschaftliche und gesellschaftliche Aspekte des Wandels und der Kontinuität zwischen der Ständegesellschaft des 15. bis 18. Jahrhunderts und der beginnenden Industriegesellschaft des 19. Jahrhunderts beziehen!

b) zu Halbjahr 11/2
Am 23. Mai 1949 leitete Konrad Adenauer mit den folgenden Worten die Unterzeichnung des Grundgesetzes im Parlamentarischen Rat ein:

„Wer die Jahre seit 1933 bewusst erlebt hat, wer den völligen Zusammenbruch im Jahre 1945 mitgemacht hat, wer bewusst erlebt hat, wie die ganze staatliche Gewalt seit 1945 von den Alliierten übernommen worden ist, der denkt bewegten Herzens daran, dass heute, mit dem Ablauf dieses Tages, das neue Deutschland entsteht."

Rede Konrad Adenauers vor dem Parlamentarischen Rat am 23. Mai 1949. Abrufbar unter https://www.bpb.de/geschichte/deutsche-geschichte/grundgesetz-und-parlamentarischer-rat/39033/ein-neues-deutschland (9. Dezember 2020).

Nehmen Sie Stellung zur Frage, inwiefern Adenauer mit seiner Einschätzung Recht behielt!

c) zu Halbjahr 12/1
In seinem 2019 erschienenen Buch „Achterbahn. Europa 1950 bis heute" schreibt der britische Historiker Ian Kershaw über die Situation Westeuropas nach dem Zweiten Weltkrieg:

„Der Nationalstaat bildete die anerkannte Grundlage der politischen Organisation und Identität. […] Die meisten westlichen Staaten hatten eine längere und manchmal sogar eine extrem lange Geschichte hinter sich. Die nationalen Identitäten, historischen Verankerungen, Traditionen, Kulturen und politischen Entwicklungen hatten den Kontinent zu tief geprägt, als dass die Nationalstaaten leicht oder rasch in supranationalen Strukturen hätten aufgehen können."

Ian Kershaw: Achterbahn. Europa 1950 bis heute, München: DVA 2019, S. 72 f., übersetzt von Klaus-Dieter Schmidt.

Stellen Sie ausgehend von diesem Zitat die Schritte des europäischen Integrationsprozesses nach 1945 dar und bewerten Sie sie! Beziehen Sie sich dabei insbesondere auf das deutsch-französische Verhältnis!

Material

M 1: Karikatur „The Last Ditch“ von Charles Dana Gibson, erschienen im US-amerikanischen Magazin „Life“ am 22. März 1917

Charles Dana Gibson: The Last Ditch, in: Life Magazine, 22. März 1917. Abrufbar unter https://www.loc.gov/resource/ppmsca.33516/ [3. April 2020]

Anmerkungen
- *ditch:* Graben, Grube.
- Beschriftung auf dem Stirnband der linken Figur: „Democracy“.
- Beschriftung auf dem Gürtel der rechten Figur, die die Gesichtszüge des deutschen Kaisers Wilhelm II. (1859–1941) trägt: „Militarism“.

M 2: Auszug aus einer am 7. April 1965 an der Johns Hopkins Universität in Baltimore (USA) gehaltenen Rede von Präsident Lyndon B. Johnson

Warum mußten wir diesen schmerzhaften Weg wählen? Warum mußte diese Nation ihre Ruhe, ihre Interessen und ihre Macht für das Heil eines so fernen Volkes aufs Spiel setzen? Wir kämpfen, weil wir kämpfen müssen, wenn wir in einer Welt leben wollen, in der jedes Land sein eigenes Schicksal bestimmen kann[,] und nur in einer solchen Welt wird unsere eigene Freiheit endgültig sicher sein.

Diese Welt wird nie durch Bomben und Granaten errichtet werden. Doch die menschlichen Schwächen sind solcher Art, daß Gewalt oft der Vernunft, die Verwüstung des Krieges den Werken des Friedens vorangehen muß. Wir wünschten, daß dies nicht so wäre. Wir müssen die Welt so nehmen, wie sie ist, wenn wir sie je so haben wollen, wie wir sie wünschen.

Die Welt in Asien ist kein heiterer und friedlicher Ort. Die erste Realität ist, daß Nordvietnam die unabhängige Nation Südvietnams angegriffen hat. Das Ziel ist die totale Eroberung. Natürlich unterstützen einige Südvietnamesen den Angriff auf ihre eigene

Regierung. Aber ausgebildete Männer, Nachschub, Befehle und Waffen fließen unaufhörlich von Nord nach Süd. Diese Unterstützung ist der Lebensstrom des Krieges. Und es ist ein Krieg von unvergleichlicher Brutalität. Einfache Bauern sind Opfer von Mord und Verschleppung. Frauen und Kinder werden bei Nacht erwürgt, weil ihre Männer ihre Regierung unterstützen. Hilflose Dörfer werden durch heimtückische Überfälle verwüstet. Umfangreiche Angriffe und Terror beherrschen die Zentren der Städte.

Die konfuse Natur dieses Konflikts kann die Tatsache nicht überdecken, daß es sich um das neue Gesicht eines alten Feindes handelt. Über diesem Krieg – und über ganz Asien – hängt der dunkle Schatten des kommunistischen China. Die Regierung in Hanoi [Hauptstadt von Nordvietnam] wird gelenkt von Peking. Dieses Regime hat die Freiheit in Tibet zerstört, es hat Indien angegriffen und ist von den Vereinten Nationen wegen der Aggression in Korea verurteilt worden. Es ist eine Nation, die den Mächten der Gewalt in fast allen Kontinenten Hilfe leiht. [...]

Warum sind wir in Südvietnam?

[...] Wir sind dort, weil wir ein Versprechen zu halten haben. Seit 1954 hat jeder amerikanische Präsident dem Volk von Südvietnam Hilfe angeboten. Wir haben geholfen aufzubauen, wir haben geholfen zu verteidigen. Durch viele Jahre hindurch haben wir versprochen, Südvietnams Unabhängigkeit verteidigen zu helfen. Und ich beabsichtige, dieses nationale Versprechen zu halten. Das Versprechen zu mißachten, die kleine tapfere Nation ihren Feinden und dem dann folgenden Terror preiszugeben, wäre ein unverzeihlicher Fehler.

Wir sind auch dort, um die Weltordnung zu stärken. Rund um die Erde, von Berlin bis Thailand, leben Völker, deren Wohlergehen zum Teil auf dem Glauben beruht, daß sie auf uns zählen können, wenn sie angegriffen würden. Vietnam seinem Schicksal zu überlassen, würde das Vertrauen aller dieser Völker in den Wert einer amerikanischen Verpflichtung und den Wert von Amerikas Wort erschüttern. Das Ergebnis wäre wachsende Unruhe und Unsicherheit, schließlich sogar Krieg.

Wir sind auch dort, weil es um hohe Einsätze für das Gleichgewicht geht. Niemand soll glauben, daß der Rückzug aus Vietnam das Ende des Konflikts brächte. Der Kampf würde in dem einen und dann dem anderen Land erneuert. Die wichtigste Lehre unserer Zeit ist, daß der Appetit der Aggression niemals befriedigt ist. Rückzug von dem einen Schlachtfeld bedeutet nur Vorbereitung des nächsten. Wir müssen in Südostasien wie in Europa mit den Worten der Bibel sagen: „Bis hierher und nicht weiter!“

Es gibt Leute, die sagen, daß all unsere Anstrengungen nutzlos sein werden, daß Chinas Macht zwangsläufig Südostasien beherrschen muß. Aber für dieses Argument gibt es kein Ende, bis alle Nationen Asiens geschluckt sind. Es gibt Leute, die sich fragen, warum wir dort Verantwortung tragen. Nun, wir haben dort aus demselben Grund Verantwortung wie in Europa. Im Zweiten Weltkrieg kämpften wir sowohl in Europa als auch in Asien, und als er endete, fanden wir uns in fortdauernder Verantwortung für die Verteidigung der Freiheit.

Lyndon B. Johnson: Friedensmöglichkeiten in Südostasien, in: Wolfgang Lautemann, Manfred Schlenke (Hg.): Geschichte in Quellen, Band 7: Die Welt nach 1945, München: BSV 1980, S. 601 f.

Lösungsvorschläge

1 *Diese Aufgabe besteht aus zwei Teilen: Zunächst sollen Sie „einen Überblick darüber geben“ (AFB I), warum die USA in der zweiten Hälfte des 19. Jahrhunderts zu einer imperialistischen Politik übergingen, d. h., Sie sollen Gründe für diesen Wechsel in der Außenpolitik anführen, ohne die einzelnen Aspekte bis ins Detail zu erläutern. Anschließend soll diese Politik von Ihnen „charakterisiert“ werden (AFB II): Beschreiben Sie, was die damalige Außenpolitik ausmachte, und arbeiten Sie dabei allgemeine Kennzeichen heraus, die über Einzelheiten hinausgehen.*

Ein wichtiger Grund für die Hinwendung der USA zu einer **imperialistischen Politik** ist im Abschluss der amerikanischen **Siedlungsbewegung** zu sehen, die Ende des 19. Jahrhunderts die Pazifikküste im Westen des Kontinents erreichte: 1890 wurde offiziell verkündet, dass die **Frontier jetzt geschlossen** sei. Diese war nicht nur ein räumliches Phänomen, sondern auch immer Projektionsfläche für Zukunftserwartungen (gewesen). Die damit verbundene Ansicht, dass es die offensichtliche Bestimmung („**Manifest Destiny**“) der US-Amerikaner sei, den **kulturellen Fortschritt** in bisher – so die Vorstellung – unzivilisierte Gebiete zu bringen, blieb auch über die Zeit der Frontier hinaus erhalten und richtete sich nun auf den **mittelamerikanischen, pazifischen und ostasiatischen Raum**. Mit diesem jetzt über die Grenzen der USA hinausdrängenden „**Spirit of Frontier**“ verband sich das traditionelle republikanische **Sendungsbewusstsein:** Das Streben nach Dominanz in den betroffenen Regionen wurde mit dem Anspruch auf die **Verbreitung von Freiheit und Demokratie** legitimiert. Durch die Umdeutung bzw. Erweiterung der „Manifest Destiny“-Idee zur globalen Mission der Vereinigten Staaten fand ein relativ glatter **Übergang von der Kolonisation im Inneren zu einer imperialistischen Außenpolitik** statt.

Dazu kam, dass die USA im Laufe des 19. Jahrhunderts zur führenden **Weltwirtschaftsmacht** aufgestiegen waren, sodass es starke Bestrebungen gab, sich Rohstoffe und **Absatzmärkte** für den Export eigener Waren zu sichern. Die Kontrolle des mittelamerikanischen Raums und der Zugang zum japanischen bzw. chinesischen Markt wurden für US-amerikanische Unternehmen bedeutend. Der **Krieg gegen Spanien 1898**, der die imperiale Stellung der Vereinigten Staaten entscheidend bedingte, war nicht zuletzt durch Wirtschaftsinteressen auf Kuba motiviert.

Zudem fanden in der zweiten Hälfte des 19. Jahrhunderts die von Europa ausgehenden **Ideologien des Nationalismus und Imperialismus** auch in den USA breiten Widerhall. Damals strebten die europäischen Großmächte danach, immer mehr Gebiete in Afrika und Asien zu beherrschen und **Imperien** zu bilden. Vor diesem Hintergrund wurde in den Vereinigten Staaten zunehmend die Forderung laut, **an diesem Wettlauf um Einflusssphären teilzunehmen**, da die USA sonst einen Bedeutungs- und Prestigeverlust riskieren würden. Großen Einfluss hatte hier das Werk „The Influence of Sea Power upon History“ des Marinetheoretikers **Alfred Thayer Mahan**, der die Meinung vertrat, dass die **USA** sich **als Seemacht** begreifen und ihre Seestreitkräfte ausbauen müssten, um im internationalen Mächtekonzert eine angemessene Rolle spielen zu können.

Bedeutsam für die Popularität einer Machtausweitung im Äußeren war darüber hinaus, dass der Amerikanische Bürgerkrieg (1861–1865) tiefe Wunden geschlagen hatte. Nationalismus und imperialistische Ideen trugen nun dazu bei, die **innere Einheit der Nation** wieder zu befestigen. Ikonografischer Ausdruck hierfür war die **Verbreitung der Figur des Uncle Sam**.

Bei der **Charakterisierung der imperialistischen Politik** der USA lassen sich zwei Arten der Herrschaftsausübung unterscheiden: die **direkte Herrschaft** über annektierte Gebiete und die **indirekte Herrschaft** in bestimmten Regionen durch wirtschaftliche und politische Einflussnahme.

Die direkte Herrschaft über einzelne Gebiete geht besonders auf den **Spanisch-Amerikanischen Krieg 1898** zurück. Damals gab es auf **Kuba** eine gegen die **spanische Kolonialherrschaft** gerichtete Aufstandsbewegung, die die Sympathie weiter Teile der amerikanischen Öffentlichkeit genoss. Als das US-Schlachtschiff „Maine" im Hafen von Havanna explodierte, gingen die USA von einer durch die spanische Regierung veranlassten Sprengung aus und reagierten mit einer Seeblockade, um Spaniens Abzug von Kuba zu erzwingen. Spanien antwortete mit der Kriegserklärung und musste, da die Vereinigten Staaten den Konflikt in kurzer Zeit für sich entschieden, die **Unabhängigkeit Kubas** anerkennen und die **Philippinen** und **Guam** im Pazifik sowie **Puerto Rico** an die USA abtreten. Damals erfolgte zudem die **Inbesitznahme Hawaiis**, wo amerikanische Zuckerbarone viel Land besaßen und großen politischen Einfluss ausübten. Im Laufe der 1890er-Jahre zwangen Aufständische die damalige Königin zur Abdankung, bildeten eine provisorische Regierung und forderten die **Annexion** der Inselgruppe durch die USA, der die beiden Kammern des US-Parlaments 1898 zustimmten. Nun hatten die Vereinigten Staaten eine **Marine- und Handelsbasis im Pazifik**.

Da es allerdings in den USA angesichts ihres **eigenen Unabhängigkeitskampfes** gegen Großbritannien ebenso eine starke Strömung **gegen** die Eroberung fremder Gebiete gab, spielte die **indirekte Herrschaft und Einflussnahme** eine **größere Rolle** als die direkte Annexion. So ließen sich die Vereinigten Staaten von der kubanischen Regierung im „**Platt Amendment**" zusichern, auch künftig auf der Insel eingreifen – offiziell zur Wahrung der Freiheit Kubas – und langfristig kubanische Gebiete (z. B. bis heute **Guantánamo Bay**) pachten zu können. Zudem intervenierten die USA im frühen 20. Jahrhundert wiederholt in weiteren lateinamerikanischen Staaten wie **Haiti, der Dominikanischen Republik, Honduras oder Nicaragua**. 1904 begründete Präsident Theodore **Roosevelt** das angebliche Recht zum Eingreifen in eigentlich souveränen Ländern damit, dass die Vereinigten Staaten zur Vermeidung von Unrecht und Chaos gleichsam eine internationale Polizeigewalt ausüben würden (**„Roosevelt Corollary"**). Seine Außenpolitik war durch die Bereitschaft geprägt, auch militärische Mittel einzusetzen, wenn die US-amerikanischen Interessen auf diplomatischen Wegen nicht durchzusetzen waren (**„Big Stick Policy"**).

Insgesamt ebnete die politische Dominanz im mittelamerikanischen und pazifischen Raum den Weg für die Ausweitung des wirtschaftlichen Einflusses amerikanischer Firmen in diesen Regionen (**„Dollarimperialismus"**). Vor diesem

Hintergrund war eine **Verbindung von Atlantik und Pazifik** durch einen Kanal von zentraler Bedeutung. Nachdem sich 1903 **Panama** mit US-amerikanischer Hilfe **von Kolumbien abgespalten** hatte, räumte die neue Regierung Panamas den Vereinigten Staaten großzügige Konditionen für den Bau und die Kontrolle des **Panamakanals** ein, der im August 1914 eingeweiht wurde. Die Kanalzone blieb bis 1999 unter US-amerikanischer Kontrolle.

Neben Lateinamerika bekam der **asiatische Raum** ab Mitte des 19. Jahrhunderts zunehmend Bedeutung für die expandierende US-Wirtschaft, vor allem, nachdem die USA durch die Annexion der **Philippinen** selbst zu einer wichtigen Macht in dieser Gegend geworden waren. In den 1850er-Jahren hatten sie bereits die **wirtschaftliche Öffnung Japans** erzwungen. Um 1900 drangen sie darauf, gleichberechtigten **Zugang zum chinesischen Markt** zu bekommen, ohne mit den europäischen Staaten, die in China Stützpunkte und Territorien besaßen, in Konflikt zu geraten. Die von der US-Regierung propagierte „**Open Door Policy**", die sich gegen die Idee formaler Herrschaft und exklusiver Rechte wandte, wurde von den anderen imperialistischen Mächten schließlich akzeptiert und bildete die Grundlage für die wirtschaftliche Einflussnahme der Vereinigten Staaten in **China**.

2.1 *Die Aufgabe enthält zwei Operatoren, denn die Karikatur M 1 soll „analysiert" (AFB II) und „interpretiert" (AFB I–III) werden. Sie sind aufgefordert, die bildliche Darstellung kriterienorientiert zu erschließen, bevor Sie die Abbildung in den historischen Kontext einordnen und ihre Bedeutung bzw. die Position und Botschaft des Karikaturisten herausarbeiten. Bei der Thematisierung der allgemeinen Aussage der Abbildung ist es hilfreich, Bezüge zum traditionellen Selbstverständnis der Vereinigten Staaten herzustellen.*

Die **Karikatur „The Last Ditch"** (M 1) stammt von **Charles Dana Gibson** und ist am 22. März **1917** im Magazin „Life" erschienen, also rund zwei Wochen vor dem **Eintritt der USA in den Ersten Weltkrieg**. Sie zeigt zwei Figuren: Auf der linken Seite ist eine **Frauengestalt** zu sehen, mit wehendem Gewand und einem Stirnband mit der Aufschrift „**Democracy**", auf der rechten Seite ein **uniformierter Mann**, auf dessen Gürtel „**Militarism**" steht. In der linken Hand hält er eine schon gezündete Handgranate, an seinen Beinen haftet Stacheldraht, von seinem Schwert tropft Blut. Der Soldat wird von der Frau kraftvoll zu einer Grube gedrängt und findet kaum noch Halt. Im Graben, der sich durch die weite Gegend schlängelt, liegt ein **Skelett**, das die rechte Hand einladend erhoben hat, als wolle es den Gestoßenen zu sich hinunterziehen. Durch die Heftigkeit des Stoßes wurde dem Uniformierten der Helm vom Kopf gerissen; das Schwert entgleitet seinem Griff und fällt zu Boden. Im Hintergrund sieht man eine **Kriegslandschaft** mit Rauchschwaden, zerstörten Häusern und zahlreichen Gefallenenkreuzen.

Die Frauenfigur stellt eine **Allegorie der Demokratie** dar, während der Uniformierte den Deutschen Kaiser **Wilhelm II.** verkörpert, zu erkennen an der preußischen Pickelhaube und den Gesichtszügen. Die „Demokratie" wird in einer dynamischen Bewegung gezeigt, die dem sich wehrenden Monarchen offensichtlich keine Möglichkeit lässt, den Sturz in den Graben zu verhindern. Die Darstellung der Umgebung verweist auf die **Kriegsführung und die Opfer des Ersten Weltkriegs:** die Landschaft durchziehende Schützengräben, in denen der Stellungskrieg im Westen ausgefochten wurde, die Verwüstungen infolge der Feuerkraft moderner Artillerie und die vielen Gräber der an der Front gefallenen Soldaten. Wilhelm II. wird als Repräsentant des deutschen **Militarismus** und damit als **Verantwortlicher** für die Kriegsschrecken und die zahlreichen Toten gesehen.

Aus der Sicht des Karikaturisten scheint das **Schicksal** des Kaisers und des Deutschen Reichs durch den Stoß in den Graben **besiegelt** zu sein; sie sollen das angesichts des von ihnen zu verantwortenden Leids **verdiente Ende** finden, damit auch der Militarismus überwunden werden kann. Der pathetisch klingende **Titel „The Last Ditch“** hat eine doppelte Bedeutung: Neben der wörtlichen Übersetzung verweist die Wendung im Englischen auf eine allerletzte Anstrengung und unterstreicht auf diese Weise, dass es keine andere Möglichkeit als die Anwendung von Gewalt gebe, den deutschen Militarismus zu stoppen.

Anlass der Veröffentlichung der Karikatur war der sich abzeichnende **Kriegseintritt der USA**, den der Zeichner offensichtlich stark befürwortete. Dabei wird der **Erste Weltkrieg als Grundsatzkonflikt zwischen Demokratie und Gewaltherrschaft** gedeutet. Gibson scheint sich bei der bildlichen Darstellung bewusst auf die Geschichte der USA und ihres Selbstverständnisses zu beziehen: So weist die „Demokratie“ in M 1 Ähnlichkeiten zur **Allegorie des Fortschritts** in John Gasts berühmtem Gemälde **„American Progress“** auf. Dadurch wird auf die vermeintliche Bestimmung der Vereinigten Staaten angespielt, sich für die Verbreitung der Zivilisation einzusetzen (**„Manifest Destiny“**). Der Eintritt in den Ersten Weltkrieg dient nach dieser Sichtweise dazu, dem Guten, also dem **Kampf für Freiheit, Demokratie und Humanität**, gegen die Sache des Bösen, den deutschen Militarismus, zum Sieg zu verhelfen.

2.2 *Die Aufgabenstellung erfordert von Ihnen zu „diskutieren“ (AFB III), inwieweit die Karikatur M 1 die Gründe für den Kriegseintritt der USA 1917 angemessen berücksichtigt. Sie müssen also eine Argumentation entwickeln, die am Ende zu einer begründeten Stellungnahme führt. Dies gelingt am besten, wenn Sie Argumente für beide Seiten (Pro, Kontra) zur Sprache bringen: erst Gesichtspunkte für die Einschätzung, dass die tatsächlichen Motive durch die bildliche Darstellung zutreffend vermittelt werden, anschließend Aspekte, die diese Punkte relativeren. Formulieren Sie abschließend eine kurze eigene Bewertung.*

Die **dualistische Sichtweise**, die in der **Karikatur** M 1 durch die Darstellung des Kampfs der Demokratie mit dem Militarismus zum Ausdruck kommt, spielte in den Vereinigten Staaten rund um den Kriegseintritt 1917 tatsächlich eine große Rolle. Nachdem US-Präsident **Woodrow Wilson** sein Land anfangs aus dem Konflikt herausgehalten und noch im Wahlkampf 1916 mit dem Slogan **„He kept us out of war“** geworben hatte, änderte er angesichts der deutschen Kriegsführung und der sich wandelnden öffentlichen Meinung in den USA seine Haltung:

Vor allem wegen der **zivilen Opfer** des vom Deutschen Reich im Februar 1917 **wiederaufgenommenen unbeschränkten U-Boot-Kriegs** befürwortete Wilson nun den Kriegseintritt, wobei es für ihn auch darum ging, allgemeine **menschliche Werte zu verteidigen**. Nach seiner Auffassung sollten die Vereinigten Staaten durch ihren Einsatz dazu beitragen, eine auf der Demokratie basierende weltweite **Friedensordnung** zu verwirklichen und damit in Zukunft weitere Kriege zu verhindern. Die nun einsetzende Propaganda deutete die Auseinandersetzung als existenziellen Konflikt zwischen den von Amerika verteidigten **zivilisatorischen Werten** und deren Bedrohung durch das autokratisch regierte und aggressive Deutsche Reich. Diese ideologische Ausrichtung auf einen **Kampf zwischen Gut und Böse** wurde noch dadurch erleichtert, dass der Zar während der Februarrevolution 1917 zur Abdankung gezwungen worden war und im mit den westlichen Alliierten verbündeten Russland vorübergehend eine bürgerliche Regierung die Geschäfte führte. Insgesamt knüpfte die von Wilson formulierte idealistische Politik an das im kollektiven Gedächtnis der USA verankerte **republikanische Sendungsbewusstsein** an, was wesentlich für den starken Widerhall verantwortlich war, den **sein „Kreuzzug für die Demokratie**" in der amerikanischen Öffentlichkeit fand (u. a. in der Karikatur M 1).

Allerdings gab es **weitere Gründe** für den Kriegseintritt der USA, die **in M 1 nicht berücksichtigt wurden**. So waren die engen wirtschaftlichen Beziehungen der USA mit Großbritannien und in etwas schwächerem Maß mit Frankreich von Bedeutung. Diese zwei Kriegsteilnehmer wurden **materiell** von den Vereinigten Staaten **unterstützt**. Zudem wäre im Falle eines Sieges des Deutschen Reichs die Rückzahlung der den beiden Staaten gewährten US-amerikanischen **Kredite** in Gefahr geraten.

Auch spielten **geostrategische und sicherheitspolitische Motive** eine tragende Rolle. Eine Entscheidung des Ersten Weltkriegs zugunsten des Deutschen Reichs und – damit verbunden – dessen Vorherrschaft auf dem europäischen Kontinent hätten die dortigen machtpolitischen Verhältnisse in einer Weise geändert, die den Interessen der USA widersprochen hätte. Zudem sorgte die „**Zimmermann-Depesche**" auf amerikanischer Seite für gewaltige Empörung: Im Januar 1917 wurde ein Telegramm des deutschen Staatssekretärs für Auswärtige Angelegenheiten an den deutschen Gesandten in Mexiko durch den britischen Geheimdienst abgefangen. Dadurch kam ans Licht, dass die deutsche Führung die mexikanische Regierung um Unterstützung im Falle eines US-Kriegseintritts bat und sich dabei mit der Rückeroberung früherer mexikanischer, von den Vereinigten Staaten annektierter Gebiete (Neu-Mexiko, Texas, Arizona) einverstanden erklärte. Die Veröffentlichung der Depesche hatte große Auswirkungen auf die **öffentliche Meinung** in den USA, die nun mehrheitlich den Krieg gegen das Deutsche Reich **befürwortete**.

In der Karikatur nicht thematisiert wird schließlich ein konkretes entscheidendes Ereignis, nämlich der am 1. Februar 1917 wiederaufgenommene **unbeschränkte U-Boot-Krieg** durch das Deutsche Reich, der eine **ausschlaggebende Rolle** für den amerikanischen Kriegseintritt spielte. Das deutsche Vorgehen verstieß nicht nur gegen geltendes Völkerrecht, sondern rief in den Vereinigten Staaten die noch frische Erinnerung an die vielen US-Opfer beim Abschuss des Passagierschiffs „**Lusitania**" während des unbeschränkten U-Boot-Kriegs 1915 wach.

Abschließend lässt sich festhalten, dass die Karikatur M 1 zwar **einen wichtigen Gesichtspunkt** für den Eintritt der USA in den Ersten Weltkrieg in den Blick nimmt, die **Gesamtheit und Komplexität** der für diesen Schritt bedeutsamen Motive aber **nicht** zum Ausdruck bringt. M 1 richtet den Fokus ganz klar auf die angebliche Rolle der USA als **Verteidigerin von Demokratie und Zivilisation gegenüber Autokratie und Gewalt**. Dabei knüpft sie wirkmächtig an das US-**Selbstbild** an, das eine besondere Verantwortung der USA für die weltweite Geltung fortschrittlicher Werte jenseits konkreter nationaler Interessen beinhaltet.

3.1 *Die Aufgabe verlangt, aus einer Rede von US-Präsident Lyndon B. Johnson (M 2) zu „erarbeiten" (AFB II), wie dieser die weltpolitische Lage Mitte der 1960er-Jahre einschätzt und was er daraus für die US-Außenpolitik folgert. Der Operator fordert, sich dabei eng an den Text zu halten. Führen Sie sich unbedingt vor Augen, dass es nicht um eine allgemeine Inhaltsangabe geht, sondern dass sich Ihre Ausführungen konsequent auf die genannten Aspekte beziehen müssen. Hier ist es nicht ganz leicht, klar zwischen der Beschreibung der weltpolitischen Lage und den daraus abgeleiteten Konsequenzen zu trennen. Daher ist es in Ordnung, manche Gedanken in beiden Zusammenhängen anzuführen. Verweisen Sie zudem durch Zeilenangaben auf die angesprochenen Textstellen.*

In seiner am **7. April 1965** in **Boston** gehaltenen **Rede** (M 2) thematisiert der damalige US-Präsident **Lyndon B. Johnson** den andauernden, brutal geführten Vietnamkrieg (vgl. Z. 11–19) und rechtfertigt das Eingreifen der USA in diesen Konflikt. Als **globalen Gegenspieler** der Vereinigten Staaten sieht er dabei das **kommunistische China**, das seiner Einschätzung nach hinter dem Angriff Nordvietnams auf Südvietnam stehe. Darüber hinaus habe die Volksrepublik durch die Aufhebung der Unabhängigkeit Tibets oder ihr Eingreifen in den Koreakrieg ihre Bereitschaft zur gewaltsamen Durchsetzung ihrer Ideologie und ihres Machtanspruchs demonstriert (vgl. Z. 20–26).

Johnson warnt vor den **Gefahren**, denen die freiheitliche Welt über Asien hinaus aktuell ausgesetzt sei, durch die **Ideologie des Kommunismus** und die Tätigkeiten **gewaltbereiter Regime**. Vor diesem Hintergrund unterstreicht er die Bedeutung des **gegenwärtigen Engagements der USA in Vietnam**. Ein Rückzug der Vereinigten Staaten würde aufgrund des ungezügelten kommunistischen Expansionsstrebens zwangsläufig zu weiteren Konflikten in der Region führen (vgl. Z. 41–46). Es gelte nicht nur Südvietnam zu unterstützen, sondern gleichzeitig das **Vertrauen anderer Völker in die Verlässlichkeit der USA** zu stärken und auf diese Weise die gesamte Weltordnung zu festigen. Ansonsten würden seiner Ansicht nach instabile, unsichere Verhältnisse bis hin zu kriegerischen Auseinandersetzungen drohen (vgl. Z. 35–40). Der US-Präsident zieht **Parallelen** zwischen der gegenwärtigen Lage in Südostasien und der Situation in Europa im und nach dem Zweiten Weltkrieg, um die **Verantwortung der USA für den Erhalt der Freiheit** zu unterstreichen und die Bedeutung des amerikanischen Engagements hervorzuheben (vgl. Z. 47–53).

Aus dieser **weltpolitischen Lage** und den damit verbundenen Herausforderungen ergibt sich für Johnson die Notwendigkeit, **Südvietnam weiter militärisch zu unterstützen**, auch wenn dies mit Schmerz und Opfern verbunden sei; das Versprechen, die Unabhängigkeit Südvietnams zu verteidigen, müsse unbedingt gehalten werden, um **nicht an Glaubwürdigkeit und Vertrauen zu verlieren** (vgl. Z. 1–5, 27–34). Auch sei es eine zentrale Aufgabe für die Vereinigten Staaten, den **Ausdehnungsdrang des kommunistischen China einzudämmen**, um das weltpolitische Gleichgewicht zu garantieren (vgl. Z. 47–49). Dabei seien auch Kriegseinsätze nötig, da in einer **Welt voller Gewalt** die Freiheit und das Selbstbestimmungsrecht der Völker – zumindest vorübergehend – nicht anders gesichert werden könnten (vgl. Z. 3–10, 35–40).

3.2 *Der Operator „beurteilen" (AFB III) fordert von Ihnen, ein begründetes Sachurteil zu fällen zur Frage, ob sich die außenpolitische Position und Rolle der USA nach dem Ende des Kalten Kriegs 1990/91 verändert haben. Konkret sollen Sie dies anhand eines selbst gewählten Beispiels vornehmen. Umreißen Sie das Eintreten der USA in einen konkreten Konflikt und wägen Sie dann ab, was für bzw. gegen eine solche Veränderung spricht, bevor Sie am Ende ein kurzes eigenes Urteil formulieren. Bei der Auswahl eines passenden Beispiels sind Sie völlig frei: Sie können sich auf das Eingreifen der Vereinigten Staaten in einen Konfliktherd der 1990er-Jahre beziehen (z. B. Golfkrieg 1991, Jugoslawien) oder ihr außenpolitisches Engagement anhand eines aktuelleren Beispiels aus dem 21. Jahrhundert (z. B. Afghanistan, Irak, Libyen) beleuchten.*

Zur Beurteilung der Fragestellung soll auf das **US-amerikanische Engagement zur Befreiung Kuwaits** nach der Annexion durch den Irak 1990 eingegangen werden. Damals ließ der irakische Diktator **Saddam Hussein** den Nachbarstaat Kuwait besetzen. Die USA entschlossen sich, diesem Gewaltakt entschieden entgegenzutreten: Unter ihrer Führung formierte sich eine **breite Koalition gegen den Irak**, um diesen zum Rückzug aus den okkupierten Gebieten zu bringen. Auf Basis der UNO-Resolution 678 begann im Januar 1991 die Operation „**Desert Storm**". Durch massive Luftangriffe und den Einsatz von Bodentruppen wurde Kuwait befreit, doch ließ US-Präsident **George Bush** den Vormarsch amerikanischer Truppen auf die irakische Hauptstadt Bagdad stoppen, da er sich nicht auf die unkalkulierbaren Risiken einer Besetzung des Landes einlassen wollte.

Zuerst soll betrachtet werden, inwiefern das Eingreifen der USA in dieser konkreten Krise eine **Veränderung ihrer außenpolitischen Rolle** erkennen lässt. Der Konflikt bewegte sich nicht mehr im Rahmen des **Kalten Kriegs**, der die Weltpolitik zuvor jahrzehntelang bestimmt hatte. Die **Sowjetunion** zeigte 1990 bereits deutliche Auflösungserscheinungen und zerfiel kurz darauf in eine Reihe von **Nachfolgestaaten**. Damit war die bipolare Weltordnung überwunden, die USA stellten damals die **einzig verbliebene Supermacht** dar. Der **Golfkrieg von 1991** lässt sich als erster Krieg nach dem Ost-West-Konflikt begreifen und sollte der Auftakt für eine Reihe von Konflikten sein, die u. a. deswegen zutage traten, da sich keine zwei Machtblöcke mit ihrem Atomwaffenarsenal mehr gegenüberstanden; tatsächlich hatte die Dominanz der Supermächte in ihrem jeweiligen Einflussbereich eine gewisse **friedenssichernde Wirkung** besessen. Die neue Lage ab 1990/91 wird auch daran deutlich, dass dem von den USA organisierten Militärbündnis mehr als dreißig Staaten beitraten, die **über frühere Blockgrenzen hinweg zusammenarbeiteten**. Dabei legten die USA Wert darauf, **Saudi-Arabien** zumindest formell als gleichberechtigte zweite Führungsmacht einzubinden, um die Legitimität des Eingreifens zu erhöhen und den Eindruck zu vermeiden, es handle sich um eine Intervention zur Wahrung rein amerikanischer Interessen. Die frühere Supermacht Sowjetunion spielte in diesem Konflikt keine Rolle.

Der Golfkrieg steht darüber hinaus stellvertretend für **asymmetrische Konflikte**, die zwar kein neues Phänomen (v. a. Vietnamkrieg) waren, die die USA aber nach 1990/91 immer wieder (z. B. im langjährigen Afghanistan-Krieg) ganz besonders herausfordern sollten. 1991 war der Irak der von den Vereinigten Staaten geführten Koalition militärisch klar unterlegen, weshalb Saddam Hussein u. a. befahl, **kuwaitische Erdölquellen** in Brand zu stecken, um den Vormarsch der gegnerischen Truppen zu behindern. Zudem behielt er bereits vor Kriegsausbruch Angehörige westlicher Staaten als Geiseln bzw. menschliche Schutzschilde. Darüber hinaus ließ er **Raketen auf Israel** abfeuern, um Schrecken zu verbreiten und sich als Führer einer arabischen Befreiungsbewegung zu inszenieren.

Die Entscheidung Präsident Bushs, den Vormarsch stoppen zu lassen und **keinen Regimewechsel im Irak** anzustreben, war auch dem Wissen geschuldet, dass der Sturz der Regierung zwar das Land von einem Diktator befreien würde, dass aber die Folgen einer solch massiven Intervention völlig unvorhersehbar waren und eventuell **religiöse, ethnische und machtpolitische Konflikte** zum Ausbruch kommen würden, die bisher durch die Alleinherrschaft Saddam Husseins überdeckt worden waren. Dies verweist auf eine **Unübersichtlichkeit und Komplexität**, die nach dem Ende der bipolar geordneten Welt tatsächlich zum Kennzeichen verschiedener Konflikte werden und die USA wiederholt beschäftigen sollte (z. B. Jugoslawien-Kriege). 1990/91 rief Saddam Hussein im Übrigen zum „Heiligen Krieg" gegen die USA auf, zudem stellte der damals erstarkende **islamische Fundamentalismus** schon eine gewisse Bedrohung für die USA dar. Tatsächlich belegte 1993 der erste Anschlag auf das World Trade Center durch Islamisten die Brisanz der neuen Gefahr und am 11. September 2001 zeigte sich, dass die USA endgültig zur Zielscheibe eines internationalen Terrorismus geworden waren.

Allerdings kann man auch Faktoren erkennen, die die Einschätzung einer entscheidenden Veränderung der außenpolitischen Rolle der USA nach 1990 **relativieren**. So nahmen die USA im Golfkrieg eine **Führungsrolle als dominante Militärmacht** ein, die sie zuvor schon innegehabt hatten. Die Koalition bestand zwar aus über dreißig Staaten, doch stellten die Vereinigten Staaten das Hauptkontingent der Streitkräfte. Grundsätzlich spielen die USA über 1990/91 hinaus eine **entscheidende Rolle in der Weltpolitik** und in der weiter bestehenden NATO. Dabei verlassen sich die **westlichen Demokratien** auch nach dem Ende der Ost-West-Konfrontation stark auf die militärische Stärke der USA.

Zudem kann man die Intervention als **Fortführung traditioneller US-Außenpolitik** sehen: Im Laufe ihrer Geschichte hatten die Vereinigten Staaten immer wieder in anderen Staaten eingegriffen, wenn dort Entwicklungen eingetreten waren, die sie als **Gefahr für ihre Interessen** betrachteten. Bei der offiziellen Begründung der Interventionen knüpften die Verantwortlichen oft an vermeintlich typisch amerikanische Ideale wie das **Eintreten für Freiheit, Demokratie und Menschenrechte** an, obwohl eigentlich **machtpolitische Motive** die entscheidende(re) Rolle spielten. So hatte Saddam Husseins menschenverachtende Diktatur in den 1980er-Jahren (u. a. Giftgasangriffe auf die kurdische Bevölkerung) für die USA keinen Hinderungsgrund dargestellt, den Irak im Kampf gegen den US-amerikanischen Feind **Iran** zu unterstützen. Nach dem Ende des Iran-Irak-Kriegs (1980–1988) und dem Angriff des Irak auf Kuwait änderte sich die Lage: Die USA wollten die Annexion Kuwaits nicht akzeptieren, weil die Erdölversorgung des Westens unsicherer geworden wäre und die Vereinigten Staaten Gefahr liefen, bei den verbündeten arabischen Ländern Vertrauen zu verlieren.

Das Auftreten von **Konflikten mit asymmetrischer Kriegsführung** ab 1990/91 ist, wie bereits erwähnt, **kein alleiniges Merkmal** der weltpolitischen Entwicklungen nach dem Ende des Kalten Kriegs, sondern war schon vorher eine Realität, mit der die Vereinigten Staaten konfrontiert waren. So gab es v. a. im **Vietnamkrieg** keine klaren Fronten und die USA verloren diesen Krieg sogar: Obwohl sie militärisch hoch überlegen waren, fanden sie auf Dauer kein Mittel gegen die **Guerilla-Taktik** des Vietcongs bzw. der nordkoreanischen Kommunisten.

Schließlich ist noch darauf hinzuweisen, dass es zwar nach dem Zusammenbruch der Sowjetunion so schien, als ob die USA die **einzig verbliebene Supermacht** wären und es keinen ernst zu nehmenden Gegenspieler mehr gäbe, sich diese Annahme aber auf Dauer nicht bestätigt hat. Mit der kommunistischen **Volksrepublik China** ist in den vergangenen Jahrzehnten ein Reich aufgestiegen, das sich zuerst wirtschaftlich und dann auch machtpolitisch zum **großen Konkurrenten** der Vereinigten Staaten entwickelte. Die USA verstehen sich nach wie vor als Führungsmacht des Westens, die sich nun jedoch zunehmend der **chinesischen Herausforderung** bewusst wird. Im Gegensatz zur Konfrontation mit der UdSSR während des Kalten Kriegs steht aber nicht mehr der ideologische Aspekt im Vordergrund, sondern es findet in erster Linie eine Auseinandersetzung auf dem **ökonomischen** und, damit eng verbunden, dem **machtpolitischen Feld** statt.

Insgesamt lassen sich – nicht nur am **Beispiel des Golfkriegs 1991** – durchaus **Kontinuitäten der US-Außenpolitik vor und nach dem weltpolitischen Umbruch 1989–1991** feststellen. Allerdings sprechen die Überwindung der Blockstruktur, die Konfrontation mit neuen Bedrohungen für Frieden und Sicherheit (internationaler Terrorismus, religiöser Fundamentalismus) sowie die Herausforderung durch China für eine grundlegendere Veränderung der außenpolitischen Rolle der USA in einer sich rasch wandelnden Welt.

4 *Der folgende Lösungsvorschlag greift die **Teilaufgabe a)** zum Halbjahr **11/1** auf. Die Lösungsvorschläge zu den Halbjahren **11/2** und **12/1** finden Sie auf den Seiten 45 ff. und 30 ff. dieses Jahrgangs.*
Sie werden aufgefordert, zu einem Zitat aus einer wissenschaftlichen Darstellung „Stellung zu nehmen" (AFB III): Der Historiker Jürgen Osterhammel behauptet, dass die industrielle Produktionsweise keineswegs alle früheren Formen wirtschaftlicher Leistung verdrängt/ersetzt habe. Der Operator verlangt nun eine sachliche Untersuchung: Was spricht für eine wirtschaftlich-gesellschaftliche Kontinuität zwischen der Ständegesellschaft und der Zeit der Industrialisierung, welche Einwände lassen sich dagegen anführen? Hierbei können Sie eine ganze Reihe unterschiedlicher Entwicklungen ansprechen (z. B. Arbeits-/Wohn-/Familienverhältnisse, Migrationsbewegungen, Soziale Frage). Es dürfte also kein Problem sein, eigenes Wissen einzubringen. Die Herausforderung besteht vielmehr darin, die Ausführungen sinnvoll und übersichtlich zu gliedern. Am Ende sollen Sie zu einem begründeten eigenen Urteil kommen. Ob Sie zuerst auf Aspekte der Kontinuität oder des Wandels eingehen, steht in Ihrem eigenen Ermessen.

Zunächst soll der augenfällige **wirtschaftliche und gesellschaftliche Wandel** im Übergang von der Ständegesellschaft des 15. bis 18. Jahrhunderts zur beginnenden Industriegesellschaft des 19. Jahrhunderts betrachtet werden. Durch ein ganzes Bündel an **technologischen Neuerungen** (angefangen mit der Nutzung der Dampfkraft) und die Einrichtung des **Fabriksystems** kam es zu einer **immensen Steigerung der Produktivität**. Die sich nun entfaltende **kapitalistische Wirtschaftsweise** strebte nach umfassender **Rationalisierung** und einer maximalen Nutzung der Arbeitskraft der Beschäftigten. Die Fabrikuhr und die Maschinen bestimmten den Arbeitsrhythmus. Da aufgrund der Landflucht und der starken Wanderungsbewegung in die entstehenden Industriezentren ein **großes Arbeitskräfteangebot** vorhanden war, zahlten die meisten Unternehmer nur **niedrige Löhne**. Darüber hinaus waren die allgemeinen **Arbeitsbedingungen**, auch wegen der zunächst fehlenden politisch-gewerkschaftlichen Vertretung der Arbeiterschaft, sehr schlecht: Die **Arbeitszeiten** waren **überlang** (oft mehr als 60 Stunden pro Woche), in den Fabriken gab es **keinen ausreichenden Arbeitsschutz** und **Kinderarbeit** war anfangs noch an der Tagesordnung.

Neben den **Arbeitsbedingungen** änderte sich damals auch die **Lebenssituation** vieler Menschen. In den schnell wachsenden Industriestädten wohnten Arbeiterfamilien meist in dunklen, feuchten **Mietskasernen** am Rande des **Existenzminimums**. Dabei ist allerdings auch zu erwähnen, dass die **Landflucht** und die Übersiedelung in städtische Ballungszentren durchaus Möglichkeiten für eine individuellere Lebensgestaltung boten. So war die **soziale Kontrolle** erkennbar geringer als auf dem Dorf oder in einer Kleinstadt. Zudem boten sich für motivierte, begabte Arbeitskräfte Gelegenheiten zum **beruflichen Aufstieg**, z. B. als Vorarbeiter in einer Fabrik oder sogar durch die Gründung eines eigenen Unternehmens. Allgemein nahm im 19. Jahrhundert die **soziale Mobilität** zu, da sich die gesellschaftliche Position mehr als zuvor nach der erbrachten Leistung richtete.

Durch die **Trennung von Wohnort und Arbeitsplatz** kam es darüber hinaus zu Veränderungen im Bereich der Familienstrukturen sowie der **Rollenerwartung an Mann und Frau**, wobei hier zwischen verschiedenen Schichten differenziert werden muss. Allgemein galt die **Heirat aus Liebe** jetzt als **Ideal**. Auch bildete sich in bürgerlichen Familien die Praxis aus, dass der Mann einer Erwerbsarbeit nachging und für das Einkommen verantwortlich war, während sich die Frau um die inneren Angelegenheiten der Familie (v. a. Kindererziehung) kümmern sollte. Mit der nun entstehenden **Kernfamilie** anstelle des **„ganzen Hauses"** der Ständegesellschaft ging eine Privatsphäre einher, die es vorher nicht gegeben hatte. Das bürgerliche Familienmodell besaß zwar in der Arbeiterschicht Vorbildcharakter, allerdings mussten in den meisten Arbeiterfamilien beide Ehepartner zur Existenzsicherung einer Beschäftigung nachgehen und oft Untermieter oder „Schlafgänger" in die Wohnung aufgenommen werden.

In demografischer Hinsicht kam es während des 19. Jahrhunderts zu einer **sinkenden Sterblichkeit** sowie zunächst **steigenden Geburtenraten**. Gründe dafür waren Verbesserungen im medizinischen Bereich, ein größeres Nahrungsangebot (durch intensivere Flächennutzung und neue landwirtschaftliche Methoden) und der Wegfall bisheriger Heiratsbeschränkungen. Die **signifikante Zunahme der Bevölkerungszahl** zeigte sich besonders in den rasant wachsenden Industriestädten, die v. a. Menschen aus ländlich geprägten Regionen anzogen, wo es nur ein geringes Arbeitsangebot gab.

Durch die demografischen Veränderungen, wirtschaftlichen Neuerungen und gesellschaftlichen Umbrüche (wie den **Wegfall bisheriger Sicherheitsnetze**, z. B. im Rahmen des Zunftwesens) häuften sich im Laufe der Zeit die **sozialen Probleme** (Pauperismus der frühindustriellen Phase, später Soziale Frage). Da sich allmählich die Erkenntnis Bahn brach, dass die Lebens- und Arbeitsbedingungen der abhängigen Arbeiterschaft verbessert werden müssten, entwickelten sich ab Mitte des 19. Jahrhunderts verschiedene **Formen gesellschaftlicher Selbstorganisation** wie gewerkschaftliche Zusammenschlüsse und Parteien. 1875 vereinten sich der Allgemeine Deutsche Arbeiterverein (1863, Ferdinand Lassalle) und die Sozialdemokratische Arbeiterpartei (1869, August Bebel, Wilhelm Liebknecht) zur Sozialistischen Arbeiterpartei Deutschlands, die sich 1890 in **Sozialdemokratische Partei Deutschlands** (SPD) umbenannte und kurz vor dem Ersten Weltkrieg zur stärksten Partei im Deutschen Reich wurde. Als Reaktion auf das stetige Anwachsen der Arbeiterbewegung startete die Reichsregierung in den 1880er-Jahren staatliche Initiativen, um die Arbeiterschaft **sozial abzusichern**. Reichskanzler **Bismarck** hoffte, sie auf diese Weise von der Sozialdemokratie abzubringen. In diesem Zusammenhang wurden eine für die damalige Zeit fortschrittliche, weltweit einzigartige **Sozialgesetzgebung** vorangetrieben und Kranken-, Unfall-, Alters- und Invalidenversicherungen verabschiedet.

Allerdings darf der sich in vielen Bereichen vollziehende **grundlegende Wandel** nicht den Blick darauf verstellen, dass es zwischen Stände- und Industriegesellschaft auch eine Reihe **wirtschaftlicher und gesellschaftlicher Kontinuitäten** gegeben hat. So verlief die industrielle Entwicklung auf deutschem Boden zuerst recht schleppend, sodass der **primäre Sektor** noch lange dominierte. Zudem gab es ein erhebliches **Entwicklungsgefälle** zwischen den einzelnen Staaten: Während z. B. in Preußen die Gewerbefreiheit schon zu Beginn des 19. Jahrhunderts eingeführt wurde, wurde sie in Bayern erst 1868 beschlossen. Aber auch innerhalb eines Landes gab es **regionale Unterschiede:** In Preußen etwa stellte das Rhein-Ruhr-Gebiet ein Zentrum der industriellen Entwicklung im deutschen Raum dar, während Vor- und Hinterpommern diesbezüglich rückständig waren. Darüber hinaus war die **kapitalistische Wirtschaftsgesinnung** keine Neuheit der Industriegesellschaft: Schon in der Frühen Neuzeit gab es mit den Manufakturen und dem Verlagssystem das Bestreben, möglichst profitorientiert zu wirtschaften und zu expandieren. Familien wie die Fugger und Welser verkörperten dieses Denken und nutzten ihre wirtschaftliche Machtstellung überdies dafür, in politischen Fragen Einfluss zu nehmen.

Ebenso lassen sich bei der **gesellschaftlichen Schichtung und in den familiären Strukturen** Kontinuitäten beobachten. Trotz seiner abnehmenden wirtschaftlichen Bedeutung behielt der **Adel** die **führende Stellung** in Politik, Militär, Verwaltung und Diplomatie. Zudem orientierten sich viele erfolgreiche bürgerliche Unternehmer am adligen Lebensstil. Zwar handelte es sich grundsätzlich um eine Leistungsgesellschaft, in der dem Einzelnen eine Verbesserung der eigenen Position offenstehen sollte, doch gab es in der Realität weiterhin große Unterschiede zwischen den einzelnen Schichten. Ein **Aufstieg** aus der Arbeiterklasse war **nur in Ausnahmefällen** möglich, da Arbeiterkindern in der Regel der Weg zu höherer Bildung verschlossen war. Zwar wurde die Liebesheirat in der Industriegesellschaft zum Ideal, doch wurden noch immer **„standesgemäße" Hochzeiten** arrangiert. Auch blieben **Frauen** aus der Arbeiterschicht dem Arbeitsleben verbunden, weil es oft finanziell unmöglich war, die Familie von einem Gehalt zu ernähren. Zudem dauerten patriarchalische Vorstellungen vom Mann als **pater familias** an. Im öffentlichen Raum hatten Frauen nach wie vor kaum Einfluss. Erst durch die in der zweiten Hälfte des 19. Jahrhunderts entstehende **Frauenbewegung** trat allmählich ein Wandel ein. Schließlich lag die **soziale Absicherung** der Menschen noch immer – wie in vorindustriellen Zeiten – zum größten Teil in den Händen der **Familie**, gerade auch, weil die Leistungen des in den 1880er-Jahren eingeführten Versicherungssystems noch überschaubar waren.

Zusammenfassend lässt sich feststellen, dass beim Übergang von der Stände- zur Industriegesellschaft **durchaus** – wie im Zitat angesprochen – **Kontinuitäten** in Wirtschaft und Gesellschaft vorhanden waren, aber die **Veränderungen** deutlich **stärker** ins Gewicht fallen. Man spricht zu Recht von der „**Industriellen Revolution**", da insgesamt eine Veränderungsdynamik in Gang gesetzt wurde, die alle Lebensbereiche einschloss und seither nicht zum Stillstand gekommen ist. Die digitale Revolution, die die heutige Zeit bestimmt, führt uns vor Augen, wie stark technologische Innovationen Wirtschaft, Gesellschaft und Politik beeinflussen. Diese Erfahrung kann uns dabei helfen, den **tiefgreifenden Wandel der Arbeits- und Lebensverhältnisse im 19. Jahrhundert** besser zu verstehen.

Abitur Geschichte (Bayern) – 2022 – Aufgabe I
Gesellschaft im Wandel (15. bis 19. Jahrhundert)

1 Beschreiben Sie Grundlinien und Einflussfaktoren der Bevölkerungsentwicklung vom 15. bis zum 18. Jahrhundert im Heiligen Römischen Reich Deutscher Nation! (16 BE)

2 Der Schriftsteller und Jurist Heinrich Christian Boie gab Ende des 18. Jahrhunderts unter dem Titel „Deutsches Museum" eine Jahreschronik heraus. Der Band für das Jahr 1778 thematisiert unter anderem die Ansiedlung und den Aufbau von Manufakturen (M 1). (38 BE)

2.1 Arbeiten Sie aus M 1 Maßnahmen und wesentliche Motive der staatlichen Förderung von Manufakturen am Beispiel der Kurpfalz heraus!

2.2 Beurteilen Sie, inwieweit in M 1 bereits Kennzeichen der Industrialisierung deutlich werden!

3 Im Zuge der Industrialisierung veränderten sich im 19. Jahrhundert auch die familiären Lebenswelten. (36 BE)

3.1 Analysieren und interpretieren Sie das Porträt der Familie Schegar (M 2)!

3.2 Ihr Geschichtskurs wirkt bei einer Ausstellung an Ihrer Schule zum Thema „Geschlechterrollen im Lauf der Jahrhunderte" mit. Ihre Aufgabe ist es, ein repräsentatives Bild für die Zeit des 19. Jahrhunderts auszuwählen. Diskutieren Sie, ob das Porträt M 2 hierfür geeignet ist!

4 Bearbeiten Sie eine der drei folgenden Teilaufgaben! (30 BE)

a) zu Halbjahr 11/2

Der frühere Bundespräsident Richard von Weizsäcker äußerte sich in einer Rede im Jahr 1985 folgendermaßen zur Verantwortung der deutschen Bevölkerung für die Entrechtung und Verfolgung ihrer jüdischen Mitbürgerinnen und Mitbürger sowie die systematische Ermordung der europäischen Jüdinnen und Juden:

„Die Ausführung des Verbrechens lag in der Hand weniger. Vor den Augen der Öffentlichkeit wurde es abgeschirmt. Aber jeder Deutsche konnte miterleben, was jüdische Mitbürger erleiden mußten […]. Als dann am Ende des Krieges die ganze unsagbare Wahrheit des Holocaust herauskam, beriefen sich allzu viele von uns darauf, nichts gewußt oder auch nur geahnt zu haben."

Bundespräsident Richard von Weizsäcker bei der Gedenkveranstaltung im Plenarsaal des Deutschen Bundestages zum 40. Jahrestag des Endes des Zweiten Weltkrieges in Europa am 8. Mai 1985 in Bonn. Abrufbar unter https://www.bundespraesident.de/SharedDocs/Reden/DE/Richard-von-Weizsaecker/Reden/1985/05/19850508_Rede.html (3. Dezember 2021).

Nehmen Sie auch unter Bezugnahme auf konkrete antijüdische Maßnahmen begründet Stellung zu der Frage, inwieweit die deutsche Bevölkerung mitverantwortlich war für die Entrechtung und Verfolgung ihrer jüdischen Mitbürgerinnen und Mitbürger sowie die systematische Ermordung der europäischen Jüdinnen und Juden!

b) zu Halbjahr 12/1
1952 formulierte der damalige Generalsekretär des Zentralkomitees der SED, Walter Ulbricht:

„In Übereinstimmung mit den Vorschlägen aus der Arbeiterklasse, aus der werktätigen Bauernschaft und aus anderen Kreisen der Werktätigen hat das Zentralkomitee der Sozialistischen Einheitspartei Deutschlands beschlossen, [...] daß in der Deutschen Demokratischen Republik der Sozialismus planmäßig aufgebaut wird. [...] Die Schaffung der Grundlagen des Sozialismus entspricht den Bedürfnissen der ökonomischen Entwicklung und den Interessen der Arbeiterklasse und aller Werktätigen."

Matthias Judt (Hg.): DDR-Geschichte in Dokumenten. Beschlüsse, Berichte, interne Materialien und Alltagszeugnisse, Bonn 1998, S. 52.

Erläutern Sie ausgehend von dem Zitat Walter Ulbrichts das Selbstverständnis der DDR und nehmen Sie Stellung zu der These, dass die DDR an der Kluft zwischen Anspruch und Wirklichkeit gescheitert ist!

c) zu Halbjahr 12/2
Im Rahmen eines schulischen, fächerübergreifenden Projekttages zum Thema „Städte im Wandel" beschäftigt sich Ihr Geschichtskurs mit der historischen Entwicklung Jerusalems. Ihnen fällt dabei die Aufgabe zu, einen in die Thematik einführenden Vortrag zu verfassen. Bei der Vorbereitung stoßen Sie auf folgendes Zitat des palästinensischen Forschers Rami Nasrallah:

„Schlussendlich könnte Jerusalem also entweder ein Zentrum der Menschlichkeit und ein Bindeglied im Netzwerk globaler Städte sein – zusätzlich zum Status als Hauptstadt zweier Staaten – oder aber eine Brutstätte für den Kampf von Kulturen, Religionen und Völkern, was unweigerlich zu einem allumfassenden Konflikt führen würde und ein unvorstellbarer Verlust wäre."

Rami Nasrallah: Hauptstadt Jerusalem. Eine palästinensische Perspektive, in: Aus Politik und Zeitgeschichte 15-16/2018, S. 42. Abrufbar unter https://www.bpb.de/apuz/267344/hauptstadt-jerusalem-eine-palaestinensische-perspektive?p=1 [20. Dezember 2021]. Aus dem Englischen von Peter Beyer, Bonn.

Verfassen Sie einen Vortrag, in dem Sie zunächst auch unter Einbezug geeigneten Kartenmaterials im Historischen Atlas erläutern, welche religiösen und machtpolitischen Ansprüche die Geschichte Jerusalems in der Antike und im 20. Jahrhundert prägten! Diskutieren Sie anschließend vor dem Hintergrund des obigen Zitats die Bedeutung der Stadt im Friedensprozess!

Material

M 1: Auszug aus der von Heinrich Christian Boie herausgegebenen Jahreschronik „Deutsches Museum“ für das Jahr 1778

Die wichtigste Manufakturstadt der Pfalz ist izt Frankenthal, eine kleine artige Stadt 5/4 [eineinviertel] Stunden vom Rhein entfernt. Die Regierung bemüht sich besonders seit sechs Jahren diese Stadt zum Hauptsiz der Manufakturen zu machen, obgleich dem ersten Blick nach Mannheim und Heidelberg[1] mehr dafür zu passen scheinen, da beide Städte den Neckar und ersteres auch den Rhein ganz nahe und also einen leichtern Absaz haben. […] Statt diese beide Städte durch erkünstelte Mittel zu überfüllen, hielt man es besser eine dritte neue Stadt zu schaffen, und in dieser den Manufakturen eine eigne Residenz zu geben[2]. […]

Der Ort hätte in der That nicht vorteilhafter gewählt werden können […]. Aber der izigen Regierung war es vorbehalten, Frankenthal nicht nur zu seinem ehemaligen Flor[3] wieder herzustellen, sondern auch ihm einen weit blühendern Wohlstand zu geben, als es je gesehn hatte.

Die Regierung hat sich hiemit seit 1758, vorzüglich aber seit 1771 beschäftigt. In diesem Jahre wurden neue Einwohner und besonders Fabrikanten nach Frankenthal durch grosse Freiheiten und Vorteile eingeladen; die Preise der Lebensmittel wurden durch verminderte Accise[4] und andre Abgaben herabgesezt; den angehenden Fabriken wurde der Absaz dadurch gesichert, daß der Hof, die Truppen und alle Landesdikasteria[5] verpflichtet wurden, nur inländischer Tuchmanufakturen sich zu bedienen. Auch wurde für die nüzliche Sortirung der Wolle gesorgt, und die freie Ausfuhr der rohen eingeschränkt. Für die Fabriken, welche grosse Häuser fordern, bauete sie der Kurfürst, und überlies sie frei zum allgemeinen Gebrauch; Er legte auch eine vortrefliche Woll- und Seidenfärberei an; Er lies Maschinen verfertigen zum Glätten der Sammet- und Seidenzeugfabriken; und vollendete endlich alle diese nüzlichen Anstalten für Frankenthal durch Wiederherstellung des ehemaligen niederländischen Kanals. […] Durch diesen Kanal wird Frankenthal mit den beiden Hauptstädten des Landes verbunden, und der weiteste Absaz seiner Fabriken ihm gesichert.

So viele ruhmwürdige Bemühungen entsprachen dann auch der Absicht ihres Stifters. Die Zunahme der Bevölkerung von Frankenthal ist ausnehmend[6]. 1768 befanden sich hier nur 1 000 Seelen und 1775 schon fast 4 000. […]

Die Frankenthaler Fabrik ist 1755 durch Herrn Hannong angelegt; der Kurfürst gab ihm den freien Gebrauch eines grossen Hauses; er machte gute Waare, aber fand nicht Absaz genug und sahe sich genötigt seinen Vorrat und Geheimnis[7] 1762 an den Kurfürsten zu verkaufen. Diese Porzellanfabrik gehört ohne Zweifel unter die besten in Deutschland und hat wahrscheinlich nach Meissen und Berlin den ersten Rang. Ihre Malerei ist besonders schön. Sie beschäftigt zusammen 49 Arbeiter und unterhält mit dieser ihren Familien 203 Menschen.

Die Wollen-Zeug und Kamelotmanufaktur[8] ist die zweite herrschaftliche und 1768 errichtet. Diese ist zur Beschäftigung einer Menge armer Menschen und auch der Kinder, durch Weben und Spinnen ausnehmend nüzlich, und also eines Fürsten würdig, der mehr auf den Gewinn, den er seinen Untertanen gibt, als den er selbst erwirbt, Rücksicht nimmt. Diese Fabrik beschäftigt in der Stadt und in den nahgelegnen Dörfern 639 Menschen.

Die Wollen- und Seidenfärberei werden vom Kurfürsten zum Vorteile der Privatfabriken unterhalten.

Alle übrige Fabriken sind von Privatpersonen entweder von Anfang übernommen oder doch izt in ihren Händen.

Heinrich Christian Boie (Hg.): Deutsches Museum, Leipzig 1778 (Band 1), S. 108 –116. Abrufbar unter http://ds.ub.uni-bielefeld.de/viewer/image/1923976_005/2/LOG_0003/ (3. Dezember 2021). Der Text wurde zu Prüfungszwecken angepasst.

1 Mannheim und Heidelberg: Bis 1720 war Heidelberg, danach Mannheim Residenzstadt der Kurpfalz.
2 Residenz geben: hier ‚ansiedeln'.
3 Flor: Wohlstand.
4 Accise: Verbrauchssteuer für Lebensmittel.
5 Landesdikasteria: Gerichtshöfe und Regierungsbehörden.
6 ausnehmend: besonders.
7 Geheimnis: hier ‚Betriebsgeheimnis in Bezug auf die Herstellung von Porzellan'.
8 Kamelot: feineres Wollgewebe.

M 2: Johann Baptist Reiter (1813–1890): Porträt der Familie Schegar (1842)

[Achtung! Verwenden Sie die beiliegende Farbreproduktion!]

NORDICO Stadtmuseum Linz

Anmerkungen

Das Bildnis zeigt den Baumeister Benedikt Schegar (1801–1861) und seine Frau Theresia Schegar mit ihren Kindern (von links nach rechts) Ferdinand, Johann, Juliane (auf dem Schoß der Mutter), Josef, Cäcilie (am linken Arm der Mutter), Maria und Andreas im Garten ihrer Villa in Wien-Oberdöbling.

Hinweis: Eine Farbabbildung des Bildes zum Download finden Sie unter: https://www.stark-verlag.de/mystark (Zugangscode vgl. Umschlaginnenseite).

Lösungsvorschläge

1 *Die Aufgabe bezieht sich auf die demografische Entwicklung in der Frühen Neuzeit. Der Operator „beschreiben" (AFB I) zeigt an, dass Sie wesentliche Informationen zur Bevölkerungsentwicklung im Heiligen Römischen Reich des 15. bis 18. Jahrhunderts vermitteln müssen. Die Signalwörter „Grundlinien" und „Einflussfaktoren" weisen darauf hin, dass es einerseits um allgemeine Tendenzen, andererseits um Ursachen gehen soll. Die folgende Lösung beginnt mit einem kurzen, zusammenfassenden Überblick über die Bevölkerungsentwicklung im gesamten Zeitraum und nimmt anschließend verschiedene Phasen mit ihren Besonderheiten genauer in den Blick.*

Betrachtet man den ganzen Untersuchungszeitraum, so lässt sich für das **15. bis 18. Jahrhundert** im **Heiligen Römischen Reich deutscher Nation** – mit Ausnahme eines Bevölkerungsschwundes im 17. Jahrhundert als Folge des Dreißigjährigen Krieges – ein langsamer, aber **stetiger Anstieg der Bevölkerungszahl** festhalten. Aufgrund einer hohen Geburtenrate wuchs die Bevölkerung trotz niedriger Lebenserwartung, des regelmäßigen Auftretens von Seuchen sowie rigider Ehebeschränkungen. Ab Mitte des 18. Jahrhunderts ist durch verbesserte Anbaumethoden, neue medizinische Erkenntnisse und des damit verbundenen Rückgangs der Sterblichkeit ein starker Anstieg der Bevölkerungszahl festzustellen.

Die **Bevölkerungsentwicklung** war über die Jahrhunderte hinweg durch unterschiedliche Faktoren geprägt, darunter **klimatische Veränderungen**. So wirkte sich die im 16. Jahrhundert einsetzende „**kleine Eiszeit**" – eine Periode äußerst kalter Winter und verregneter Sommer – negativ auf die Ernten und somit auf die Ernährungslage aus. Durch die Nutzung landwirtschaftlicher Flächen, auf denen vorher nicht angebaut worden war, kam es aber zu keinem Rückgang der Bevölkerungszahl. Im 17. Jahrhundert führte der **Dreißigjährige Krieg** (1618–1648) zu einer **massiven Dezimierung** der Bevölkerung. Verantwortlich dafür waren nicht in erster Linie die auf den Schlachtfeldern getöteten Soldaten, sondern vielmehr die **sinkenden landwirtschaftlichen Erträge** infolge der enormen **Verwüstungen** und die rasche Ausbreitung von Seuchen durch umherziehende Massenheere. Es dauerte fast ein Jahrhundert, bis die Bevölkerungszahl im Heiligen Römischen Reich wieder das Vorkriegsniveau erreichte.

Ende des 17. Jahrhunderts wurde die „kleine Eiszeit" von einer **wärmeren Periode** abgelöst, was zu einer Steigerung der landwirtschaftlichen Produktion führte. Außerdem veränderte sich die Kriegsführung: Man ging zu räumlich und zeitlich begrenzten „**Kabinettskriegen**" über, die die Zivilbevölkerung nicht mehr so in Mitleidenschaft zogen. Durch die Ausweitung der Ackerflächen (z. B. Trockenlegung von Mooren) und die Anwendung neuer Anbaumethoden und agrarwissenschaftlicher Erkenntnisse **verbesserte** sich das **Nahrungsmittelangebot**. Die Sterblichkeit wurde darüber hinaus durch sich durchsetzende neue **medizinische Erkenntnisse** (z. B. Bedeutung hygienischer Verhältnisse) verringert. Dazu kam, dass durch die allmähliche Auflösung der alten wirtschaftlich-gesellschaftlichen

Strukturen **Heiratsbeschränkungen** an Bedeutung verloren, sodass die Zahl der Eheschließungen stieg und für eine **wachsende Geburtenrate** sorgte. Etwa ab Mitte des 18. Jahrhunderts nahm die Bevölkerung aus den angeführten Gründen sehr stark zu. Daher spricht man auch von der **demografischen Revolution des 18. Jahrhunderts**.

2.1 *Die Aufgabenstellung verlangt, aus dem Text einer Jahreschronik Maßnahmen und wesentliche Motive der staatlichen Förderung von Manufakturen „herauszuarbeiten" (AFB II). Sie sollen zeigen, dass Sie eine Textquelle auszuwerten verstehen. Durch den Hinweis, dass es um „Maßnahmen" und „wesentliche Motive" gehen soll, wird die Richtung der Erschließung vorgegeben. Es empfiehlt sich, den Text genau zu studieren und mit unterschiedlichen Farben die zu den beiden Kategorien passenden Inhalte zu markieren, um keinen Aspekt zu übersehen. Die Maßnahmen sind relativ einfach anhand gewisser Textstellen zu bestimmen, während es bei der Herausarbeitung der Motive nötig ist, vom konkreten Handeln des Kurfürsten auf die allgemeineren Absichten zu schließen.*

Aus der Jahreschronik „Deutsches Museum" von 1778 lassen sich verschiedene **Maßnahmen der staatlichen Förderung von Manufakturen** herausarbeiten. M 1 zufolge hat sich die kurpfälzische Regierung ein paar Jahre zuvor entschieden, anstelle der schon bedeutenden Städte Mannheim und Heidelberg das kleinere **Frankenthal** durch die **Ansiedlung von Manufakturen** zu **fördern** und ihm zu Wohlstand zu verhelfen (vgl. Z. 1–12).

Um **neue Einwohner** und vor allem **Unternehmer** nach Frankenthal zu ziehen, seien die Steuern auf Lebensmittel verringert und darüber hinaus **Privilegien und Freiheiten** als Anreiz beschlossen worden (vgl. Z. 13–16). Außerdem habe man zugunsten der Manufakturen verfügt, dass Hof, Militär, Gerichte und Regierungsbehörden nur inländische Textilien kaufen sollten (vgl. Z. 16–18) und die Ausfuhr des Rohstoffs Wolle nur noch eingeschränkt möglich sei (vgl. Z. 18–20). Auch bemühe sich der Kurfürst, die **Produktionsbedingungen** und die **Infrastruktur** zu **verbessern:** durch den Bau einer Woll- und Seidenfärberei und von **Gebäuden**, die als Fabriken verwendet werden könnten, die Bereitstellung von **Maschinen** für die Textilherstellung und die Wiedererrichtung eines Kanals, der Frankenthal mit Mannheim und Heidelberg verbinde (vgl. Z. 20–26). Einem Unternehmer habe der Kurfürst dessen angesehene **Porzellanfabrik** abgekauft, als diese keinen Gewinn mehr erwirtschaftete (vgl. Z. 30–34).

Folgende **Motive** lassen sich aus dem Text **ableiten:** Die Förderung Frankenthals als „**wichtigste Manufakturstadt**" (Z. 1) sollte zu einer **gleichmäßigeren wirtschaftlichen Verteilung** in der Kurpfalz beitragen, da sich nicht alles auf die zwei Zentren Mannheim und Heidelberg konzentrierte (vgl. Z. 1–8). Auch wurde die **demografische Entwicklung** unterstützt, da sich die **Einwohnerzahl** der Stadt innerhalb von sieben Jahren fast vervierfachte (vgl. Z. 28 f.). Im Rahmen seines wirtschaftlichen Engagements sorgte der Kurfürst zudem dafür, dass arme Untertanen und deren Kinder ein Auskommen fanden, und konnte sich als **mildtätiger**

Herrscher präsentieren, der nicht nur seine eigenen, sondern auch die Interessen seiner Untertanen im Blick hatte (vgl. Z. 37–42). Ein größerer **Wohlstand der Bevölkerung** bedeutete allerdings zugleich höhere **Steuereinnahmen** der Regierung. Insgesamt schienen sich das **wirtschaftlich-soziale Engagement** des Kurfürsten und der Besitz angesehener Manufakturen positiv auf sein **Ansehen** auszuwirken (vgl. Z. 33–35, 38–41).

2.2 *Sie sind aufgefordert zu „beurteilen“ (AFB II), inwieweit in M 1 schon Kennzeichen der späteren Industrialisierung deutlich werden. Überlegen Sie sich, welche Gesichtspunkte bereits auf die Industrialisierung hinweisen, welche Aspekte dagegen noch für vorindustrielle Verhältnisse typisch sind. Es ist ratsam, die beiden Sichtweisen nacheinander zu behandeln und dabei Zusammenhänge zu erläutern, damit die Gedankengänge besser nachvollzogen werden können. Schließen Sie Ihre Ausführungen mit einem Fazit, in dem Ihr begründetes Sachurteil klar wird.*

Zuerst soll betrachtet werden, welche **Kennzeichen der Industrialisierung** in M 1 schon sichtbar werden. Im Auszug aus der Jahreschronik wird allgemein eine gewisse **wirtschaftliche Dynamik** fassbar: Der Kurfürst verbesserte durch den Kanalausbau die **Infrastruktur** und stimulierte das wirtschaftliche Wachstum durch den Bau von **Fabrikgebäuden** und die Produktion von **Maschinen**. Zudem wird ein **starker demografischer Anstieg** deutlich, da sich die Bevölkerung Frankenthals innerhalb von sieben Jahren vervierfachte. Erwähnt wird auch eine insgesamt hohe Anzahl an Beschäftigten in den beiden kurfürstlichen Betrieben, was auf Anfänge der für die Industrialisierung typischen **Massenproduktion** schließen lässt. Die Manufakturen zogen in großer Zahl neue Einwohner in die Stadt; ein **ausreichendes Arbeitskräfteangebot** war später in der Zeit der Industrialisierung eine wichtige Grundlage für Ausbreitung und Erfolg des Fabrikwesens. Die herrschaftliche Wirtschaftsförderung begünstigte die Entstehung eines **weiteren städtischen Zentrums** in der Kurpfalz neben Mannheim und Heidelberg. Hier finden sich Hinweise auf die **Urbanisierung**, die zentrales Kennzeichen der Industrialisierung werden sollte. Auch rückt die Erwähnung des Kanals die Bedeutung der **Infrastruktur** für die Wirtschaft in den Vordergrund: **Wasserwege**, **Straßen** und schließlich die **Eisenbahn** spielten eine wichtige Rolle bei der rasanten wirtschaftlichen Entwicklung während der Industrialisierung.

Nun soll dargelegt werden, welche Aspekte noch typisch für die **vorindustrielle Zeit** waren. Im 17. und 18. Jahrhundert waren viele **Herrscher** im Rahmen des vorherrschenden **Merkantilismus** bestrebt, Manufakturen zu fördern und durch mehr Ausfuhren die Wirtschaftskraft ihres Landes zu vergrößern. Gerade **Manufakturen**, die begehrte Waren produzierten (z. B. die in M 1 erwähnten Porzellan- und Textilmanufakturen), waren ein wichtiger Faktor in der Wirtschaft frühneuzeitlicher Staaten. Auch war die starke **staatliche Steuerung** der Wirtschaft ein Kennzeichen der damaligen Zeit, während sich in der Industrialisierung Ausprägungen der liberalen Wirtschaftsphilosophie durchsetzten und Unternehmer sich weitgehend frei von staatlicher Reglementierung entfalten konnten. Darüber hinaus wird im Text zwar auf lobende Weise angesprochen, dass die vom Kurfürsten unterhaltene „Wollen-Zeug und Kamelotmanufaktur“ (Z. 37) auch der Beschäftigung vieler armer Menschen diente; es gibt aber noch keine Hinweise auf schwerwiegende **soziale Probleme**, wie sie als „Pauperismus“ und „Soziale Frage“ verschiedene Phasen der Industrialisierung prägen sollten, obgleich zumindest Kinderarbeit in M 1 angedeutet wird. Zentrale **technologische Neuerungen** und Voraussetzungen für die Industrialisierung, wie die Dampfkraft, spielen in dem Text keine Rolle, auch eine grundlegende **Umwälzung der Produktionsverhältnisse** hat offensichtlich noch nicht stattgefunden.

Es lässt sich festhalten, dass in M 1 zwar schon **Kennzeichen der Proto- bzw. Frühindustrialisierung** aufgeführt sind, dass andere inhaltliche Aspekte aber noch klar der vorindustriellen Zeit zuzuordnen sind.

3.1 *Sie sollen das Porträt der Familie Schegar von Johann Baptist Reiter „analysieren“ (AFB II) und „interpretieren“ (AFB III), d. h., Sie müssen nicht nur die Gestaltung des Bildes untersuchen, sondern auch Sinnzusammenhänge ableiten. So können durch die Untersuchung der Abbildung Aussagen über die gesellschaftliche Stellung der Familie und über die schichtenspezifische Rollenverteilung getroffen werden. Die Bereiche Analyse und Interpretation lassen sich bei den Ausführungen nicht immer klar trennen. Ziehen Sie für die Bearbeitung auch die Zusatzinformationen sowie die Farbversion des Bildes auf MyStark heran.*

Das Bild **M 2** ist ein vom Künstler **Johann Baptist Reiter 1842** angefertigtes **Porträt der Familie Schegar**. Das Ehepaar Benedikt und Theresia Schegar wird mit seinen sieben Kindern im Garten seines **Anwesens in Wien-Oberdöbling** dargestellt. Der Familienvater steht neben seiner Frau und überragt sie deutlich. Seine Gattin sitzt auf einem Stuhl, ein Baby liegt auf einem Kissen auf ihren Knien; die anderen Kinder umringen ihre Mutter. Der Nachwuchs scheint in seine Spiele versunken; nur das Kind ganz links, das auf einem Schaukelpferd sitzt, wendet den Blick – wie seine Eltern – selbstbewusst dem Betrachter zu. Links unten ist ein Hund zu sehen. Die Familie ist offensichtlich **wohlhabend:** Im Hintergrund sieht man das herrschaftliche **Haus**, das stilistisch an die Antike erinnert, und den mit Blumen bepflanzten Garten. Zudem ist die Familie **vornehm gekleidet**.

Insgesamt wird hier das **Ideal einer bürgerlichen Familie** vermittelt. **Theresia Schegar** bildet den Mittelpunkt des Gemäldes und sticht durch das zarte hellrosa Kleid, das bis zu ihren Füßen reicht, hervor. Sie ist von all ihren Kindern umringt; das Neugeborene liegt auf ihrem Schoß, um ihren Sohn Johann hat sie den Arm gelegt, Tochter Cäcilie klammert sich an sie. Insgesamt wird die **Nähe und enge Bindung** zwischen Mutter und Kindern deutlich und verweist darauf, dass die Frauen nach damaliger bürgerlicher Vorstellung für die **Kindererziehung** und den **Haushalt** zuständig waren.

Benedikt Schegar dagegen steht etwas versetzt hinter seiner Familie und ist durch seine Position, Größe und selbstbewusste Haltung klar als **Familienoberhaupt**

erkennbar. Seine goldbestickte Mütze erinnert an eine Krone. Das weiße Hemd, die helle Weste, die beige Hose und die dunkle Anzugjacke verweisen auf die **hohe soziale Stellung** des erfolgreichen Baumeisters. Außerdem wird deutlich, dass es Sache des Mannes ist, die **Familie nach außen zu vertreten**. Die Kinder sind individuell dargestellt; das Schaukelpferd, das Blumenkörbchen und der kleine Hund können Hinweise sein, dass es **Freiräume für die Kinder** gab und diese sich in einer **kindgerechten Umgebung** entfalten konnten.

3.2 *Durch die Aufgabenstellung ist ein situativer Rahmen gegeben: Ihr Geschichtskurs beschäftigt sich mit dem Thema „Geschlechterrollen im Lauf der Jahrhunderte" und sucht passende Quellen für eine Ausstellung. Sie sind für das 19. Jahrhundert zuständig und sollen „diskutieren" (AFB III), ob das Porträt der Familie Schegar hierfür geeignet ist. Der Operator fordert von Ihnen, eine Argumentation zu dieser historischen Fragestellung zu entwickeln. Begründen Sie auf der einen Seite, inwiefern das Gemälde die Geschlechterrollen im 19. Jahrhundert treffend zum Ausdruck bringt, und gehen Sie auf der anderen Seite auch auf Gesichtspunkte gegen eine Verwendung des Porträts für den angegebenen Zweck ein. Am Ende sollten Sie ein begründetes Urteil als Fazit formulieren.*

Zunächst geht es um Aspekte, welche das Porträt für die Ausstellung und speziell für die Präsentation des 19. Jahrhunderts **geeignet** erscheinen lassen. Die **bürgerliche Familie** war eine charakteristische Lebensform der **Industriegesellschaft**, die über das Bürgertum hinaus als **Ideal** gesehen wurde. Im Gegensatz zum **„Ganzen Haus" der Frühen Neuzeit** schloss dieses Familienbild nur die **Kernfamilie** mit Vater, Mutter und Kindern ein. Dies wird in M 2 deutlich, da keine anderen Verwandten oder im Haus lebenden Bediensteten zu sehen sind.

Auch im 19. Jahrhundert wurden viele **Ehen** noch **arrangiert**, wobei großer Wert auf „**standesgemäße**" Beziehungen gelegt wurde. Allerdings setzte sich zunehmend die **Idealvorstellung einer Heirat aus Liebe** durch. Zwar ist auf dem Bild keine direkte Berührung zwischen Benedikt Schegar und seiner Frau zu sehen, aber die große Zahl der Kinder in dichter Abfolge und die Darstellung des Nachwuchses im heiteren Spiel könnten auf ein **harmonisches Familienleben** hindeuten, das auf der **gegenseitigen Zuneigung der Eltern** beruht.

Die **Rollenverteilung** innerhalb der bürgerlichen Familie war klar geregelt: Der Mann galt als **Ernährer und Oberhaupt** der Familie, während die Frau keiner Erwerbstätigkeit nachgehen, sondern ihrem Gatten emotionalen **Rückhalt** geben und sich **fürsorglich** um die **Erziehung der Kinder** kümmern sollte. Dies entsprach der das Industriezeitalter prägenden Vorstellung vom unterschiedlichen Charakter von Mann und Frau. In M 2 erscheint Theresia Schegar tatsächlich als gefühlsmäßiges **Zentrum der Familie**, um das sich die Kinder scharen. Die aufrechte, stolze Stellung Benedikt Schegars, der eher am Rand des Bildes positioniert ist, und der fehlende direkte Bezug zu den Kindern legen nahe, dass er nicht wie seine Frau in der Familie, sondern in der **Erwerbswelt** mit ihren eigenen Anforderungen aufgeht.

Den **ökonomischen Hintergrund** dieser Aufgabenverteilung bildet die günstige **Einkommenssituation** des Bürgertums (v. a. des Großbürgertums) in der Industriegesellschaft. Benedikt Schegar scheint ein erfolgreicher Baumeister gewesen zu sein, da sich die Familie ein herrschaftliches Haus und vornehme Kleidung leisten konnte. Es liegt nahe, dass sie auch **Personal** hatte, das die im Haushalt anfallenden Arbeiten erledigte. Dies war nicht nur ein **Statussymbol**, das den Wohlstand der Familie nach außen zeigen, sondern es auch ermöglichen sollte, dass sich die Frau auf die Kindererziehung und die emotionale Unterstützung des Mannes konzentrieren konnte. Theresia Schegars Anmut lässt vermuten, dass sie die Haushaltstätigkeiten tatsächlich nicht selbst verrichten musste.

Das **Bild des Kindes** hat sich im 19. Jahrhundert ebenfalls verändert: In bürgerlichen Familien setzte sich immer stärker die Vorstellung durch, dass Kinder mit ihren jeweiligen Begabungen **gefördert** werden sollten. Das Porträt der Familie Schegar vermittelt diese Auffassung, da die Kinder **sehr individuell** dargestellt sind und auch in einem Raum gezeigt werden, der es ihnen erlaubt, **unbeschwert** zu sein. Allerdings wirkt die Kleidung einiger Söhne etwas erwachsener und weniger verspielt. Dies könnte darauf hinweisen, dass sie – im Gegensatz zu den Mädchen – später **Verantwortung** als Familienoberhaupt **übernehmen** müssen.

Es gibt aber auch Aspekte, die sich **gegen** die Verwendung des Bildes als umfassendes Beispiel für die Geschlechterrollen im 19. Jahrhundert anführen lassen. In anderen Schichten differenzierten sich die unterschiedlichen Lebensbereiche und Aufgaben nicht so klar aus wie in der bürgerlichen Gesellschaft. So waren Frauen z. B. im **bäuerlichen Milieu** noch stark in den Produktionsprozess eingebunden. Hier waren nach wie vor Strukturen des „**Ganzen Hauses**“ der Frühen Neuzeit vorhanden, was auch an der **engen Bindung des Gesindes** an die Familie des Bauern (zumindest in der ersten Hälfte des 19. Jahrhunderts) ablesbar ist. Für die **familiären Lebenswelten auf dem Land** ist das Porträt der Familie Schegar daher **nicht repräsentativ**.

Zudem war das 19. Jahrhundert angesichts der fortschreitenden Industrialisierung durch die zunehmende **Bedeutung der Arbeiterklasse** geprägt. Die **Arbeiterfamilie** unterschied sich in ihren Lebensverhältnissen deutlich vom Bürgertum. Während in bürgerlichen Familien oft Haushaltshilfen angestellt waren, damit sich die Ehefrau um die Erziehung der Kinder kümmern konnte, so war dies den Arbeiterfamilien aus **finanziellen Gründen** in der Regel nicht möglich. Auch dass die Frau **keiner Erwerbsarbeit** nachging, kam nur in Kreisen gut verdienender Facharbeiter vor: In den meisten Arbeiterfamilien mussten beide Ehepartner arbeiten, um den **Lebensunterhalt** der Familie **bestreiten** zu können. Diese Realität steht in völligem Gegensatz zu den in M 2 vermittelten (groß-)bürgerlichen Familienverhältnissen, die durch Wohlstand und mehr Chancen auf eine **individuellere Lebensgestaltung** geprägt waren. Darüber hinaus herrschten in vielen Arbeiterfamilien **halboffene Familienstrukturen**, da in den häufig engen Wohnungen fremde Untermieter oder „Schlafgänger“ unterkamen, deren Bezahlung für das finanzielle Auskommen der Arbeiterfamilie wichtig war. Auf dem Bild von Reiter ist dagegen nur das wohlhabende Ehepaar Schegar mit seinen

Kindern zu sehen, das es sicher nicht nötig hatte, aus finanziellen Gründen fremde Menschen aufzunehmen. Dienstmädchen wohnten in Familien des gehobenen Bürgertums abgetrennt vom privaten Wohnbereich ihrer Herrschaften.

Relativierend muss zudem beachtet werden, dass die damaligen Geschlechterrollen und besonders das **bürgerliche Familienideal** im 19. Jahrhundert zunehmend diskutiert und **infrage gestellt** wurden, und zwar durch die sich seit den 1860er-Jahren entwickelnde **Frauenbewegung**. So wurden etwa von Louise Otto-Peters 1865 der Allgemeine Deutsche Frauenverein (ADF), 1866 von Adolf Lette der „Verein zur Förderung der Erwerbsfähigkeit des weiblichen Geschlechts" und von Helene Lange 1890 der „Allgemeine Deutsche Lehrerinnenverein" gegründet. Während die **bürgerliche Frauenbewegung** vor allem forderte, dass Frauen in Bildung und Beruf die gleichen Chancen wie Männer haben sollten, setzte sich die **proletarische Frauenbewegung** für bessere Löhne und Arbeitsbedingungen ein. Von diesen Tendenzen einer **Emanzipation der Frau** ist auf dem Porträt der Familie Schegar nichts zu spüren, da die Rollenverteilung hier noch ganz dem **bürgerlichen Ideal** entspricht: Der Mann ist das **Oberhaupt der Familie**, die Frau ist auf den **privaten Bereich** und v. a. die Kindererziehung beschränkt.

Als Fazit kann festgehalten werden, dass die Darstellung der Familie Schegar in Johann Baptist Reiters Gemälde **in bestimmter Hinsicht** für die Geschlechterrollen des 19. Jahrhunderts und besonders für die familiäre Lebenswelt des Bürgertums **repräsentativ** ist. Jedoch vermag es nur das **im Bürgertum vorherrschende Ideal** zu vermitteln. Die Geschlechterrollen und sozialen Beziehungen in **Arbeiterfamilien** kommen in M 2 **nicht** zum Ausdruck. Auch das sich allmählich wandelnde Verhältnis der Geschlechter als Folge des Engagements der sich organisierenden **Frauenbewegung** klingt im Bild nicht an. Neben M 1 müssten daher für die Ausstellung noch **weitere Abbildungen** hinzugezogen werden, um das Thema „Geschlechterrollen im 19. Jahrhundert" differenziert aufzuzeigen.

4 *Der folgende Lösungsvorschlag greift die **Teilaufgabe c)** zum Halbjahr **12/2** auf. Die Lösungsvorschläge zu den Halbjahren **11/2** und **12/1** finden Sie auf den Seiten 46 ff. und 29 ff. dieses Jahrgangs.*
Auch in dieser Aufgabe ist ein situativer Rahmen vorgegeben: ein Projekttag zum Thema „Städte im Wandel", für den sich Ihr Geschichtskurs mit der historischen Entwicklung Jerusalems beschäftigt. Sie sollen in einem Vortrag in die Thematik einführen. Die Aufgabe umfasst zwei Teile: Zunächst müssen Sie unter Einbeziehung von Kartenmaterial „erläutern" (AFB II), welche religiösen und machtpolitischen Ansprüche die Geschichte Jerusalems in der Antike und im 20. Jahrhundert prägten. Der Operator verweist darauf, dass historische Sachverhalte nicht nur anzuführen, sondern auch einzuordnen und durch Informationen und Beispiele zu konkretisieren sind. Greifen Sie dabei auf passende Karten im Historischen Atlas (hier: Putzger Historischer Weltatlas. Ausgabe Bayern, 104. Auflage, 2012) zurück. Anschließend geht es um das Zitat eines palästinensischen

Forschers über die Schlüsselstellung Jerusalems für ein friedliches oder konfliktreiches Verhältnis der Kulturen, Religionen und Völker. Davon ausgehend sollen Sie die Bedeutung der Stadt im Friedensprozess „diskutieren" (AFB III), also von unterschiedlichen Seiten beleuchten. Schließen Sie Ihre Ausführungen mit einem Fazit. Da ein Vortrag zu halten ist, müssen Sie das Publikum ansprechen. In der folgenden Lösung wird davon ausgegangen, dass auch externe Gäste den Projekttag und somit Ihren Vortrag besuchen dürfen. Auch soll sich die Rede durch eine besonders klare, anschauliche Argumentation auszeichnen.

Sehr geehrte Damen und Herren, liebe Mitschülerinnen und Mitschüler,

nicht zuletzt durch die extrem hohe Mobilität ist heute das **Zusammenleben** von Menschen mit **unterschiedlichem kulturellen oder religiösen Hintergrund** – vor allem in großen Metropolen – zum **Normalfall** geworden. Das ist nicht immer einfach, da es oft **Spannungen** gibt. Vielfach ist eine solche Verschiedenheit aber auch befruchtend und trägt zur Gestaltung einer **lebendigen Gesellschaft** bei.

Stellvertretend für unseren Geschichtskurs werde ich Ihnen und Euch heute einen Einblick in die **wechselhafte Geschichte Jerusalems** geben und zeigen, welche **religiösen und machtpolitischen Ansprüche** hier aufeinandergetroffen sind. Damit man meinen Ausführungen leichter folgen kann, werde ich passendes Kartenmaterial in meinen Vortrag einbinden. Danach möchte ich mich einer Frage zuwenden, die der palästinensische Forscher **Rami Nasrallah** vor ein paar Jahren äußerst griffig gestellt hat: Ist Jerusalem nur ein Beispiel für Kampf und Konflikt oder kann es für ein friedliches, **vielgestaltiges Zusammenleben** stehen?

Zu Beginn müssen wir eine Zeitreise ins **1. Jahrhundert v. Chr.** unternehmen, als die **Römer** ihren Einflussbereich im östlichen Mittelmeerraum ausdehnten. **63 v. Chr.** nahmen sie unter **Pompeius** erstmals Jerusalem ein. Dieser betrat, vermutlich aus Neugier, den allerheiligsten Bereich des **jüdischen Tempels**, was für strenggläubige Juden ein nicht wiedergutzumachendes **Sakrileg** darstellte. Hier zeigt sich bereits, welche Probleme sich durch die Herrschaft der Römer und das Aufeinandertreffen völlig unterschiedlicher Kulturen ergaben.

Anfangs hatten die Römer kein Interesse an einer direkten Herrschaft, vielmehr übten von ihnen kontrollierte **einheimische Regenten** die Macht in Judäa aus, so der aus der Bibel bekannte König Herodes, der Rom loyal ergeben war. Wie man anhand der hellblauen Linien in der Karte „Palästina im 1. Jahrhundert n. Chr." (S. 53) sehen kann, hatte sein Reich eine recht große Ausdehnung. Bald nach seinem Tod übernahmen die Römer die **direkte Herrschaft:** Judäa wurde erst Teil der **Provinz Syrien**, später eine **eigene Provinz**.

Die Lage in Jerusalem war zu dieser Zeit von **Spannungen** zwischen der römischen Besatzungsmacht und großen Teilen der jüdischen Bevölkerung geprägt, gerade an hohen jüdischen Feiertagen, wenn viele Juden zum **Tempel** als zentralem Heiligtum kamen. Die römischen Soldaten wiederum brachten den Juden und ihren Riten nicht immer Respekt entgegen. Für strenggläubige Juden, vor allem die **Zeloten** („Eiferer"), war die römische Herrschaft unvereinbar mit der Überzeugung, dass Judäa das den Juden von Gott versprochene **gelobte Land** sei.

Schon damals kam es zu **Gewalt:** gegen Römer sowie gegen Juden, die mit den Besatzern kooperierten. Die Ablehnung der römischen Herrschaft speiste sich aus dem Wunsch nach politischer Eigenständigkeit sowie aus der starken wirtschaftlichen Belastung durch Abgaben, die gerade die arme Landbevölkerung trafen.

Um **66 n. Chr.** begann ein **jüdischer Aufstand**, der sich zu einer mehrjährigen Auseinandersetzung entwickelte, die auf beiden Seiten viele Opfer forderte. Schließlich wurde **70 n. Chr.** unter dem Kommando von Titus, Sohn von Kaiser Vespasian, Jerusalem eingenommen und der **Tempel** völlig **zerstört**. Der Krieg war entschieden, auch wenn sich die **Bergfestung Masada** südlich von Jerusalem noch bis 73 n. Chr. halten konnte. Für die Juden waren die Auswirkungen der Niederlage gravierend: Jerusalem war nach der Zerstörung des Tempels **nicht mehr religiöses Zentrum**. Als Kaiser **Hadrian** Jerusalem romanisieren und in „**Aelia Capitolina**" umbenennen wollte, kam es unter Führung von **Bar Kochba** zum erneuten Aufstand (132–135 n. Chr.). Nach ihrer Niederlage durften Juden – außer an hohen Feiertagen – das bisherige Jerusalem unter Androhung der Todesstrafe nicht mehr betreten, auch wurden die meisten Juden endgültig aus ihrer Heimat vertrieben und gingen in die sogenannte **Diaspora**, wie man z. B. anhand der Karte „Jüdische Diaspora in der Antike vom 1. bis 4. Jahrhundert" (S. 102) und den lila eingefärbten Gegenden des Mittelmeerraums sehen kann. Die **Provinz** wurde von Judäa in **Syria-Palästina** umbenannt. Die Heimkehr nach Jerusalem blieb für die weltweit verstreut lebenden Juden jahrhundertelang ein frommer Wunsch.

Wir machen jetzt einen großen Sprung in die **Zeit um 1900**. In der Zwischenzeit ist viel passiert: Seit dem 7. Jahrhundert war Palästina von **Arabern** besiedelt. Innerhalb eines Jahrhunderts hatte sich der **Islam** von der arabischen Halbinsel aus im Westen über Nordafrika bis nach Spanien sowie im Osten bis zum Indus ausgebreitet, was wir anhand der grünen Schattierungen in der Karte „Die Ausbreitung des Islams von 622 bis 750" (S. 64) sehen können. Anfang des 20. Jahrhunderts gehörte Palästina zum **Osmanischen Reich**; Jerusalem lag im „Distrikt Jerusalem", wie die Karte „Israel und Palästina von 1880 bis 1990" (S. 244) zeigt.

Zu dieser Zeit gewann in Europa eine **rassisch motivierte Judenfeindschaft**, für die sich der Begriff „**Antisemitismus**" einbürgerte, an Einfluss; in Osteuropa kam es sogar zu Pogromen gegen die jüdische Bevölkerung. Vor diesem Hintergrund bekam der **Zionismus** starken Zulauf – eine Bewegung, welche die Schaffung eines jüdischen Staates anstrebte. Einer ihrer Protagonisten war **Theodor Herzl**, der mit seiner Schrift „**Der Judenstaat**" von 1896 entscheidend zur Verbreitung dieses Ziels beitrug. 1897 legte der erste **Zionistenkongress** in Basel fest, dass man diesen Staat in der alten Heimat des jüdischen Volkes begründen wolle. Damit war klar, dass Jerusalem **Hauptstadt** werden sollte. **Zion** hieß im Übrigen ein Hügel im Südosten von Jerusalem; der Begriff wurde als **Synonym** für die Stadt Jerusalem genutzt.

Aufgrund der **Niederlage des Osmanischen Reiches** im **Ersten Weltkrieg** und seinem anschließenden **Zerfall** stiegen die Chancen für eine Verwirklichung der zionistischen Idee, zumal die britische Regierung in der „**Balfour-Deklaration**" von 1917 diesbezügliche Versprechungen gemacht hatte. Gemeinsam mit Frankreich übte Großbritannien nun im strategisch und wirtschaftlich wichtigen Nahen Osten die Vorherrschaft aus und wurde 1922 vom **Völkerbund** mit dem **Mandat** über Palästina betraut; die Zentrale der britischen Verwaltung befand sich in Jerusalem. In den folgenden Jahren kam es in Palästina zunehmend zu Spannungen zwischen der **jüdisch-zionistischen und der arabisch-palästinensischen Seite**, die jeweils eigene Ansprüche verfolgten und ihren Zorn auch gegen die Mandatsmacht richteten. Hier spielte eine große Rolle, dass Großbritannien während des Ersten Weltkriegs den Arabern ebenfalls ein eigenes Reich versprochen hatte.

Angesicht der aufgeheizten Stimmung ließ die britische Regierung die Lage analysieren und nach einer Lösung suchen. Die hierfür eingesetzte **Peel-Kommission** empfahl 1937 die **Teilung Palästinas** in einen arabischen und einen jüdischen Staat; Jerusalem sollte weiter von Großbritannien verwaltet werden. Dieser Plan wurde nicht umgesetzt; vielmehr entschloss sich die britische Regierung **1947** angesichts zunehmender Spannungen und Gewalt, das Palästina-Mandat an die **Vereinten Nationen** als Nachfolgerin des Völkerbunds zurückzugeben. Im gleichen Jahr schlug die UN-Sonderkommission **UNSCOP** ebenfalls die **Teilung Palästinas** in zwei Staaten vor; auch hier sollte Jerusalem einen Sonderstatus erhalten und in einer von den Vereinten Nationen kontrollierten **internationalen Zone** liegen. Von der **UN-Vollversammlung** wurde dieser Vorschlag angenommen, von jüdischer Seite begrüßt, von arabischer Seite jedoch abgelehnt.

Als Großbritannien im **Mai 1948** aus dem Mandatsgebiet abzog und die zionistische Bewegung den Staat Israel proklamierte, begann der **erste Nahostkrieg:** Fünf arabische Staaten griffen den jungen jüdischen Staat an, doch Israel konnte den Krieg für sich entscheiden und territoriale Gewinne verbuchen, die wir anhand der Karten „Der Nahe Osten 1923 bis 1948“ und „Der Nahe Osten 1949 bis 1973“ (S. 244) nachvollziehen können. **Westjerusalem** stand nun unter israelischer Kontrolle und wurde von Israel zur Hauptstadt erklärt. Zu einer arabischen Staatsgründung kam es nicht; vielmehr verwaltete Ägypten fortan den Gazastreifen, während Jordanien neben dem Westjordanland auch Ostjerusalem annektierte. Die Karte „Jerusalem von 1949 bis heute“ (S. 245) veranschaulicht, dass dort die **heiligen Stätten der drei Weltreligionen** Judentum, Islam und Christentum liegen. Der Ostteil der Stadt ist also von besonderer **religiöser Bedeutung**.

Jerusalem blieb zentraler Streitpunkt im Konflikt zwischen Israel und der arabischen Welt. **1967** führte Israel den **Sechstagekrieg** gegen Ägypten und Syrien – mit Erfolg. Die Karte „Der Nahe Osten 1949 bis 1973“ (S. 244) zeigt die weitreichenden **territorialen Gewinne** des jüdischen Staates: die Sinaihalbinsel, den Gazastreifen, das Westjordanland und die Golanhöhen. Außerdem eroberte Israel **Ostjerusalem**, was vor allem für gläubige Israelis der wichtigste Erfolg war: Nun befand sich die „**Klagemauer**“, der letzte Überrest des 70 n. Chr. zerstörten Tempels, wieder in jüdischen Händen. Durch ein Gesetz der Knesset, des israelischen Parlaments, wurde **Ostjerusalem** 1980 **annektiert** und ganz Jerusalem zur israelischen **Hauptstadt** bestimmt. Gerade Ostjerusalem ist aber auch für die Palästinenser von zentraler Bedeutung: als Hauptstadt eines – noch nicht vorhandenen

– eigenen Staates und als Sitz wichtiger religiöser Stätten des Islam, des **Felsendoms** und der **Al-Aqsa-Moschee**. Bis heute ist die **Hauptstadtfrage** ein wichtiger Punkt, der zur Beilegung des Konflikts gelöst werden muss. Wie fragil die Lage ist, zeigte sich 2001, als der Besuch des damaligen israelischen Oppositionsführers **Ariel Scharon** auf dem Tempelberg die **Zweite Intifada** auslöste.

Wie der historische Überblick verdeutlicht, stand und steht Jerusalem im **Mittelpunkt** der Auseinandersetzungen, die man unter dem Begriff **Nahostkonflikt** zusammenfasst. Bis heute stoßen hier konkurrierende **politische Machtansprüche** aufeinander, besonders zwischen der jüdisch-israelischen und der arabisch-palästinensischen Seite, die Jerusalem jeweils **als Hauptstadt** betrachten. Seit Jahrtausenden treffen dort zudem **verschiedene Kulturen und Religionen** aufeinander. Im Laufe der Geschichte war Jerusalem wiederholt **Schauplatz religiöser Spannungen**, da sich bedeutende **heilige Stätten** von Juden, Arabern und Christen auf dem Tempelberg in Ostjerusalem befinden. Vor diesem Hintergrund kann Jerusalem – um es mit Rami Nasrallahs Worten zu sagen – tatsächlich als „**Brutstätte für den Kampf von Kulturen, Religionen und Völkern**" betrachtet werden.

In der Geschichte Jerusalems gab es aber auch Zeiten, die die **Verbindung** oder zumindest **Koexistenz** verschiedener Kulturen und Religionen möglich erscheinen lassen: So lebten im Osmanischen Reich Araber und Juden in Palästina weitgehend friedlich nebeneinander. Grundsätzlich könnte auch die Tatsache, dass der Tempelberg für die drei großen monotheistischen Religionen von Bedeutung ist, Menschen auf der Suche nach einem gottgefälligen, friedlichen Leben einen. Der **Zugang zu den heiligen Stätten** ist gegenwärtig für alle möglich. Darüber hinaus ist im Alltag das friedliche Nebeneinander die Regel, nicht Gewalt. Wenn die **politische, kulturelle und religiöse Diversität** kein Schreckgespenst mehr darstellt, sondern vielmehr zur Normalität wird, und gerade die junge Generation die Chancen eines befruchtenden Miteinanders sieht, kann Jerusalem, wie Nasrallah es treffend ausdrückt, eines Tages auch zu einem „**Zentrum der Menschlichkeit und […] Bindeglied im Netzwerk globaler Städte**" werden. Dies könnte wiederum wertvolle Impulse für den ganzen **Friedensprozess** im Nahen Osten bringen. Hoffen wir, dass dieser Wunsch in nicht zu ferner Zukunft Realität wird!

Ich bedanke mich für Ihre und Eure Aufmerksamkeit.

Abitur Geschichte (Bayern) – 2022 – Aufgabe II
Demokratie und Diktatur – Probleme der deutschen Geschichte im 20. Jahrhundert

1 Stellen Sie das System der Präsidialkabinette sowie dessen Bedeutung für das Ende der Weimarer Republik dar! (18 BE)

2 Ihr Geschichtskurs erstellt eine digitale Pinnwand zur Ideologie des Nationalsozialismus. Bei der Recherche stoßen Sie auf die Ansichtskarte „Der Führer spricht“ aus dem Jahr 1939 (M 1). (36 BE)

2.1 Analysieren und interpretieren Sie die Ansichtskarte M 1!

2.2 Diskutieren Sie, inwieweit M 1 dazu geeignet ist, die Ideologie der NS-„Volksgemeinschaft“ zu veranschaulichen!

3 Am 22. Oktober 1945 gab der bayerische Ministerpräsident Wilhelm Hoegner in einer Rundfunkansprache sein Regierungsprogramm bekannt (M 2). (36 BE)

3.1 Arbeiten Sie die wesentlichen Vorstellungen Hoegners zum Umgang mit dem Erbe des Nationalsozialismus aus M 2 heraus!

3.2 Überprüfen Sie hiervon ausgehend, inwiefern Hoegners Vorstellungen in der frühen Bundesrepublik umgesetzt wurden!

4 Bearbeiten Sie eine der drei folgenden Teilaufgaben! (30 BE)

a) zu Halbjahr 11/1
An Ihrer Schule soll anlässlich des Weltfrauentags eine Diskussionsveranstaltung zum Thema „Gleichstellung in Geschichte und Gegenwart“ stattfinden. Beurteilen Sie in einem einführenden Redebeitrag, inwiefern die Industriegesellschaft des 19. Jahrhunderts für die Stellung von Frauen Fortschritte brachte!

b) zu Halbjahr 12/1
1952 formulierte der damalige Generalsekretär des Zentralkomitees der SED, Walter Ulbricht:

„In Übereinstimmung mit den Vorschlägen aus der Arbeiterklasse, aus der werktätigen Bauernschaft und aus anderen Kreisen der Werktätigen hat das Zentralkomitee der Sozialistischen Einheitspartei Deutschlands beschlossen, […] daß in der Deutschen Demokratischen Republik der Sozialismus planmäßig aufgebaut wird. […] Die Schaffung der Grundlagen des Sozialismus entspricht den Bedürfnissen der ökonomischen Entwicklung und den Interessen der Arbeiterklasse und aller Werktätigen.“

Matthias Judt (Hg.): DDR-Geschichte in Dokumenten. Beschlüsse, Berichte, interne Materialien und Alltagszeugnisse, Bonn 1998, S. 52.

Erläutern Sie ausgehend von dem Zitat Walter Ulbrichts das Selbstverständnis der DDR und nehmen Sie Stellung zu der These, dass die DDR an der Kluft zwischen Anspruch und Wirklichkeit gescheitert ist!

c) zu Halbjahr 12/2
Im Rahmen eines schulischen, fächerübergreifenden Projekttages zum Thema „Städte im Wandel" beschäftigt sich Ihr Geschichtskurs mit der historischen Entwicklung Jerusalems. Ihnen fällt dabei die Aufgabe zu, einen in die Thematik einführenden Vortrag zu verfassen. Bei der Vorbereitung stoßen Sie auf folgendes Zitat des palästinensischen Forschers Rami Nasrallah:

„Schlussendlich könnte Jerusalem also entweder ein Zentrum der Menschlichkeit und ein Bindeglied im Netzwerk globaler Städte sein – zusätzlich zum Status als Hauptstadt zweier Staaten – oder aber eine Brutstätte für den Kampf von Kulturen, Religionen und Völkern, was unweigerlich zu einem allumfassenden Konflikt führen würde und ein unvorstellbarer Verlust wäre."

Rami Nasrallah: Hauptstadt Jerusalem. Eine palästinensische Perspektive, in: Aus Politik und Zeitgeschichte 15-16/2018, S. 42. Abrufbar unter https://www.bpb.de/apuz/267344/hauptstadt-jerusalem-eine-palaestinensische-perspektive?p=1 [20. Dezember 2021]. Aus dem Englischen von Peter Beyer, Bonn.

Verfassen Sie einen Vortrag, in dem Sie zunächst auch unter Einbezug geeigneten Kartenmaterials im Historischen Atlas erläutern, welche religiösen und machtpolitischen Ansprüche die Geschichte Jerusalems in der Antike und im 20. Jahrhundert prägten! Diskutieren Sie anschließend vor dem Hintergrund des obigen Zitats die Bedeutung der Stadt im Friedensprozess!

Material

M 1: Ansichtskarte „Der Führer spricht“ von Paul Mathias Padua (1939)

Paul Mathias Padua (1903–1981) machte nach 1933 rasch Karriere und war bis zu seiner Verwundung im Zweiten Weltkrieg Kriegsmaler. Das der Postkarte zugrundeliegende Ölgemälde „Der Führer spricht“ entstand wahrscheinlich auf Wunsch des Reichsrundfunks und wurde im Rahmen der Großen Deutschen Kunstausstellung 1940 im Haus der Deutschen Kunst in München ausgestellt und im Folgenden in diversen Zeitungen sowie als Ansichtskarte veröffentlicht.

[Achtung! Verwenden Sie die beiliegende Farbreproduktion!]

Paul Mathias Padua: Der Führer spricht (1939)

Anmerkung
Die sichtbare Artikelüberschrift der auf dem Tisch liegenden Zeitung lautet „Der Führer spr[icht]“. Auf dem Bild an der Wand ist die Aufschrift „Ja“ zu sehen. Auf dem Regal steht ein „Volksempfänger“.

Hinweis: Eine Farbabbildung des Bildes zum Download finden Sie unter: https://www.stark-verlag.de/mystark (Zugangscode vgl. Umschlaginnenseite).

M 2: Auszug aus der Rundfunkansprache des bayerischen Ministerpräsidenten Wilhelm Hoegner (SPD) vom 22. Oktober 1945

Dr. Wilhelm Hoegner (SPD) wurde von der US-Militärregierung als zweiter bayerischer Ministerpräsident in sein Amt eingesetzt. Die Zeit des Nationalsozialismus verbrachte er im Exil in der Schweiz. Dort arbeitete er bereits mit anderen Mitgliedern des Widerstands gegen das NS-Regime an Vorschlägen für die politische Neugestaltung Deutschlands und Bayerns. In einer Rundfunkansprache gab er im Oktober 1945 nach der Ernennung zum Ministerpräsidenten Bayerns sein Regierungsprogramm bekannt.

Es bedarf nur eines Blickes auf unsere zerstörten Städte, um zu erkennen, daß die geschichtliche Schuld des Nationalsozialismus und seiner Anhänger und Förderer unermeßlich ist. Wenn jetzt von manchen Seiten um Gnade und Mitleid für die Nationalsozialisten geworben wird, weil sie ihre Wohnungen und Ämter verlieren sollen, so fragen wir: Wo blieb das Mitleid der Nationalsozialisten mit ihren wehrlosen politischen Gegnern, wo blieb ihr Mitleid mit dem militärisch längst besiegten unglücklichen deutschen Volk, das sie bis zum letzten Mann opfern wollten, um sich selbst ein paar Monate länger an der Macht zu halten, wo blieb ihr Mitleid mit den Kindern und Frauen, die sie […] verbrannten, wo blieb ihr Mitleid mit den Millionen Menschen, die sie in Gaskammern erstickten?

Die neue Bayerische Staatsregierung ist entschlossen, den Einfluß des Nationalsozialismus in unserem öffentlichen und wirtschaftlichen Leben, besonders in unserer Beamtenschaft vollkommen auszutilgen. […]

Wer es vorzog, andere Unschuldige leiden zu lassen, um sich selbst in Amt und Würde zu halten oder sich zu bereichern, verdient keine Gnade. Mitleid ist angebracht für unverschuldet Unglückliche, für Schuldige aber kennen wir nur und fordern wir Gerechtigkeit. Hart, aber gerecht und abgestuft nach der Größe der Schuld.

Gerechtigkeit wird der Leitstern auch unserer gesamten Justizpolitik sein. Das bedeutet vor allem Wiederherstellung klarer Rechtsverhältnisse, eine geordnete, saubere Rechtspflege und Gleichheit aller Staatsbürger vor dem Gesetz ohne Rücksicht auf Rasse, Klasse, religiöses oder politisches Bekenntnis.

Die Gerechtigkeit erfordert aber auch, daß endlich jene nationalsozialistischen Verbrecher zur Rechenschaft gezogen werden, die es im dritten Reich verstanden haben, für den Strafrichter unerreichbar zu sein. Sie sollen jetzt ihrem irdischen Richter überliefert werden. Die Gerechtigkeit erfordert ferner, daß den unglücklichen Opfern der nationalsozialistischen Verbrechen aus öffentlichen Mitteln nach besten Kräften geholfen wird. Wir sind arm geworden, aber doch nicht so arm, daß wir nicht himmelschreiendes Unrecht einigermaßen wieder gut machen könnten. Soweit unrechtmäßig erworbene nationalsozialistische Vermögen noch erfaßbar sind, sollen sie nach dem Willen der Staatsregierung zu Sühneleistungen herangezogen werden. Die im dritten Reich unschuldig Verurteilten werden rehabilitiert werden. Entsprechende Gesetzentwürfe werden wir der Militärregierung alsbald zur Genehmigung unterbreiten.

Äußerliche Maßnahmen gegen den Nationalsozialismus sind notwendig, sie treffen ihn aber nicht ins Herz. Das kann nur durch Überwindung des nationalsozialistischen Unwesens geschehen. Die neue Regierung will daher unter Hintansetzung aller weltanschaulichen Meinungsverschiedenheiten ihre gesamte Kultur- und Schulpolitik überwiegend in den Dienst des Kampfes gegen die nationalsozialistischen Wahnlehren stellen. [...]

Auf einem staatspolitisch ausschlaggebenden Gebiet erwarten wir Fortschritte, auf dem der Demokratie. Die Staatsregierung begrüßt es, daß die Besatzungsbehörden die Wiederzulassung politischer [Wahlen] und die Vorbereitung von Gemeindewahlen beschlossen haben. Wir erwarten die Möglichkeit der Bildung von Parteien für das ganze Staatsgebiet. [...]

Unser Los mag noch so bitter sein, es ist erträglich, wenn es gerecht ist. Gerechtigkeit verlangt Sühne und verlangt Wiedergutmachung. Sie verlangt aber nicht Vernichtung und Tod. Wir müssen heute als ganzes Volk büßen, was Entartete in unseren Reihen verbrochen haben. Aber die Sühne darf nicht un[an]gemessen, sie muß dem Verschulden angemessen sein. Die größte Schuld des deutschen Volkes ist es, daß es dem aufkommenden Unrecht nicht stark genug entgegengetreten ist, sondern es hat wuchern lassen, bis es sich wie ein Krebsgeschwür ausgebreitet hat. Durch den Verlust des Weltkrieges, durch die Zerstörung unserer Städte, durch unersetzliche Verluste an Menschenleben hat das deutsche Volk, mit dem wir Bayern uns als dessen Teil eng verbunden fühlen, bereits schwer gebüßt. So wird es an der Zeit sein, uns zu sagen, daß die Schmach von dem anständigen Teil unseres Volkes getilgt ist, daß wir den Blick erheben und den Siegern offen ins Auge schauen dürfen. Daß dieser Augenblick nicht mehr allzu ferne sein möge, ist unser aller Wunsch.

Regierungserklärung des Ministerpräsidenten Dr. Wilhelm Hoegner über seine Ziele, in: Fritz Baer (Bearb.): Die Regierungen 1945–1962 (Dokumente zur Geschichte von Staat und Gesellschaft in Bayern, Abteilung 3, Band 9), München 1976, S. 41–45.

Lösungsvorschläge

1 *Die Aufgabe verlangt von Ihnen, das System der Präsidialkabinette zu betrachten und zu klären, welche Rolle es für das Scheitern der Weimarer Republik spielte. Der Operator „darstellen" umfasst alle drei Anforderungsbereiche: Sie sollen die historischen Entwicklungszusammenhänge der Präsidialkabinette und deren Bedeutung für die Weimarer Demokratie beschreiben, erklären und beurteilen.*

Im März 1930 **zerbrach** in Berlin die **Große Koalition**, die letzte Regierung, die sich auf eine **Mehrheit im Reichstag** gestützt hatte. Dieses Ereignis leitete die Phase der „**Präsidialkabinette**" und somit das **Ende des Parlamentarismus** ein. Rechtskonservative Kräfte um Reichspräsident Paul von **Hindenburg** nutzten die schwierige innenpolitische Situation aus, um außerparlamentarische Lösungen **ohne Beteiligung des Reichstags** durchzusetzen. Dabei baute man auf die **starken Machtbefugnisse**, die die Weimarer Verfassung dem **Reichspräsidenten** zusprach: Er ernannte gemäß Art. 53 den Reichskanzler, konnte laut Art. 25 den Reichstag auflösen und durfte durch Art. 48 Notverordnungen erlassen, um in schwierigen Zeiten die öffentliche Ordnung und die Handlungsfähigkeit der Regierung zu gewährleisten. Die folgenden **Minderheitsregierungen** waren völlig auf das **Vertrauen des Reichspräsidenten** angewiesen, weshalb man von „Präsidialkabinetten" spricht. Das Parlament hingegen war kaum noch am politischen Entscheidungsprozess beteiligt; ja es konnte sogar vom Reichspräsidenten aufgelöst werden, wenn es Gesetzentwürfe der Regierung ablehnte bzw. für die Aufhebung von Notverordnungen stimmte.

In der **Endphase der Weimarer Republik 1930–1933** etablierte sich dieses System, da die Differenzen der Parteien und der Aufstieg republikfeindlicher Kräfte (v. a. der NSDAP) die Mehrheitsbildung im Parlament unmöglich machten. 1930 ernannte Hindenburg Heinrich **Brüning** (Zentrum) zum Reichskanzler des ersten Präsidialkabinetts, dessen Regierung zeitweise von der noch stärksten Fraktion, der SPD, **toleriert** wurde, u. a. aus Furcht vor Neuwahlen und einer weiteren Radikalisierung im Reichstag. Aufgrund zunehmender Differenzen mit Brüning ersetzte Hindenburg diesen im Juni 1932 durch Franz von **Papen**, der sich aber nur bis Jahresende hielt. Das folgende Präsidialkabinett unter Kurt von **Schleicher** zerbrach bereits Ende Januar 1933, was zur Ernennung Adolf Hitlers zum Reichskanzler führte und den **endgültigen Untergang der Republik** einleitete.

Zwar kann das Scheitern der Weimarer Republik nur in einem **multikausalen Zusammenhang** erklärt werden, allerdings haben die Präsidialkabinette einen **wesentlichen Beitrag geleistet** und fatale Konstruktionsfehler der Verfassung offengelegt. In einer innenpolitisch und wirtschaftlich schwierigen Phase wurden die Machtbefugnisse des Reichspräsidenten genutzt, um das **Parlament** (Legislative) als zentralen Bestandteil der Gewaltenteilung **auszuschalten**. Die autoritäre Umgestaltung des demokratischen Systems und die Schwäche des Parlaments verstärkten den Verlust des Vertrauens der Bevölkerung in die Republik, was den **Aufstieg radikaler Kräfte** (KPD und NSDAP) mitbedingte. Es wurde deutlich, wie gespalten die republiktreuen Parteien und die Arbeiterbewegung waren; eine geschlossene Oppositionsarbeit konnte nicht mehr geleistet werden. Die **autoritären Machteliten** um Hindenburg wiederum, die von den antidemokratischen „**alten Eliten**" in Politik, Wirtschaft und Militär unterstützt wurden, glaubten bis zuletzt daran, Hitler „zähmen" zu können, und trugen auf diese Weise essenziell zur Machtübernahme der Nationalsozialisten bei.

Beim Scheitern der Weimarer Republik spielten aber noch weitere Ursachen eine Rolle, wie die hohe **Arbeitslosigkeit** und Verzweiflung infolge der **Weltwirtschaftskrise** sowie die massive Zunahme **politischer Gewalt** durch linke und rechte Kampfverbände. Als dauerhafte Belastung der jungen Demokratie hatte sich außerdem der **Versailler Vertrag** von 1919 mit den für den Kriegsverlierer Deutschland harten Bedingungen herausgestellt. Letztlich lässt sich das Ende der Weimarer Republik nur im **Zusammenspiel all dieser Faktoren** verstehen.

2 *Die zweigeteilte Aufgabe ist in einen situativen Kontext eingebettet: Sie sollen in Ihrem Geschichtskurs eine digitale Pinnwand gestalten, die sich mit der Ideologie des Nationalsozialismus beschäftigt. Auf der Suche nach passenden Quellen haben Sie die Ansichtskarte mit dem Titel „Der Führer spricht" von 1939 gefunden.*

2.1 *Im ersten Teil der Aufgabenstellung sollen Sie auf diese Ansichtskarte näher eingehen. Eine Analyse (AFB II) erfordert, dass Sie die Abbildung kriterienorientiert erschließen. Beschreiben Sie die Bildelemente mit ihren Gestaltungsmitteln und deuten Sie die jeweilige Aussage bzw. Intention. Nutzen Sie dabei die Farbversion der Abbildung, die Sie auf MyStark abrufen können, und beachten Sie auch die zusätzlichen Informationen zu M 1. Der zweite Operator fordert die Interpretation des Gemäldes, was alle Anforderungsbereiche umfasst: Sie sollen auf Basis der vorangegangenen Analyse die Ansichtskarte in ihren historischen Zusammenhang einordnen und in einer begründeten Stellungnahme bewerten.*

Im Rahmen meiner **Recherche zur Ideologie des Nationalsozialismus** habe ich eine interessante **Ansichtskarte** gefunden, die den Titel „**Der Führer spricht**" trägt und auf einem Gemälde von **Paul Mathias Padua** von **1939** beruht.

Die Abbildung zeigt eine **Familie**, die sich im Wohnzimmer versammelt hat. Zu sehen sind **sechs Personen** aus drei Generationen. Den Kern der Familie bilden Vater, Mutter und zwei Kinder. Am linken Rand sitzt vermutlich der Großvater, rechts im Bild wendet ein weiterer Mann, der Zeitung liest, dem Betrachter den Rücken zu. Alle Personen tragen eher **einfache Kleidung**, auch die Einrichtung ist **bescheiden**. Neben Kinderspielsachen wie einem Puppenwagen vorne links ist noch eine Milchkanne auf dem Hocker vorne rechts abgebildet. Die Kleidung und die Ausstattung des Wohnraumes deuten darauf hin, dass die Familie eher dem **ärmlichen, vermutlich bäuerlichen Milieu** angehört. Die Familienmitglieder sitzen dicht aneinandergerückt und suchen **körperliche Nähe**, wodurch ihr **Gemeinschaftsgefühl** und ihre **Verbundenheit** ausgedrückt wird. Alle scheinen nach innen gekehrt zu sein und **andächtig zu lauschen**.

Auf dem Regal rechts oben ist ein „**Volksempfänger**" zu sehen, das typische **Radio der NS-Zeit**. Es ist davon auszugehen, dass die Familie gerade gemeinsam die neuesten Nachrichten aus dem „Dritten Reich" hören will. Mittig an der Wand hängt ein **Porträt Adolf Hitlers** mit der Aufschrift „Ja!", was den „Führer" als wichtigen Bestandteil des Familienlebens zeigt und die **Treue und Gefolgschaft der Familie zur NS-Bewegung** herausstellt. Die Überschrift eines Artikels, der in der Zeitung auf dem Tisch abgedruckt ist, lautet: „**Der Führer spr[icht]**". Dies deutet darauf hin, dass gerade eine von **Hitlers Reden** über den „Volksempfänger" übertragen und von allen interessiert verfolgt wird.

Die meisten Familienmitglieder sind „**arisch**" dargestellt: Die Eltern und Kinder sind **blond und hellhäutig**, haben einen **kräftigen Körperbau** und wirken ungekünstelt, gesund und arbeitsam. Die Frau hält das Kind auf ihrem Schoß fest mit den Armen umschlungen, was ihre **Rolle als Mutter** betont. Die Darstellung der Familie weist **Kennzeichen der NS-Rassentheorie** auf und soll den Betrachter der Ansichtskarte unterschwellig **im Sinne der NS-Ideologie indoktrinieren**. Gleichzeitig wird Hitler durch mehrere Bildelemente und deren konkrete Anordnung als Anführer in Szene gesetzt, ja geradezu **kultisch überhöht**. Sein Porträt, das quasi über der Familie schwebt, der „Volksempfänger", der mitten im Wohnzimmer steht, und die Zeitungsüberschrift veranschaulichen den „**Führerkult**".

Insgesamt dient Paduas Gemälde der **NS-Propaganda** und der **Verbreitung der NS-Ideologie**. Es zielt auf einen **breiten Adressatenkreis** ab, der sich mit der abgebildeten NS-treuen Familie **identifizieren** soll. Da das Bild als Postkarte vertrieben, in Zeitungen abgedruckt und 1940 bei einer großen Kunstausstellung in München gezeigt wurde, war es einem **vielfältigen Publikum** und **unterschiedlichen Schichten** zugänglich. Somit konnten die NS-Rassenlehre und der „Führerkult" um Hitler einen großen Personenkreis auf subtile Weise ansprechen.

2.2 *Der zweite Teil der Aufgabe verlangt eine Abwägung, ob die Ansichtskarte für eine Veranschaulichung der NS-„Volksgemeinschaft" geeignet ist und somit für Ihr Projekt infrage kommt. Der Operator „diskutieren" (AFB III) bedeutet, dass Sie eine Argumentation zu dieser Frage mit einer abschließenden begründeten Bewertung entwickeln.*

Mehrere Elemente sprechen **dafür**, dass die Ansichtskarte **geeignet** ist, um die Idee der **NS-„Volksgemeinschaft"** zu **verdeutlichen**. So weist die abgebildete Familie äußere Merkmale auf, die sie der von den Nationalsozialisten propagierten „**arischen Rasse**" zuordnen. In ihrer **vertrauten Verbundenheit und Nähe** steht sie stellvertretend für die ganze deutsche „Volksgemeinschaft", die stets **als Einheit** zusammenhalten soll. Innerhalb der rassistisch definierten Gemeinschaft sollten alle Volksgenossen **gleich** sein. In M 1 werden die **schlichten Lebensumstände** der Familie **positiv überhöht** dargestellt, was dem Betrachter signalisiert, dass **Klassenunterschiede keine Rolle spielten** und auch einfache Bevölkerungsgruppen Teil der Gemeinschaft waren.

Ein weiteres Merkmal der NS-„Volksgemeinschaft“ ist aber auch, dass sich der Einzelne **bedingungslos unterordnen** musste. In M 1 schart sich die Familie um das **Bildnis Hitlers**, das einen zentralen Platz in ihrem Wohnzimmer einnimmt, und lauscht andächtig einer seiner Reden. Hier kommt die **Ausrichtung** der ganzen Gemeinschaft **auf den „Führer“** zum Ausdruck, dem Gehorsam, Treue und Vertrauen entgegengebracht werden sollten.

Allerdings sprechen auch verschiedene Punkte **gegen die Eignung** von M 1. So führte die Definition der „Volksgemeinschaft“ über die Rassezugehörigkeit automatisch zur **Ausgrenzung** derjenigen, die diesem Kriterium nicht entsprachen. Der **exklusive Charakter** der „Volksgemeinschaft“, der neben „Nichtariern“ z. B. politische Gegner traf, findet keine Berücksichtigung. Vor allem der **Antisemitismus** als zentraler Bestandteil der NS-Ideologie sowie die gezielte Verfolgung und Vernichtung der jüdischen Bevölkerung werden nicht thematisiert.

Zudem war die „Volksgemeinschaft“ in der Praxis stark **militärisch** ausgerichtet, was sich z. B. in der Wehrhaftmachung der Jugend zeigte. Während des Krieges wurde die „Volksgemeinschaft“ **propagandistisch ausgenutzt**, um die Bevölkerung emotional auf den Kampf sowie auf Opferbereitschaft und Verzicht einzuschwören. Diese Aspekte kommen in M 1 ebensowenig zum Ausdruck wie die Tatsache, dass die Menschen auch durch Freizeitangebote der Organisation „Kraft durch Freude“ und die Aussicht auf materielle Verbesserungen **positiv auf die Gemeinschaft eingestimmt** werden sollten.

Ein wichtiger Punkt wird immerhin **angedeutet:** die **Bedeutung der Massenmedien**. Der „Volksempfänger“ steht stellvertretend für den **Rundfunk**, den die Nationalsozialisten gezielt zur Verbreitung der NS-Ideologie einsetzten. Zudem waren **Zeitungen** fester Bestandteil der Propaganda-Maschinerie. Der **Massencharakter** der „Volksgemeinschafts“-Ideologie, der etwa bei den NS-Parteitagen besonders deutlich hervortrat, kann durch den Blick in das Wohnzimmer einer Familie allerdings nicht veranschaulicht werden.

Es lässt sich festhalten, dass sich die Ansichtskarte **nur bedingt eignet**, um die Ideologie der NS-„Volksgemeinschaft“ zu verdeutlichen. Zwar werden verschiedene Elemente – die rassistischen Grundlagen, die Gleichheit der Volksgenossen und die auf Hitler eingeschworene Gesinnungsgemeinschaft – gezeigt; allerdings werden auch wesentliche Merkmale nicht berücksichtigt. Der Schwerpunkt der Darstellung liegt **zu einseitig auf dem Identifikationsangebot**, während die ausgrenzenden Komponenten der „Volksgemeinschaft“ nicht thematisiert werden. Man könnte M 1 dennoch für die digitale Pinnwand zur NS-Ideologie heranziehen, wenn man die Ansichtskarte mit einem Informationstext versieht und weitere Quellen sucht, die noch andere wichtige Aspekte in den Blick nehmen.

3 *Auch diese Aufgabe ist zweigeteilt. Hier sollen Sie sich mit dem Regierungsprogramm des zweiten bayerischen Ministerpräsidenten Wilhelm Hoegner, das er selbst am 22. Oktober 1945 in einer Rundfunkansprache vorstellte, sowie der Frühphase der Bundesrepublik Deutschland beschäftigen.*

3.1 *Zunächst sollen Sie aus der Rundfunkansprache (M 2) Wilhelm Hoegners grundsätzliche Vorstellungen zum Umgang mit der NS-Vergangenheit „herausarbeiten" (AFB II). Der Operator verlangt von Ihnen, aus dem in der Rede thematisierten Programm passende Aspekte herauszufinden, die nicht immer explizit genannt werden, und Zusammenhänge herzustellen.*

Der bayerische SPD-Politiker **Wilhelm Hoegner** war im Schweizer Exil im **Widerstand** aktiv und beteiligte sich an der Ausgestaltung von Ideen zur **politischen Neuordnung** sowohl Deutschlands als auch Bayerns nach dem Ende des „Dritten Reiches". Die **US-Militärregierung** setzte ihn deshalb 1945 als zweiten bayerischen **Ministerpräsidenten** ein. Am **22. Oktober 1945** stellte er sein **Regierungsprogramm** in einer Radioansprache vor und gab Einblick in seine Vorstellungen, wie man in Zukunft **mit der NS-Vergangenheit umgehen** sollte.

Zu Beginn seiner Rede **klagt** er die Nationalsozialisten wegen ihrer Verbrechen gegen die Menschlichkeit **an**, da sie ohne jedwedes Mitleid **„unermeßlich[es]"** (Z. 2 f.) **Leid verursacht** und **Schuld an so vielen Gräueln** des Zweiten Weltkriegs hätten (vgl. Z. 1–10). Dabei nennt er die **Verfolgung** politischer Gegner, den Umgang mit dem kriegsgebeutelten deutschen Volk und den **Massenmord** in den Gaskammern, denen Millionen Menschen zum Opfer gefallen seien. Dass es sich bei Letzteren vornehmlich um **Juden** handelte, erwähnt er nicht explizit.

Wegen dieser **„geschichtliche[n] Schuld"** (Z. 1 f.) mache es sich die bayerische Regierung zur Aufgabe, **gegen Nationalsozialisten in öffentlichen Ämtern** und wichtigen Positionen, v. a. unter Beamten, **vorzugehen** (vgl. Z. 11–13). Hoegner deutet an, dass es in der Bevölkerung durchaus **Verständnis und Mitleid** gebe für Nationalsozialisten, die nun alles verlieren sollen. Der neue Ministerpräsident betont jedoch vehement die **Verantwortung der Täter** und verlangt **„Gerechtigkeit"** (Z. 17) dafür, dass diese die Erhaltung ihrer Macht und Stellung über das Wohl anderer gestellt hätten (vgl. Z. 3 f., 14–17).

Deshalb sollten **alle rechtsstaatlichen Mittel** entschlossen ausgeschöpft werden, um NS-Täter „[h]art, aber gerecht" (Z. 17) abzuurteilen. Dafür müsse das **Rechtswesen** wieder aufgebaut und die „Gleichheit aller Staatsbürger vor dem Gesetz" (Z. 20) wiederhergestellt werden; rassistische, politische, religiöse und soziale Aspekte dürften keine Rolle mehr spielen (vgl. Z. 18–21). Zwar solle sich niemand der Strafjustiz entziehen können, allerdings rät Hoegner zu Augenmaß: Die Bestrafung solle **„nach der Größe der Schuld"** (Z. 17) erfolgen (vgl. Z. 22–25).

Parallel dazu fordert er eine gewisse **Wiedergutmachung** durch Entschädigungsleistungen an Opfer der Nationalsozialisten. Diesen Aspekt der **Sühne** betrachtet er als wichtigen Baustein, um „himmelschreiendes Unrecht" (Z. 27 f.) etwas zu lindern. Die **Zahlungen** möchte er aus beschlagnahmten nationalsozialistischen Geldern bestreiten (vgl. Z. 25–30). Zudem sollen **Opfer der NS-Willkürjustiz** öffentlich **rehabilitiert** werden (vgl. Z. 30–32).

In der Auseinandersetzung mit der NS-Vergangenheit sei noch die **übrige Bevölkerung** zu berücksichtigen, um den Nationalsozialismus **dauerhaft zerstören** zu können. Daher sollten das **NS-Gedankengut** und die damit verbundene **Erziehung** durch **schul- und kulturpolitische Maßnahmen** aus den Köpfen der Menschen verdrängt werden (vgl. Z. 33–38). Gleichzeitig gehe es um die Wiedereinführung und **Akzeptanz der Demokratie**. Die Pläne der Besatzer, bald politische **Wahlen** durchzuführen und die Gründung von **Parteien** zuzulassen, fanden deshalb Hoegners Zustimmung (vgl. Z. 39–43).

Abschließend betont der Redner erneut die Pflicht zur **„Sühne und [...] Wiedergutmachung“** (Z. 45) der NS-Verbrechen in einem angemessenen Rahmen und Umfang (vgl. Z. 44–48). Die **„größte Schuld des deutschen Volkes“** (Z. 48) sieht er vor allem im **geringen Widerstand** gegen die Nationalsozialisten, wofür es durch die Zerstörungen und Toten des Weltkriegs habe büßen müssen (vgl. Z. 48–53). Seine Ansprache schließt er mit der Aufforderung und dem Wunsch, dass besonders der „anständig[e] Teil unseres Volkes“ (Z. 54) trotz der schlimmen Vergangenheit den Blick in die Zukunft richten werde (vgl. Z. 53–56).

3.2 *Im nächsten Schritt sollen Sie Ihren Blick auf die Frühphase der 1949 gegründeten Bundesrepublik richten: „Überprüfen“ (AFB III) Sie ausgehend von Ihren Ergebnissen aus 3.1, inwiefern Hoegners Vorstellungen tatsächlich und auch angemessen in der Realität verwirklicht wurden. Achten Sie bei Ihrer Untersuchung darauf, dass Sie sich der Problemstellung anhand passender Beispiele möglichst differenziert nähern. Zeitlich soll es um die frühe Bundesrepublik gehen, manche Aspekte sind aber ohne die Entwicklungen der Besatzungszeit nicht zu erklären.*

Tatsächlich wurden einige der Absichten, die **Hoegner** in seinem Regierungsprogramm vom Oktober 1945 formuliert hat, in den folgenden Jahren mehr oder weniger erfolgreich **umgesetzt**. Dieser Prozess begann schon vor der Gründung der Bundesrepublik 1949 und wurde von den **westlichen Besatzungsmächten** angestoßen. Grundlage war die **Denazifizierung**, die die vier Siegermächte im Sommer 1945 auf der **Potsdamer Konferenz** beschlossen hatten.

Ab November 1945 mussten sich die **Hauptkriegsverbrecher** sowie besonders belastete Gruppierungen (u. a. SA, SS) im Rahmen der **Nürnberger Prozesse** vor Gericht verantworten. Darüber hinaus verfolgten die Alliierten eine **Entnazifizierung der ganzen Gesellschaft**, wobei sich deutliche Unterschiede zwischen den demokratischen Westmächten und der sozialistischen Sowjetunion zeigten. In den Westzonen, v. a. in der US-amerikanischen Zone, griff man auf Meldebögen zurück, worin man z. B. die Mitgliedschaft in einer NS-Organisation oder finanzielle Zuwendungen angeben musste. Auf dieser Basis wurde die Bevölkerung eingeteilt in Hauptschuldige, Belastete, Minderbelastete, Mitläufer und Entlastete. Nicht nur die **Unterstützung des NS-Regimes** spielte eine Rolle, sondern auch erlittene **Nachteile oder Widerstand**. Festgestellt wurde das **Ausmaß der Schuld** mit den dazugehörigen Strafen (v. a. Gefängnis, Geldstrafe, Berufsverbot) in **Spruchkammerverfahren**, die von unbelasteten Deutschen geleitet wurden und sich bis in die frühe Bundesrepublik zogen. Insofern wurde Hoegners Forderung nach differenzierter Betrachtung der Schuld des Einzelnen durchaus erfüllt; viele Nationalsozialisten wurden entlassen oder verloren ihr Vermögen. In der Praxis war dieses Entnazifizierungsverfahren jedoch kaum zu bewältigen: Bis 1950 war aufgrund der Masse an Fragebögen nur ein Teil der Fälle bearbeitet. Zahlreiche Menschen ließen sich „**Persilscheine**“ ausstellen, um entlastet zu werden; die Spruchkammern galten immer mehr als „Mitläuferfabriken“. In der Wirtschaft konnten viele Unternehmer unbehelligt weiterarbeiten; in der Verwaltung waren viele „Mitläufer“ nötig, um die Besatzungszonen zu organisieren und ab 1949 die **staatliche Struktur der Bundesrepublik** aufzubauen. Noch Jahre nach Kriegsende waren weite Teile der **Beamtenschaft**, die Hoegner explizit anspricht, von früheren Nationalsozialisten durchsetzt. Um 1950 kamen die meisten Verfahren zum Erliegen, viele Täter blieben ungestraft, ausgesprochene Strafen wurden abgemildert, Minderbelastete profitierten nach Gründung der Bundesrepublik von zwei Straffreiheitsgesetzen (1949, 1954). Letztlich erhielten **nicht alle Täter** ihre gerechte Strafe, wie in M 2 gefordert; viele Mitschuldige kehrten sogar in **frühere Positionen** in Staat, Wirtschaft und Gesellschaft zurück.

Die Idee von **kultur- und schulpolitischen Maßnahmen**, die Hoegner in seiner Rede anspricht, wurde insbesondere in der US-amerikanischen Besatzungszone unter dem Schlagwort „**Reeducation**“ betrieben. Durch politische **Bildungsmaßnahmen** sollte das NS-Gedankengut ausgelöscht, die Bevölkerung mit den NS-Verbrechen (z. B. in Konzentrationslagern) konfrontiert und **demokratisches Denken gefördert** werden. Man entfernte nationalsozialistisch gesinnte Lehrkräfte, entwarf neue **Lehrpläne** und griff auf Schulbücher aus der Weimarer Republik zurück. **Presse und Rundfunk** wurden reformiert, um Aufklärungsarbeit leisten zu können. Bald nach Kriegsende wurden Zeitungen und Sender gegründet, die später auch die Bundesrepublik prägen sollten. Darüber hinaus gab es neue Kultureinrichtungen und kulturelle Angebote, wie Austauschprogramme, die speziell Jugendlichen neue Perspektiven aufzeigen sollten.

Zudem wurden bei der Schaffung der Bundesrepublik und der Ausarbeitung des **Grundgesetzes** 1948/49 bewusst „**Lehren aus Weimar**“ gezogen. Ziel war es, die **Stabilität und Wehrhaftigkeit** der auch in M 2 geforderten parlamentarisch-repräsentativen **Demokratie** zu gewährleisten, u. a. durch die feste Verankerung der Grundrechte und Schutzvorrichtungen gegen staatsfeindliche Kräfte. Tatsächlich wurde das neue politische System **schnell akzeptiert**, wobei allerdings Umerziehungsmaßnahmen und verfassungsrechtliche Details wohl weniger eine Rolle spielten als der steigende Wohlstand infolge des „**Wirtschaftswunders**“.

Ein weiteres wichtiges Anliegen Hoegners war die **Wiedergutmachung**. Erste Schritte erfolgten unter dem ersten Bundeskanzler **Konrad Adenauer**, der eine Aussöhnung mit **Israel** anstrebte, was in beiden Ländern höchst **umstritten** war. Dennoch vereinbarte Adenauer mit Israels Regierungschef David Ben Gurion im **Luxemburger Abkommen** 1952 eine umfassende Entschädigung für die NS-Verbrechen an der jüdischen Bevölkerung Europas. Es gab also durchaus Bemühungen, das von den Nationalsozialisten verursachte Leid zumindest in Ansätzen wiedergutzumachen; dieser Weg dauert jedoch bis heute an. Noch immer haben viele Betroffene **keinerlei Entschädigung** erhalten oder wurden erst nach und nach rehabilitiert. So wurden etwa Sinti und Roma lange Zeit nicht als Opfer der NS-Rassenpolitik anerkannt und Entschädigungszahlungen verweigert.

Insgesamt lässt sich festhalten, dass sowohl in der Besatzungszeit als auch in der frühen Bundesrepublik durchaus gewisse **Bemühungen** unternommen wurden, mit der NS-Vergangenheit zu brechen, NS-Verbrechen aufzuarbeiten und Opfer zu entschädigen. Dennoch kann man **nicht** davon sprechen, dass **Hoegners Vorstellungen umfassend verwirklicht** wurden. Es gab zu viele Probleme bei der Durchführung der Entnazifizierung, darüber hinaus war die Gesinnung der Menschen nach jahrelanger massiver ideologischer Indoktrinierung nicht kurzfristig zu ändern. Auch wollten sich viele (West-)Deutsche **nicht mit dem NS-Erbe** und ihrer eigenen Mitverantwortung **auseinandersetzen**, manche stritten die deutsche Schuld sogar ab oder verharmlosten sie. Meist konzentrierte man sich auf den **Wiederaufbau** nach der Kriegsniederlage und war mit Alltagsproblemen beschäftigt. Zusätzlich überlagerte der **Kalte Krieg** zunehmend das politische Geschehen, wodurch die Entnazifizierung in den Hintergrund trat. Erst mit einigem zeitlichen Abstand setzte in den späten 1950er- und v. a. den 1960er-Jahren eine **vermehrte innergesellschaftliche Auseinandersetzung mit der individuellen und kollektiven Verantwortung** für die NS-Verbrechen ein, die bis heute andauert. Es lässt sich abschließend festhalten, dass Hoegners Forderungen aus M 2 zwar auf staatlicher Ebene in gewissem Umfang **angestrebt** wurden, die **praktische Umsetzung** aber nur **teilweise gelang**.

4 *Der folgende Lösungsvorschlag greift die **Teilaufgabe b)** zum Halbjahr **12/1** auf. Die Lösungsvorschläge zu den Halbjahren **11/1** und **12/2** finden Sie auf den Seiten 63 ff. und 12 ff. dieses Jahrgangs.*
Die Aufgabe beruht auf einer Aussage Walter Ulbrichts von 1952: Der damalige Generalsekretär des SED-Zentralkomitees sprach über das übergeordnete Ziel, den Sozialismus in der DDR endgültig aufzubauen. Sie sollen nun ausgehend von diesem Zitat das Selbstverständnis der DDR „erläutern“ (AFB II): Erklären Sie Ulbrichts Worte und verdeutlichen Sie sie mit zusätzlichen Informationen und eigenen Beispielen. Im zweiten Teil der Aufgabe gilt es, Stellung zur These zu nehmen, dass die DDR letztlich am Widerspruch zwischen eigenem Anspruch und Wirklichkeit gescheitert ist (AFB III). Beleuchten Sie hierfür kritisch die Entwicklung der DDR und halten Sie Ihre Ergebnisse in einem abschließenden Fazit fest.

1952 verkündete **Walter Ulbricht**, der damalige Generalsekretär des Zentralkomitees der SED, den **„planmäßig[en]“ Aufbau des Sozialismus**, wobei er sich auf die vermeintlichen Wünsche von Arbeiterklasse, Bauern und anderen „Werktätigen“ berief. Hier wird angedeutet, dass die **klassen- und schrankenlose Gesellschaft des Kommunismus** ohne wirtschaftlich-rechtliche Unterschiede das **anzustrebende Ideal** der sozialistischen Staatsordnung bildete, was ein friedliches und solidarisches Miteinander sowie soziale Gerechtigkeit schaffen sollte. Dabei betrachtete Ulbricht es als rechtmäßig, dass die **SED** dieses Staatsziel für alle Bürger umsetzen wollte, und begründete auf diese Weise den **Führungsanspruch der Staatspartei**. Die ideologische Grundlage bildete der **Marxismus-Leninismus**, in dessen Sinne die Menschen erzogen werden sollten. Jeder Bürger hatte sich nach dieser Vorstellung **aktiv zugunsten des Sozialismus einzubringen** und zuverlässig beim **Aufbau des sozialistischen Staates** mitzuhelfen, u. a. durch die Mitgliedschaft in **Verbänden** für bestimmte Berufs- und Altersgruppen. Da die DDR sich selbst als das „**bessere Deutschland**" sah, propagierte man den Staatssozialismus als Gegenpol zur **kapitalistischen** Bundesrepublik und implizierte eine **moralische Überlegenheit** aufgrund der immer wieder betonten **Abkehr vom Faschismus**.

Durch die Einführung der **Planwirtschaft**, so Ulbricht, könnten der wirtschaftliche Bedarf und somit die **Interessen der Werktätigen** besser berücksichtigt werden. Die sozialistische Zentralverwaltungswirtschaft beruhte auf dem Gedanken, dass alle **Produktionsmittel Volkseigentum** seien und die Arbeit des Einzelnen immer zum Wohle der Gesellschaft beitragen müsse. In diesem Sinne wurde die Industrie verstaatlicht, es sollte also **keine privaten Unternehmer** mehr geben, sondern nur noch **volkseigene Betriebe**. Den Grundstein für den **Arbeiter- und Bauernstaat** hatten bereits die sowjetischen Besatzer mit der Bodenreform, der Enteignung von Großgrundbesitzern und ersten Verstaatlichungen gelegt.

Neben dem Aufbau von sozialistischer Gesellschaft und Planwirtschaft gab es weitere Ziele, die sich die DDR setzte. Hierzu gehörten u. a. die Entwicklung von **Wissenschaft und Technik** und die Förderung des **geistig-kulturellen Lebens**, um dem **Überlegenheitsanspruch** des Sozialismus gerecht zu werden.

Der **Idealvorstellung** stand der „real existierende Sozialismus" gegenüber, der durch zahlreiche Probleme gekennzeichnet war. Die **SED** sah sich als einzig **legitime Vertreterin der Arbeiter, Bauern und Werktätigen** und nahm für sich in Anspruch, für die Bevölkerung zu sprechen und zu entscheiden. Ihr **Machtmonopol** war verbunden mit der **Unterdrückung jedweder Opposition:** Wer mit der Politik der SED nicht einverstanden war, konnte seine Meinung nicht frei äußern. Die Bürger wurden systematisch durch das Ministerium für Staatssicherheit („**Stasi**") überwacht, Kritiker bzw. Gegner des Sozialismus zum Teil brutal ausgeschaltet. Die **Volksvertretung** wurde über **Einheitslisten** gewählt, auf denen die Kandidaten der SED sowie der abhängigen Blockparteien und Massenorganisationen bereits vorgegeben waren. Darüber hinaus wurden Wahlergebnisse regelmäßig manipuliert, was ebenfalls zur **Aushöhlung der offiziell demokratisch-parlamentarischen Staatsform und Verfassung** beitrug. Auch die Justiz war nicht unabhängig, sondern der SED-Regierung untergeordnet. Die **Verfassungswirklichkeit** zeigte, dass der **demokratische Anschein** nur **oberflächlich** gewahrt wurde. De facto gab es keine Grundrechte, keine Gewaltenteilung und keine ausreichende Legitimation für die Herrschaft der SED.

Dass das **Friedensversprechen** nur für diejenigen galt, die sich dem sozialistischen Gesellschaftsmodell anpassten und unterordneten, wurde besonders am **17. Juni 1953** deutlich, als Proteste gegen die wirtschaftliche und politische Lage in der DDR mithilfe der Sowjetunion **gewaltsam niedergeschlagen** wurden. Das

Auseinanderklaffen von Anspruch und Wirklichkeit wurde auch durch die **Flucht** zahlreicher Menschen nach Westen deutlich, die in einer „**Abstimmung mit den Füßen**“ der Weltöffentlichkeit aufzeigten, dass sie nicht länger im vermeintlich „besseren Deutschland“ leben wollten. Um die „**Republikflucht**“ einzudämmen und den wirtschaftlichen Kollaps zu verhindern, wurde1961 die **Berliner Mauer** als angeblicher „antifaschistischer Schutzwall“ gebaut, die die ohnehin kaum vorhandene Bewegungsfreiheit der DDR-Bürger noch massiver einschränkte.

Auch die **Planwirtschaft** wurde dem von Ulbricht formulierten Anspruch nicht gerecht. Zwar konnten das **Lebensniveau** zunächst verbessert und Einkommensunterschiede eingeebnet werden. Allerdings erwiesen sich insbesondere die Fünf- bzw. Siebenjahrespläne insgesamt als zu träge und **unflexibel**, sodass es zu gravierenden Fehlentwicklungen kam. So wurde die Versorgung der Bevölkerung weitgehend zugunsten der Schwerindustrie vernachlässigt, was für **Lieferengpässe** sorgte. Der Lebensstandard war grundsätzlich niedriger als in der Bundesrepublik, die in ihrer Anfangsphase ihr „Wirtschaftswunder“ erlebte. Einzelne **Erfolge** konnte die DDR in Wissenschaft und Technik erzielen, so in der Raumfahrt: 1978 flog mit dem Kosmonauten **Sigmund Jähn** der erste DDR-Vertreter ins All und wurde als Volksheld gefeiert.

Insgesamt war die **Einstellung der Bürger** zur DDR unterschiedlich. Zwischen privilegierten Parteifunktionären und Gegnern des Regimes arrangierte sich ein großer Teil mit dem System. Viele blieben in **innerer Distanz** zum Staat, richteten sich in der „**Nischengesellschaft**“ ein und konzentrierten sich auf den Alltag.

Um beurteilen zu können, ob der Widerspruch zwischen Anspruch und Realität zum **Scheitern der DDR** geführt hat, muss man auch die Ursachen für das Ende des ostdeutschen Staates in den Blick nehmen. In den 1980er-Jahren wurden die **Mängel der Planwirtschaft** immer offensichtlicher: Es fehlte an Produktionsmitteln, Fabriken standen öfter still. Da die Sowjetunion selbst wirtschaftliche Probleme hatte und keine Unterstützung mehr leisten konnte, musste die DDR hohe **Kredite** von der Bundesrepublik aufnehmen, um den **Staatsbankrott** abzuwenden. Es kam weiter zu Lebensmittelengpässen, während höherwertige Produkte oft in den Westen verkauft wurden, um die Kredite zu bedienen. Dringend nötige Sanierungsprogramme und der Städtebau konnten nicht finanziert werden. Schließlich war die DDR so gut wie **zahlungsunfähig**. Auch an den **politischen Rahmenbedingungen** hatte sich nichts geändert, obwohl die DDR 1975 die KSZE-Schlussakte von Helsinki unterzeichnet und sich dadurch eigentlich zur Wahrung der Menschen- und Bürgerrechte bekannt hatte.

In dieser Phase heizte der **Umbruch in der UdSSR** die Unzufriedenheit in der DDR weiter an. 1985 leitete der neue sowjetische Staats- und Parteichef **Michail Gorbatschow** wegweisende Reformen ein: Unter den Schlagworten „**Glasnost**“ und „**Perestroika**“ zielte er auf **mehr Offenheit und Transparenz** in der Politik sowie eine **marktwirtschaftliche Umgestaltung** der Planwirtschaft ab. Dadurch weckte er große Hoffnungen auch in der DDR, die aber bald zerschlagen wurden: Die DDR-Führung unter **Erich Honecker** verweigerte jegliche Neuerung, selbst noch, als sich 1989 die Lage in der DDR zuspitzte. Im Sommer und Herbst 1989 steigerte die „**Festungsmentalität**" der SED-Spitze den Unmut der DDR-Bevölkerung: Immer mehr Menschen nahmen an den **Montagsdemonstrationen** teil und forderten politische Reformen. Zudem verließen DDR-Bürger in Scharen das Land: über bundesdeutsche Botschaften im Ostblock und über Ungarn, das seine Grenzen öffnete. Die **Flucht- und Ausreisewelle** verschaffte den von den immer aktiveren Bürgerrechtlern organisierten Demonstrationen zusätzlich Aufwind, zumal Gorbatschow durch die Abkehr von der „**Breschnew-Doktrin**" ein militärisches Eingreifen ausgeschlossen hatte.

Insgesamt trug die **immer größer werdende Kluft** zwischen den Zielen und Versprechen des Sozialismus auf der einen und der Lebenswirklichkeit des Großteils der Bevölkerung auf der anderen Seite einen **wesentlichen Anteil am Scheitern der DDR**. Eine steigende Zahl an DDR-Bürgern betrachtete die eigene Regierung nicht (mehr) als Vertreterin der eigenen Interessen. Die Planwirtschaft hatte in der Realität keine langfristigen Erfolge, sondern vielmehr eine **desolate Versorgungslage** mit sich gebracht, die für die meisten Menschen täglich spürbar war. Die **Vision einer klassenlosen Gesellschaft** wurde durch die Elite der SED-Parteifunktionäre bis zuletzt **ad absurdum** geführt, während den Arbeitern, Bauern und Werktätigen politische Freiheiten verwehrt wurden. Im Laufe der Jahrzehnte stieg die **Unzufriedenheit mit wirtschaftlicher Lage und Verfassungswirklichkeit** stark an, wozu auch noch der ständige Vergleich der DDR mit der politisch und wirtschaftlich erfolgreichen **Bundesrepublik** beitrug. Im Sommer und Herbst 1989 verließen schließlich zahlreiche Menschen das Land, gingen gegen die Regierung auf die Straße und brachten in der **Friedlichen Revolution** das SED-Regime zu Fall. Eine entscheidende Rolle spielten aber auch der von Gorbatschow eingeleitete **Umbruch im Ostblock** und die Zurückhaltung der Sowjetunion beim Zusammenbruch der DDR. Insofern war die **Diskrepanz zwischen Anspruch und Wirklichkeit** in der DDR zwar ein sehr zentraler, aber **nicht der alleinige Faktor** für deren Scheitern.

Abitur Geschichte (Bayern) – 2022 – Aufgabe III
Die DDR – eine deutsche Alternative? *
Historische Komponenten europäischer Kultur und Gesellschaft

1 Erläutern Sie die moderne Nationsvorstellung seit der Französischen Revolution! (12 BE)

2 Der Historiker Wolfgang Kruse schrieb über das Phänomen des Nationalismus im 19. Jahrhundert in Deutschland: „Ursprünglich eine emanzipative [befreiende] Idee, entwickelte sich der Nationalismus im Laufe des 19. Jahrhunderts zu einer rechtsorientierten Ideologie. Ein Reichsnationalismus entstand, der Feindbilder beschwor".

Wolfgang Kruse: Nation und Nationalismus. Artikel im Dossier „Das Deutsche Kaiserreich" vom 27. September 2012. Abrufbar unter https://www.bpb.de/geschichte/deutsche-geschichte/kaiserreich/138915/nation-und-nationalismus (7. Dezember 2021).

Überprüfen Sie anhand der gescheiterten Nationalstaatsbildung in Deutschland von 1848/49 sowie der schließlich erfolgten Gründung des Deutschen Kaiserreichs 1871, ob sich die Nationalidee in Deutschland im 19. Jahrhundert im Sinne einer „rechtsorientierten Ideologie" entwickelte, die „Feindbilder beschwor"! (20 BE)

3 Nach dem Zweiten Weltkrieg prägte unter anderem die Diskussion um eine europäische Einigung das politische Geschehen. In diesem Zusammenhang veröffentlichte der Zeichner Klaus Pielert um 1950 eine Karikatur, die auf den französischen Schuman-Plan zur Gründung der Europäischen Gemeinschaft für Kohle und Stahl (EGKS) Bezug nahm (M 1).

Analysieren und interpretieren Sie diese Karikatur und erläutern Sie hiervon ausgehend den Stellenwert der deutsch-französischen Beziehungen für die europäische Integration bis 1963! (24 BE)

4 Ihr W-Seminar „Opposition in Diktaturen des 20. Jahrhunderts" erstellt eine Sammlung aus Materialien und Darstellungstexten. Ihnen kommt dabei die Aufgabe zu, einen Beitrag zur Opposition in der DDR zu gestalten. (34 BE)

4.1 Analysieren Sie den Zeitschriftenbeitrag „Warum gibt es in der DDR keine Opposition?" (M 2) aus dem Jahr 1957! Berücksichtigen Sie hierbei insbesondere den Adressatenbezug und die Absicht des Beitrags!

4.2 Verfassen Sie einen Darstellungstext, in dem Sie die Bedeutung der DDR-Bürgerbewegung für das Ende der DDR beurteilen!

* Bitte beachten Sie: Aufgrund der durch die Corona-Pandemie bedingten Einschränkungen des Unterrichtsbetriebs wurde der **Lernbereich 11.2.4** („Die DDR – eine deutsche Alternative?") für die schriftliche Abiturprüfung 2022 in das **Halbjahr 12.1** (statt 11.2) verschoben.

5 Bearbeiten Sie eine der drei folgenden Teilaufgaben! (30 BE)

a) zu Halbjahr 11/1
An Ihrer Schule soll anlässlich des Weltfrauentags eine Diskussionsveranstaltung zum Thema „Gleichstellung in Geschichte und Gegenwart“ stattfinden. Beurteilen Sie in einem einführenden Redebeitrag, inwiefern die Industriegesellschaft des 19. Jahrhunderts für die Stellung von Frauen Fortschritte brachte!

b) zu Halbjahr 11/2
Der frühere Bundespräsident Richard von Weizsäcker äußerte sich in einer Rede im Jahr 1985 folgendermaßen zur Verantwortung der deutschen Bevölkerung für die Entrechtung und Verfolgung ihrer jüdischen Mitbürgerinnen und Mitbürger sowie die systematische Ermordung der europäischen Jüdinnen und Juden:

„Die Ausführung des Verbrechens lag in der Hand weniger. Vor den Augen der Öffentlichkeit wurde es abgeschirmt. Aber jeder Deutsche konnte miterleben, was jüdische Mitbürger erleiden mußten [...]. Als dann am Ende des Krieges die ganze unsagbare Wahrheit des Holocaust herauskam, beriefen sich allzu viele von uns darauf, nichts gewußt oder auch nur geahnt zu haben.“

Bundespräsident Richard von Weizsäcker bei der Gedenkveranstaltung im Plenarsaal des Deutschen Bundestages zum 40. Jahrestag des Endes des Zweiten Weltkrieges in Europa am 8. Mai 1985 in Bonn. Abrufbar unter https://www.bundespraesident.de/SharedDocs/Reden/DE/Richard-von-Weizsaecker/Reden/1985/05/19850508_Rede.html [3. Dezember 2021].

Nehmen Sie auch unter Bezugnahme auf konkrete antijüdische Maßnahmen begründet Stellung zu der Frage, inwieweit die deutsche Bevölkerung mitverantwortlich war für die Entrechtung und Verfolgung ihrer jüdischen Mitbürgerinnen und Mitbürger sowie die systematische Ermordung der europäischen Jüdinnen und Juden!

c) zu Halbjahr 12/2
Im Rahmen eines schulischen, fächerübergreifenden Projekttages zum Thema „Städte im Wandel“ beschäftigt sich Ihr Geschichtskurs mit der historischen Entwicklung Jerusalems. Ihnen fällt dabei die Aufgabe zu, einen in die Thematik einführenden Vortrag zu verfassen. Bei der Vorbereitung stoßen Sie auf folgendes Zitat des palästinensischen Forschers Rami Nasrallah:

„Schlussendlich könnte Jerusalem also entweder ein Zentrum der Menschlichkeit und ein Bindeglied im Netzwerk globaler Städte sein – zusätzlich zum Status als Hauptstadt zweier Staaten – oder aber eine Brutstätte für den Kampf von Kulturen, Religionen und Völkern, was unweigerlich zu einem allumfassenden Konflikt führen würde und ein unvorstellbarer Verlust wäre.“

Rami Nasrallah: Hauptstadt Jerusalem. Eine palästinensische Perspektive, in: Aus Politik und Zeitgeschichte 15-16/2018, S. 42. Abrufbar unter https://www.bpb.de/apuz/267344/hauptstadt-jerusalem-eine-palaestinensische-perspektive?p=1 [20. Dezember 2021]. Aus dem Englischen von Peter Beyer, Bonn.

Verfassen Sie einen Vortrag, in dem Sie zunächst auch unter Einbezug geeigneten Kartenmaterials im Historischen Atlas erläutern, welche religiösen und machtpolitischen Ansprüche die Geschichte Jerusalems in der Antike und im 20. Jahrhundert prägten! Diskutieren Sie anschließend vor dem Hintergrund des obigen Zitats die Bedeutung der Stadt im Friedensprozess!

Material

M 1: Karikatur „Zwei Lesarten. Lektüre für die Parlamentsferien" von Klaus Pielert (um 1950)

Am 9. Mai 1950 stellte der französische Außenminister Robert Schuman in einer öffentlichen Erklärung seinen Vorschlag zur Gründung der Europäischen Gemeinschaft für Kohle und Stahl (EGKS) vor. Diese Idee wurde in der politischen Öffentlichkeit beider Länder intensiv diskutiert, worauf der Zeichner Klaus Pielert in seiner in der Bundesrepublik Deutschland veröffentlichten Karikatur anspielt, die sich insbesondere an die Abgeordneten des Deutschen Bundestags kurz vor der Sommerpause des Parlaments um 1950 zu richten schien.

Klaus Pielert (Künstler), Haus der Geschichte, Bonn.

Anmerkung
Mit der abgebildeten männlichen Figur im Anzug lässt sich der damalige französische Außenminister Robert Schuman assoziieren.

M 2: Artikel „Warum gibt es in der DDR keine Opposition?“ von Joachim Herrmann, erschienen in der Neuen Berliner Illustrierten (1957)

In der Neuen Berliner Illustrierten Nr. 21 des Jahres 1957 reagierte der später hochrangige Repräsentant der SED, Joachim Herrmann, damals Mitglied des Zentralrats der Freien Deutschen Jugend (FDJ), auf einen Leserbrief, in dem eine Jugendliche namens Karin das Fehlen einer Oppositionspartei in der DDR hinterfragt hatte. Die Antwort auf diesen Leserbrief trug den Titel „Warum gibt es in der DDR keine Opposition?“.

Liebe Karin!

Stell’ Dir bitte einmal vor, Du hättest eine solche Oppositionspartei gegründet und würdest jetzt in den Wahlkampf ziehen. Zunächst müßtest Du ein Programm verkünden, denn die Wähler geben sich mit Deiner sympathischen Erscheinung allein nicht zufrieden. Sie würden von Dir und Deiner Partei vielmehr wissen wollen, warum Du Opposition machst, wofür Du bist und wogegen, wie Du denkst und was Du tun willst. Was könntest Du fordern, wenn Du mit dem Programm der Parteien und Organisationen bei uns, also mit dem Programm der Nationalen Front, nicht einverstanden wärst?

Du könntest beispielsweise fordern, die Gleichberechtigung der Frau soll wieder abgeschafft werden. Die Volkskammer soll das Gesetz zum Schutz der Mütter außer Kraft setzen. Die Säuglingsheime, Kindergärten und Schulhorte werden geschlossen. Die Frauen werden wieder schlechter entlohnt als die Männer. Oder: Die Studenten erhalten keine Stipendien mehr vom Staat, und die Schulgeldpflicht wird wieder eingeführt, damit, wie vor 1945 und wie heute noch in Westdeutschland, nur die Kinder der Reichen eine höhere Bildung erwerben können. Überhaupt – weg mit den ganzen Maßnahmen und Gesetzen zur Förderung der Jugend! Und da Du weißt, daß all das, wogegen Du Front machst, von der Arbeiter-und-Bauern-Macht geschaffen wurde, müßtest Du als konsequente Oppositionsführerin natürlich fordern, daß diese Macht beseitigt wird, daß es keine volkseigenen Betriebe mehr gibt und die Bauern ihr Land den Junkern zurückgeben. Das aber heißt: alles wird wie früher. Die großen Kapitalisten herrschen wieder. Und wo die herrschen, da werden auch die Arbeiter wieder ausgebeutet, die Bauern entrechtet und die Handwerker und kleinen Gewerbetreibenden ruiniert. Wo die Kapitalisten herrschen, da gehört der Krieg zum großen Geschäft. Also müßte Deine Forderung lauten: Her mit der Wehrpflicht, rein in die NATO, her mit den Atom- und Wasserstoffbomben!

Du willst das alles natürlich nicht. Aber nicht nur Du – keiner will das. Und weil keiner so irrsinnige Gedanken hat, wie wir sie eben ausgesponnen haben – deshalb gibt es bei uns keine Oppositionspartei. Deshalb gibt es bei uns stattdessen die einheitliche Liste der Nationalen Front, der alle Parteien und Organisationen angehören, die Kandidaten zur Wahl stellen. Bis zum nächsten Mal alles Gute!

Joachim Herrmann

Neue Berliner Illustrierte Nr. 21 des Jahres 1957.

Lösungsvorschläge

1 *Zum Einstieg sollen Sie die moderne Nationsvorstellung seit der Französischen Revolution in den Blick nehmen. Der Operator „erläutern" (AFB II) fordert, den Sachverhalt zu beschreiben und mit Zusatzinformationen zu verdeutlichen.*

Obwohl es den Begriff „**Nation**" schon in vormodernen Zeiten gab, etablierte sich die politische Nationsidee in Europa erst im Zuge der **Aufklärung** und der **Französischen Revolution**. Zuvor hatte das **Ständewesen** die Gesellschaft und den absolutistischen Staat nachhaltig geprägt. 1789 führten in Frankreich die Proteste des **Dritten Standes** (Bürger, Bauern) gegen die wirtschaftliche Not und die Privilegien von Adel und Klerus zur **Revolution**; dabei spielte auch das **Streben nach politischer Teilhabe** eine entscheidende Rolle. Die Nationalversammlung bestand zwar aus Vertretern aller drei Stände, wurde aber besonders zum Sprachrohr des Dritten Standes. In diesem Kontext griff man auf die **moderne Nationsidee** als **antiständische Integrationsideologie** zurück: Die bisherige Ständeordnung wurde abgeschafft und durch die Vorstellung einer gemeinsamen Nation ersetzt, die durch zentrale Maximen der **Erklärung der Menschen- und Bürgerrechte** – darunter besonders **Freiheit, Gleichheit und Brüderlichkeit** aller der Nation Zugehörigen – geprägt wurde.

Dieses Nationsverständnis beruht zwar auf einer **gemeinsamen Geschichte**, umfasst darüber hinaus aber auch den Wunsch nach einem **guten Zusammenleben in der Gegenwart**. In diesem Sinne wird die Nation konstruiert als **politische Willensgemeinschaft**, für die nicht **Sprache, Rasse oder Religion** ausschlaggebend sind, sondern die Zugehörigkeit zu einem **einheitlichen Staatsgebiet**. Dort sollen sich alle Bürger mit der Staatsverfassung **identifizieren** können und sich ihr **verbunden** fühlen. An die Stelle der Verpflichtung gegenüber der Obrigkeit traten **Staatsnation** und „**Verfassungspatriotismus**".

Die Nationsidee wirkte über Frankreich hinaus, sodass auch in anderen europäischen Ländern die **absolutistischen Herrscher** zunehmend infrage gestellt wurden und die Bevölkerung politische Teilhabe forderte. Die konkreten Nationsvorstellungen waren allerdings nicht überall gleich, was an den jeweiligen **politisch-territorialen Bedingungen** lag: So bildete sich auf **deutschem Boden** aufgrund der staatlichen Zersplitterung eher die Idee einer **Kulturnation** heraus. Demnach war die kulturelle Zugehörigkeit über Geschichte, Sprache und Sitten ausschlaggebend, weniger das **Territorialprinzip** wie bei der **Staatsnation Frankreich**.

2 *Im Zentrum der Aufgabe steht die These des Historikers Wolfgang Kruse, dass sich der Nationalismus in Deutschland im 19. Jahrhundert in eine rechtsorientierte Richtung entwickelt habe, die stark auf Feindbildern beruhte. Erklären Sie das Zitat in eigenen Worten und betrachten Sie anschließend den Versuch der Nationalstaatsbildung 1848/49 und die Gründung des Kaiserreichs 1871. Mithilfe dieser Eckpunkte sollen Sie dann Kruses Aussage „überprüfen" (AFB III), also anhand historischer Sachverhalte auf ihre Angemessenheit untersuchen.*

Der Historiker **Wolfgang Kruse** ist mit Blick auf Deutschland der Ansicht, dass sich die **Nationsidee** im Verlauf des 19. Jahrhunderts massiv gewandelt habe. Er deutet an, dass es – inspiriert von den Idealen der **Französischen Revolution** – zunächst um die **Befreiung aus den Fesseln der Feudalgesellschaft** ging, was der nationalen Bewegung vor allem im Bürgertum Anhänger verschaffte. Aus dieser ursprünglichen Gesinnung sei aber, so Kruse, eine **nationalistische, an rechten Gedanken orientierte Weltanschauung** geworden – ein „**Reichsnationalismus**", der stark auf Feindbilder zurückgriff. Im Folgenden soll diese These anhand der Ereignisse rund um das **Scheitern der Revolution von 1848/49** und der **Gründung des Deutschen Kaiserreiches 1871** überprüft werden.

Um 1800 orientierte sich die **Nationalbewegung auf deutschem Boden** stark am modernen Nationalstaat in **Frankreich**, wo sich der Dritte Stand vom Absolutismus befreit und politische Teilhabe erkämpft hatte. In „Deutschland" besonders war aber noch das Ziel eines **territorial geeinten deutschen Nationalstaats**. Auf dem Wiener Kongress 1814/15 wurde dieser Wunsch jedoch nicht erfüllt; stattdessen brach in den deutschen Staaten das Zeitalter der **Restauration** an. Aus Angst vor einer Revolution **unterdrückten** die Herrscher im Deutschen Bund **alle liberalen und nationalen Bestrebungen**. Die Nationsidee konnte aber nicht dauerhaft niedergehalten werden, sondern lebte in gewissen Kreisen fort.

1848 schien die Zeit für den lange erhofften deutschen Nationalstaat gekommen. Nach der **Märzrevolution** konstituierte sich in der **Frankfurter Paulskirche** eine **Nationalversammlung** aus v. a. bürgerlichen Abgeordneten verschiedener politischer Richtungen, die die Gründung eines deutschen Einheitsstaates „**von unten**", also vom Volk ausgehend, vorbereiteten. Sie diskutierten besonders über die **Grenzen** des neuen Staatsgebiets, die **Staatsform** und das **Wahlrecht**. Hier zeigten sich einige Probleme, u. a. die Tatsache, dass in den einzelnen deutschen Staaten auch verschiedene nichtdeutsche Minderheiten lebten (v. a. in Preußen und Österreich). Ergebnis der Beratungen war die **Reichsverfassung von 1849**. Durch die Garantie von wesentlichen Freiheits- und Grundrechten sowie die Abschaffung feudalrechtlicher Privilegien wurden durchaus Elemente der ursprünglichen **emanzipatorischen Nationsvorstellung** berücksichtigt.

Allerdings war die Nationalversammlung nicht in der Lage, die Verfassung mit der **kleindeutschen Lösung** und einer **konstitutionellen Monarchie** durchzusetzen. Der preußische König Friedrich Wilhelm IV. lehnte die ihm angebotene Krone ab. Das Scheitern der Paulskirchenversammlung hatte zur Folge, dass die liberale und demokratische Nationalbewegung geschwächt aus der Revolution hervorging und **konservative Strömungen** wieder die Oberhand gewannen.

Die **Gründung eines deutschen Nationalstaats** wurde schließlich vom preußischen Ministerpräsidenten **Otto von Bismarck** in die Wege geleitet, der die ursprünglichen Freiheitsideale der Nationalbewegung ablehnte und aus machtpolitischen Gründen eine Nationalstaatsgründung „**von oben**" durch die Fürsten wollte. Die drei „**Einigungskriege**" **unter preußischer Führung** gegen Dänemark, Österreich und Frankreich mündeten in der Proklamation des **Deutschen**

Kaiserreiches im Spiegelsaal von Versailles am **18. Januar 1871**. Viele Anhänger des Nationalismus begrüßten die Staatsgründung und sahen darüber hinweg, dass diese **nicht vom deutschen Volk ausging** und dass mit Österreich wichtige deutschsprachige Gebiete fehlten.

Die Reichseinigung hatte jedoch gravierende **Auswirkungen auf die deutsch-französischen Beziehungen:** Schon vor dem Deutsch-Französischen Krieg hatte Bismarck das im 19. Jahrhundert oft schwierige, zuletzt immer spannungsgeladenere Verhältnis zwischen Deutschland und Frankreich propagandistisch zu einer „**Erbfeindschaft**" stilisiert, die angeblich schon seit Jahrhunderten bestand. Nach dem deutschen Sieg 1871 wurde **Elsass-Lothringen** an Deutschland angeschlossen, was in nationalistischen Kreisen gefeiert wurde: Man betrachtete diese Gebiete als zur deutschen Nation gehörig und sah die Annexion als Anknüpfung an mittelalterliche Traditionen. Insgesamt brachte der militärische Triumph Bismarck viel Zustimmung ein. Dabei konnte er die **Abgrenzung von einem äußeren Feind** einsetzen, um die **nationale Einheit im Inneren** zu fördern.

Betrachtet man die **Verfassung** des Deutschen Kaiserreiches, so war diese **keineswegs demokratisch und emanzipativ** angelegt. Vielmehr wurden weitgehend die Strukturen des preußischen Obrigkeitsstaates gewahrt. Zwar gab es ein allgemeines Wahlrecht und ein Parlament, das der Kaiser im Rahmen seiner mächtigen Stellung aber vorzeitig auflösen durfte. Darüber hinaus wurde – anders als 1848/49 – **kein Grundrechtekatalog** in der Verfassung verankert.

Letztlich kann man Kruses These **zustimmen**, dass die „emanzipative Idee" der Nation als **antiständische Integrationsideologie** in den deutschen Gebieten im Verlauf des 19. Jahrhunderts **verloren ging**. War die Paulskirchenverfassung von 1849 durchaus noch von diesem liberal-demokratischen Geist geprägt, so trug ihr Scheitern maßgeblich dazu bei, dass sich **konservative Strömungen** durchsetzen konnten. Die von Bismarck vorangetriebene Nationalstaatsgründung 1870/71 hatte **machtpolitische Gründe** und führte zur Bewahrung bisheriger obrigkeitsstaatlicher Strukturen. Vor diesem Hintergrund wurde die angebliche „**Erbfeindschaft**" zwischen Deutschen und Franzosen gezielt **gefördert** und die eigene Stärke überhöht, was v. a. für rechtsgerichtete Kreise attraktiv war. Insgesamt kam es also tatsächlich zur **Ausrichtung** des Nationalismus **auf einen gemeinsamen Feind** statt auf freiheitlich-demokratische Ideen, wie es Kruse beschreibt.

3 *Die Aufgabe beschäftigt sich mit dem Beginn der europäischen Einigung nach dem Zweiten Weltkrieg bis 1963. Sie sollen die Karikatur von Klaus Pielert „analysieren" (AFB II) und „interpretieren" (AFB I–III). Erschließen Sie die Inhalte kriterienorientiert und stellen Sie Sinnzusammenhänge her. Beachten Sie auch die Hinweise zu M 1. Die folgende „Erläuterung" (AFB II) verlangt, dass Sie Ihre Ergebnisse historisch einordnen und den Stellenwert der deutsch-französischen Beziehungen für die europäische Einigung durch zusätzliche Informationen und Beispiele verdeutlichen.*

Die vorliegende **Karikatur** von **Klaus Pielert** stammt vermutlich aus dem Jahr 1950 und bezieht sich inhaltlich auf den **„Schuman-Plan“:** Am 9. Mai 1950 hatte der französische Außenminister **Robert Schuman** den Vorschlag verkündet, eine **Europäische Gemeinschaft für Kohle und Stahl** (EGKS) zu gründen, was in Frankreich und in Westdeutschland zu **Diskussionen über das Verhältnis beider Länder** führte. M 1 wurde in der Bundesrepublik publiziert und richtete sich an die **westdeutsche Öffentlichkeit**, anscheinend besonders an die **Bundestagsabgeordneten** kurz vor der Sommerpause, denn die Karikatur trägt den Titel „Zwei Lesarten. Lektüre für die Parlamentsferien“.

Die Karikatur stellt die **Bedeutung des „Schuman-Plans“** und das **Verhältnis zwischen Westdeutschland und Frankreich** in gegensätzlichen Allegorien dar. Abgebildet sind **zwei Bücher**, die für die genannten „Lesarten“, also für die verschiedenen Sichtweisen auf die kontrovers diskutierte EGKS und den Beginn der europäischen Integration stehen. Das **linke Werk** trägt den französischen Titel „le Schumanplan“ und den Untertitel „Aufklärung für Franzosen“, richtet sich an ein **französisches Publikum** und spielt auf die französische Deutung der EGKS an. Zu sehen ist ein am Boden liegender, an Händen und Füßen gefesselter Mann mit erschrockener Miene. Die Zipfelmütze stellt klar, dass es sich um den **deutschen Michel** handelt. Über ihn gebeugt steht ein Mann im schwarzen Anzug, der aufgrund seiner Gesichtszüge als **Schuman** identifiziert werden kann. Wegen seiner Größe erscheint er **übermächtig**; entschlossen und scheinbar spielend drückt er den deutschen Michel mit seinem übergroß gezeichneten Daumen zu Boden. Dies kann man so interpretieren, dass aus Sicht des Karikaturisten der Schuman-Plan und die EGKS Mittel Frankreichs waren, um die Westdeutschen **kleinzuhalten** und sich so dauerhaft vor ihnen zu **schützen**. Hier wird angedeutet, dass die Montanunion v. a. den Franzosen **Vorteile** bringen würde.

Die zweite Lesart wird durch die **Buchausgabe** auf der **rechten** Seite dargestellt, die den Titel „Der Schuman-plan“ und den Untertitel „Aufklärung für Deutsche von Konrad Adenauer“ trägt. Dadurch wird verdeutlicht, dass diese Perspektive auf die EGKS von **Bundeskanzler Konrad Adenauer** vertreten wird und an die Westdeutschen adressiert ist. Auf dem Titelbild sind – wie auch auf dem linken Buch – **Schuman** und der **deutsche Michel** gezeichnet, allerdings sind sie beide in Weiß gekleidet, gleich groß abgebildet und stehen **freundschaftlich und auf Augenhöhe** nebeneinander. Sie schütteln sich die Hände, Schuman legt brüderlich, ja beinahe väterlich die Hand auf die Schulter des Michel, der etwas **überrascht** scheint von der fast schon übertriebenen Freundlichkeit des französischen Außenministers. Dennoch steht auch er stark mit aufrechtem Blick da. Die beiden Beteiligten strahlen, die Grundstimmung ist positiv. Pielert wollte vermutlich zum Ausdruck bringen, dass Adenauer den „Schuman-Plan“ als gute **Chance** sah, die **Beziehungen zum Kriegsgewinner Frankreich** und somit die internationale Stellung der noch jungen Bundesrepublik zu verbessern. Daher wollte er, so die Karikatur, den Westdeutschen diese Initiative als Erfolg versprechend vermitteln.

Insgesamt werden **entgegengesetzte Sichtweisen auf den „Schuman-Plan“** als Beginn der europäischen Einigung gezeigt, die stark durch jeweilige **nationale**

Interessen geprägt waren. Indem Pielert implizit den Parlamentariern empfiehlt, die Buchausgaben vergleichend anzusehen, fordert er sie auf, sich ein **differenziertes, möglichst wahrheitsgetreues Bild** von Schumans Initiative zu machen.

Tatsächlich hatten Schuman und Adenauer beide **Interesse an einer Überwindung der Feindschaft** zwischen Frankreich und (West-)Deutschland. Die zwei Nachbarn hatten sich über mehr als ein Jahrhundert hinweg mehrmals **bekriegt**. Die wechselseitigen **Feindbilder** hatten besonders mit den zwei Weltkriegen blutige Höhepunkte erfahren. Beide Länder hatten, nicht nur in den umstrittenen Grenzregionen Elsass-Lothringen und Saarland, Annexion und Besatzung erlebt. Die **Aussöhnung der vermeintlichen „Erbfeinde**" galt daher als wesentlicher Bestandteil einer künftigen Friedenssicherung in Europa.

Neben diesem **ideellen Ansatz** gab es noch andere Beweggründe. In Frankreich war die **Angst vor der wirtschaftlichen Macht** des Nachbarn immer noch groß, trotz der Niederlage Deutschlands im Zweiten Weltkrieg. Durch eine Zusammenlegung der kriegswichtigen **Kohle- und Stahlproduktion**, wie sie in der EGKS vorgesehen war, sollte Frankreich wirtschaftlich profitieren. Zudem erhoffte man sich von der **Einbindung des ehemaligen Kriegsgegners in supranationale Institutionen** eine gewisse Kontrolle und Machteinhegung. Adenauer wiederum sah in der wirtschaftlichen Annäherung den ersten Schritt hin zu einer politischen Aussöhnung. Ein gutes Verhältnis zu Frankreich war ihm wichtig, um die **Westbindung** der Bundesrepublik vorantreiben, Westdeutschland zu einem möglichst gleichberechtigten, souveränen **Partner der Westmächte** machen und wieder mehr wirtschaftliche Freiheiten (gerade in der noch immer beschränkten Kohle- und Stahlproduktion) bekommen zu können.

1951 wurde die EGKS (**Montanunion**) tatsächlich auf der Basis des „Schuman-Plans" durch sechs Mitgliedsstaaten gegründet. 1957 wurde die wirtschaftliche Zusammenarbeit weiter ausgebaut: In den **„Römischen Verträgen**" wurden die Europäische Wirtschaftsgemeinschaft (EWG) und die Europäische Atomgemeinschaft (EURATOM) geschaffen. Der vorläufige Höhepunkt der deutsch-französischen Annäherung war der **Élysée-Vertrag** von 1963, der die **Freundschaft und Kooperation** zwischen Frankreich und der Bundesrepublik festhielt.

Insgesamt ist die **Überwindung der deutsch-französischen Feindschaft**, für die der „Schuman-Plan" 1950 den Grundstein legte, als **unabdingbarer Faktor im europäischen Einigungsprozess** zu sehen. Ohne eine Aussöhnung zwischen den angeblichen „Erbfeinden" wäre jeder Versuch einer Friedenssicherung in Europa vermutlich aussichtslos gewesen. Für eine enge Zusammenarbeit auf offizieller politischer Ebene waren die Ressentiments in beiden Ländern direkt nach dem Zweiten Weltkrieg noch zu tief verankert, weshalb der Weg über die wirtschaftliche Zusammenarbeit Erfolg versprechender war – zu Recht, wie sich im Hinblick auf die weitere Einigung Europas zeigen sollte, bei der (West-)Deutschland und Frankreich immer wieder als **„Motor**" auftraten.

4 *Die Aufgabe ist in einen situativen Kontext eingebettet. Im Rahmen eines W-Seminars beschäftigen sich die Schülerinnen und Schüler mit dem Thema „Opposition in Diktaturen des 20. Jahrhunderts“. Sie haben den Auftrag bekommen, sich der Situation in der DDR zu widmen.*

4.1 *Zuerst müssen Sie den Zeitschriftenbeitrag M 2 aus den 1950er-Jahren „analysieren“ (AFB II), d. h. aspektgeleitet erschließen. Richten Sie Ihre Aufmerksamkeit auch auf den möglichen Adressatenkreis sowie die Absicht, die hinter der Abfassung des Artikels stecken könnte.*

Der **Zeitschriftenartikel** „Warum gibt es in der DDR keine Opposition?“ wurde von **Joachim Herrmann** verfasst und **1957** in der **Neuen Berliner Illustrierten** veröffentlicht. Es handelt sich um eine Antwort auf einen **Leserbrief** der jungen Karin, die das Fehlen wirklicher Oppositionsparteien in der DDR infrage gestellt hatte. Der Autor gehörte damals zum Zentralrat der **Freien Deutschen Jugend** (FDJ), dem staatlichen Jugendverband der DDR. Es ist stark anzunehmen, dass er mit seinem Beitrag die jugendliche Leserschaft **für den Sozialismus unter Führung der SED einnehmen** möchte. Dabei erweckt die detaillierte Antwort eines hochrangigen Repräsentanten der DDR durchaus den Eindruck, dass sich die FDJ jederzeit **offen für kritische Anliegen** der Jugend zeigt. Dies liegt an der **persönlichen Anrede** „Liebe Karin“ (Z. 1), der durchgehend mit „**Du**“ formulierten Ansprache und Einbeziehung der Leserbriefschreiberin und dem **vertraulichen**, aber auch sehr **belehrenden Tonfall**.

Zu Beginn wird Karin anhand eines Gedankenexperiments vor Augen geführt, was es für sie bedeuten würde, eine **Oppositionspartei zu gründen:** Sie müsste ein **Wahlprogramm** formulieren und dabei Themen und Positionen vertreten, die sich klar von denjenigen der „Nationalen Front“ in der DDR zu unterscheiden hätten (vgl. Z. 2–8). Die rhetorische Frage „Was könntest Du fordern, wenn Du […] **mit dem Programm der Nationalen Fron[t] nicht einverstanden** wärst?“ (Z. 7 f.) bringt bereits implizit zum Ausdruck, dass es aus Herrmanns Sicht neben der Haltung der SED keine sinnvollen Denk- und Handlungsweisen gibt.

Im weiteren Verlauf des Artikels zählt der Verfasser verschiedene **Errungenschaften der DDR** auf, führt der Leserin die vermeintlich **negativen Folgen** vor Augen, wollte man die sozialistische Staatsform verändern oder abschaffen, und spricht somit den möglichen Forderungen einer Oppositionspartei die Legitimität ab. Als erstes Beispiel nennt er die **Gleichberechtigung der Frauen:** Man könne doch keinesfalls eine geringere Bezahlung der Frauen und schlechtere Bedingungen für berufstätige Mütter wollen (vgl. Z. 9–12). Zudem verweist er auf die **Unterstützung von Studenten** und das **öffentliche Bildungssystem**, das anders als in der Bundesrepublik nicht nur den Begüterten, sondern allen Gesellschaftsschichten kostenlos offenstünde (vgl. Z. 12–16). Würde man sich als Oppositionspartei gegen diese **sozialstaatlichen Erfolge der „Arbeiter-und-Bauern-Macht“** (Z. 17) wenden, würde man das ganze System anzweifeln und alle sozialistischen Werte verraten, ja müsste sogar die **Abschaffung der sozialistischen**

Staatsform fordern (vgl. Z. 16–19). Das würde dann auch das Ende der Planwirtschaft und die **Rückkehr des Kapitalismus** bedeuten, sodass es wieder zur **Ausbeutung und Entrechtung** der Arbeiter, Bauern und Handwerker käme (vgl. Z. 19–23). Weitere Folgen wären eine **massive Aufrüstung** und die **Rückkehr des Krieges**, da Kapitalisten hiervon stark profitieren würden (vgl. Z. 23–25). Für Herrmann ergibt sich also aus der Infragestellung einzelner politischer Maßnahmen ein grundsätzlicher Zweifel am Sozialismus, was er gleichsetzt mit der Forderung nach Krieg. Damit stellt er klar, dass seiner Ansicht nach oppositionelle Meinungen grundsätzlich **gefährlich** sind. M 2 endet mit der beschwichtigenden Annahme, dass Karin den **Frieden** in jedem Fall **bewahren** möchte: „Du willst das alles **natürlich nicht**." (Z. 26) Was er ausgeführt habe, seien **„irrsinnige Gedanken"** (Z. 27), die niemand in der DDR haben könne. Deshalb sei es vollkommen **legitim**, dass es **keinerlei Opposition** gebe (vgl. Z. 26–30).

Im ganzen Beitrag werden **Absicht** und **Adressatenbezug** sehr deutlich. Der Brief richtet sich zwar speziell an die junge Karin; letztlich werden jedoch alle **DDR-Bürger** angesprochen, die das **Machtmonopol der SED** hinterfragen. Indem abweichende Meinungen als **absurd und lächerlich** dargestellt werden, soll sich **niemand mehr trauen**, **Kritik zu äußern**, aus Angst vor Bloßstellung. Gerade die Gesinnung von Jugendlichen soll durch diese Propaganda im Sinne der DDR-Regierung beeinflusst und „gleichgeschaltet" werden.

4.2 *Im zweiten Teil sollen Sie einen Darstellungstext verfassen, worin Sie die Bedeutung der DDR-Bürgerbewegung für das Ende des ostdeutschen Teilstaats „beurteilen" (AFB III), also ohne einen persönlichen Wertebezug untersuchen und ein gut begründetes Sachurteil entwickeln. Erläutern Sie Ursachen und Verlauf des Untergangs der DDR und überlegen Sie sich, welchen Anteil die in den 1970er-/1980er-Jahren entstandene Opposition daran hatte. Ein Darstellungstext besteht grundsätzlich aus einer kurzen Einleitung mit einer passenden Hinführung zum Thema, einem Hauptteil und einem knappen Schluss mit einem Ausblick.*

„**Wir pfeifen auf die SED – Rettet die DDR!**", lautete ein Slogan der oppositionellen Gruppierung „Neues Forum" aus dem Jahr **1989**. Dieser Spruch deutet bereits an, dass das Ziel der Bürgerrechtsbewegung nicht unbedingt das Ende der DDR war, sondern sich gegen die Politik der SED-Regierung richtete. Welchen **Anteil diese Strömungen am Untergang der DDR** hatten und welche anderen Ursachen eine Rolle spielten, soll im Folgenden näher betrachtet werden.

In den 1980er-Jahren **verschärften** sich in den sozialistischen Staaten die **systembedingten Probleme**. Die Planwirtschaft wurde immer mehr zur **Mangelwirtschaft:** Die **Versorgung** der Bevölkerung war selbst bei grundlegenden Gütern schlecht und es kam zu spürbaren Engpässen. Produktionsmittel fehlten, Fabriken standen teilweise still. Geld für Städtebau und Sanierungen war nicht vorhanden. Da die Sowjetunion selbst zunehmend in eine Krise geriet, konnte sie nicht mehr im bisherigen Umfang Wirtschaftshilfe leisten. Die DDR stand kurz vor dem **Bankrott**, sodass die Regierung hohe Kredite bei der Bundesrepublik aufnehmen musste. Diese katastrophale wirtschaftliche Lage trug erheblich zur **wachsenden Unzufriedenheit der Bevölkerung** bei, genau wie die weiterhin bestehenden **politischen Unfreiheiten**, die staatlichen Repressionen gegen Andersdenkende sowie die ständige Überwachung und Gängelung der Bevölkerung durch die „Staatssicherheit".

1985 wurde **Michail Gorbatschow** neuer sowjetischer Staats- und Parteichef. Mit ihm setzten wegweisende Veränderungen in der Sowjetunion ein: Unter dem Stichwort „**Perestroika**" wollte er Politik und Gesellschaft **umstrukturieren** und z. B. in der Wirtschaft mehr Marktwirtschaft statt der bisherigen zentralistischen Führung ermöglichen. Zudem strebte er unter dem Motto „**Glasnost**" mehr **Transparenz** in Staatsangelegenheiten sowie mehr Presse- und Meinungsfreiheit an. In der Außenpolitik gab Gorbatschow die „**Breschnew-Doktrin**" auf, die den **Interventionsanspruch** der UdSSR **in Warschauer-Pakt-Staaten**, in denen sie den Sozialismus gefährdet sah, festgehalten hatte. Einige osteuropäische Staaten leiteten nun auch den Wandel ein: In **Polen** verhandelten Regierung, Kirchenvertreter und die Gewerkschaft „Solidarność" über demokratische Reformen; in **Ungarn** baute man 1989 den Grenzzaun zu Österreich ab.

Anders die Reaktion in der DDR: Die SED-Spitze um Generalsekretär **Erich Honecker lehnte** derartige innenpolitische und wirtschaftliche Reformen **strikt ab**, da diese eine große Niederlage, ja sogar eine **existenzielle Gefahr für den Sozialismus** und das Selbstbild der DDR als besserer deutscher Teilstaat bedeutet hätten, zumal die SED bei der Sicherung ihrer Macht nicht mehr auf die Hilfe des „großen Bruders", der UdSSR, zählen konnte. Je weiter die Entwicklungen im Ostblock gingen, desto mehr versuchten führende DDR-Politiker am Status quo festzuhalten. Diese „**Festungsmentalität**" stieß in der Bevölkerung häufig auf Unverständnis, da der große Reformbedarf deutlich sichtbar war.

Letztlich konnte der Untergang der DDR Ende 1989 aber nicht aufgehalten werden. Einen wesentlichen Anteil daran hatte die **DDR-Bürgerrechtsbewegung**, die bis 1989 ein Minderheitenphänomen gewesen war, im Laufe des Jahres allerdings immer stärker wurde. Sie hatte sich allmählich in den 1970er- und 1980er-Jahren entwickelt, u. a. beeinflusst von der KSZE-Schlussakte von Helsinki 1975, die auch die DDR unterschrieben hatte. Seither sammelte sie sich v. a. unter dem Dach der **evangelischen Kirche**, die noch einen gewissen Raum und Schutz für kritisches Denken bot. Zu ihren zentralen Forderungen gehörte das **Ende des Wettrüstens** im Kalten Krieg, der sich um 1980 erneut verschärfte. So fanden montags unter dem Motto „**Frieden schaffen ohne Waffen**" in der Leipziger Nikolaikirche Friedensgebete statt. Darüber hinaus wandte sie sich gegen die **politische Unfreiheit** und die **Verfolgung Andersdenkender** durch die „**Stasi**", zudem formierte sich die **Ausreisebewegung**, die Reisefreiheit verlangte. Auch die gravierende **Umweltkrise** wurde angeprangert. Bei aller Kritik, die die oppositionellen Kräfte äußerten: Die meisten von ihnen wünschten nicht den Untergang, sondern eine **Reform der DDR**.

An Kraft gewann die Bürgerrechtsbewegung, als sie bei den **Kommunalwahlen** im Mai 1989 die systematische **Wahlfälschung** der DDR nachwies. Proteste und erste Demonstrationen gegen den Wahlbetrug erregten zunehmend Aufsehen und stießen auf Zuspruch in der Bevölkerung, die angesichts der gravierenden Unterschiede zwischen **Anspruch und Wirklichkeit** des „real existierenden Sozialismus“ immer unzufriedener wurde. Im Sommer und Herbst 1989 gründeten sich offiziell erste oppositionelle Gruppierungen, u. a. „**Demokratischer Aufbruch**“, „**Demokratie Jetzt**“ sowie „**Neues Forum**“, eine der einflussreichsten Bürgerbewegungen, deren Gründungsaufruf sich unerwartet schnell verbreitete. Trotz verschiedener programmatischer Unterschiede hatten sie wichtige **gemeinsame Ziele:** freie Wahlen, Rechtsstaatlichkeit, Gewaltenteilung, Vereinigungs- und Versammlungsfreiheit und Kontrolle des DDR-Sicherheitsapparats. Am 4. Oktober 1989 formulierten sie eine gemeinsame Erklärung, in der sie ihre Mitbürger zur demokratischen Reform der DDR aufriefen.

Parallel dazu fanden die **Montagsdemonstrationen** statt, die sich im Herbst 1989 zu **Massenveranstaltungen** entwickelten: Setzten sich Anfang September 1989 in Leipzig rund 1 000 Menschen für Freiheit und Bürgerrechte ein, strömten in den folgenden Wochen Zehn- bis Hunderttausende Menschen auf die Straße, die die DDR **verändern** wollten. In ihrem Widerstand ermutigt wurden sie erneut durch Entwicklungen im Ausland und die **Flucht** zahlreicher Mitbürger in den Westen: Am 11. September 1989 öffnete Ungarn endgültig seine Grenzen. Bald darauf durften auch Tausende Flüchtlinge, die sich im Sommer 1989 in den bundesdeutschen Vertretungen in Prag, Budapest, Warschau und Ostberlin angesammelt hatten, in den Westen ausreisen. Gemeinsam machten **Massendemonstrationen und Massenflucht** die Systemkrise des ostdeutschen Staates für die ganze Weltöffentlichkeit sichtbar.

Ein Schlüsseldatum der Friedlichen Revolution war der 9. Oktober 1989, als an der Montagsdemonstration rund 70 000 Menschen teilnahmen, Staatsmacht und Polizei aber **nicht gewaltsam einschritten**. Nach diesem Erfolg nahmen die Proteste auch an anderen Orten zu. Eine Woche später, am 16. Oktober 1989, waren es bereits 120 000 Demonstranten in Leipzig; auch hier griff die Polizei wegen fehlender Anweisungen der DDR-Regierung nicht ein. Die SED-Führung geriet immer mehr unter Druck und zeigte sich völlig **hilflos**. Am 18. Oktober 1989 wurde Honecker im Politbüro gestürzt. **Egon Krenz** wurde neuer Parteichef, konnte die Dynamik der Geschehnisse aber nicht mehr aufhalten. Auf einer Pressekonferenz am **9. November 1989** wollte die Regierung eine neue Reiseverordnung verkünden. Dabei kam es aber zu dem berühmten Versprecher **Günter Schabowskis**, in dessen Folge die **Berliner Mauer fiel**.

Anschließend wurde auf den Massendemonstrationen immer öfter die **Wiedervereinigung gefordert:** Aus „Wir sind **das** Volk!“ wurde „Wir sind **ein** Volk!“. Viele Menschen wollten an der politischen Freiheit und am Wohlstand in Westdeutschland teilhaben. Wollte die SED die DDR noch retten, musste sie sich der Realität stellen: Am „Runden Tisch“ traf sie sich mit Vertretern der Bürgerbewegungen, um über **demokratische Reformen** zu sprechen. De facto kontrollierte der Zentrale Runde Tisch bis zu den ersten freien Volkskammerwahlen am 18. März 1990 die Regierung und arbeitete sogar eine neue Verfassung aus. Die meisten Mitglieder der Bürgerbewegungen wollten keine Wiedervereinigung mit der Bundesrepublik, sondern eine **erneuerte DDR:** Mit eigenem Gestaltungswillen setzten sie sich für einen „**Dritten Weg**“ zwischen dem bisherigen Staatssozialismus und dem westlichen Kapitalismus ein. Schon bald **verloren** die Bürgerbewegungen aber ihre **Meinungsführerschaft**. Die Mehrheit der Bevölkerung blieb der DDR gegenüber skeptisch und traute es den Oppositionsgruppen offenbar nicht zu, den Staat im Sinne der parlamentarischen Demokratie zu erneuern. Die **Wahlergebnisse** vom März 1990 spiegeln diese Einstellung wider: Während das Parteibündnis „**Allianz für Deutschland**“ (u. a. Demokratischer Aufbruch), das sich für eine **schnelle Wiedervereinigung** einsetzte, mit rund 48 % der Stimmen einen deutlichen Sieg errang, bekam das reformwillige „Bündnis 90“ (u. a. Neues Forum, Demokratie Jetzt) nur ein paar Prozentpunkte. Obwohl Vertreter der DDR-Bürgerbewegung vor zu großer Eile warnten, wurden innerhalb kurzer Zeit zwei deutsch-deutsche Staatsverträge und der internationale „Zwei-plus-Vier-Vertrag“ ausgehandelt. Am 3. Oktober 1990 erfolgte der **Beitritt der DDR zur Bundesrepublik** (gemäß Art. 23 Grundgesetz).

Letztendlich ist der Untergang der DDR 1989/90 auf ein **Bündel an Ursachen** zurückzuführen. Die katastrophale Bilanz der **Innen-, Sozial- und Wirtschaftspolitik**, die das **Scheitern der sozialistischen Ideologie** immer offensichtlicher machte, und die außenpolitischen Rahmenbedingungen waren verantwortlich für eine **grundlegende Unzufriedenheit** weiter Teile der Bevölkerung. In diesem Kontext gelang es den DDR-Bürgerbewegungen, die **Massen zu mobilisieren** und die **Friedliche Revolution** voranzutreiben, was zum Fall der Berliner Mauer und somit zum Anfang vom Ende der DDR führte – an diesen Entwicklungen hatten sie also maßgeblichen Anteil. Anschließend konnten sich diejenigen Teile der Bewegung, die die **DDR reformieren** wollten, jedoch **nicht durchsetzen**. Indem sich Oppositionelle im Winter 1989/90 aber dafür einsetzten, dass die Unterlagen des Ministeriums für Staatssicherheit nicht komplett vernichtet wurden, ermöglichen sie bis heute die Aufarbeitung der Vergangenheit.

5 *Der folgende Lösungsvorschlag greift die **Teilaufgabe b)** zum Halbjahr **11/2** auf. Die Lösungsvorschläge zu den Halbjahren **11/1** und **12/2** finden Sie auf den Seiten 63 ff. und 12 ff. dieses Jahrgangs.*
Die Aufgabe beinhaltet ein Zitat Richard von Weizsäckers von 1985. In einer seiner bekanntesten Reden sprach der damalige Bundespräsident über die gesamtgesellschaftliche Schuld des deutschen Volkes an der Diskriminierung deutscher Juden sowie dem Massenmord an den europäischen Juden. Sie müssen zur Frage begründet „Stellung nehmen“ (AFB III), inwieweit die deutsche Bevölkerung Anteil an diesen Verbrechen hatte. Zuerst sollten Sie Weizsäckers Worte erklären und in den Zusammenhang einordnen. Anschließend bietet es sich an, die Verfolgung und Vernichtung der deutschen und europäischen Juden chronologisch aufzuzeigen und dabei Argumente für bzw. gegen die Mitschuld des deutschen Volkes zu entwickeln. Führen Sie Ihre Ergebnisse in einem Urteil zusammen.

Der ehemalige deutsche Bundespräsident **Richard von Weizsäcker** prangerte in einer **Rede von 1985** die **Mitverantwortung aller Deutschen** an der **Verfolgung und Ermordung der jüdischen Bevölkerung** Deutschlands und Europas durch die Nationalsozialisten an. Zwar sei die systematische Planung und Durchführung dieser Verbrechen nur von einem **kleinen Kreis** betrieben und das wahre Ausmaß der mörderischen Pläne **nicht nach außen kommuniziert** worden. Dennoch sei die **Diskriminierung** jüdischer Mitbürger im Alltag **allgegenwärtig und offensichtlich** gewesen. Weizsäcker erinnert daran, dass viele Deutsche nach 1945 mit der Aussage „Davon haben wir nichts gewusst." auf die Aufdeckung des Holocaust reagierten, was aber aufgrund der öffentlichen Verfolgung jüdischer Mitmenschen nicht akzeptiert werden könne. Inwieweit die **deutsche Bevölkerung** eine **Mitschuld** trug, soll daher im Folgenden thematisiert werden.

Hierfür ist es nötig, die verschiedenen Phasen der Judenverfolgung zu betrachten. Nach der Machtübernahme am 30. Januar 1933 begannen die Nationalsozialisten mit der **wirtschaftlichen Zerstörung von jüdischen Existenzen**. Inhaber von Geschäften, kleineren und mittleren Unternehmen, Arztpraxen und Anwaltskanzleien wurden durch **Boykottaufrufe** in den Ruin getrieben und waren oft gezwungen, „freiwillig" unter Wert zu verkaufen, was der indirekten Enteignung gleichkam. Der „**Arierparagraph**" verhinderte, dass Juden noch als Beamte tätig sein durften; auch aus dem **kulturellen Bereich** wurden sie sukzessive entfernt. Viele Nichtjuden sahen, dass jüdische Geschäfte verschwanden oder Kollegen entlassen wurden. Zwar wurden die Boykotte nicht von allen deutschen Bürgern unterstützt, zu wenige zeigten sich jedoch solidarisch mit den Opfern. Der **Ausschluss** der jüdischen Bevölkerung **aus dem öffentlichen Leben** geschah nicht heimlich, sondern war durch Gesetze und Propaganda-Aktionen für alle ersichtlich, die die Augen nicht vor dem Unrecht verschließen wollten.

Auf die **Verdrängung aus dem wirtschaftlichen Leben** folgte 1935 der **Entzug der staatsbürgerlichen Rechte** durch die „Nürnberger Gesetze", die allgemein bekannt waren. Laut „Reichsbürgergesetz" galt als Reichsbürger mit vollen politischen Rechten nur, wer „deutsches oder artverwandtes Blut" hatte. Juden waren zwar noch „**Staatsangehörige**", verloren als „Bürger zweiter Klasse" aber das Wahlrecht und durften keine öffentlichen Ämter mehr innehaben. Das „**Blutschutzgesetz**" hatte erhebliche Folgen für das Zusammenleben beider Seiten: So wurden Eheschließungen und außerehelicher Geschlechtsverkehr zwischen Juden und Nichtjuden verboten, bestehende Ehen konnten für nichtig erklärt werden. „**Rassenschande**" wurde mit Haft und sogar mit dem Tode bestraft. Die neue Gesetzgebung, die mit massiven Repressionen einherging, führte zur zunehmenden **Trennung der jüdischen und nichtjüdischen Bevölkerung**.

1938 wurde die „**Arisierung**" des Berufs- und Wirtschaftslebens endgültig umgesetzt, besonders nach der **„Reichspogromnacht" vom 9./10. November 1938**, als die Lage eskalierte und es zu heftigsten **Pogromen** kam. **Jüdische Geschäfte** wurden geplündert und **Synagogen** angezündet. Viele jüdische Bürger wurden verhaftet, in Konzentrationslager gebracht und sogar **ermordet**. Für die Schäden hatten die Juden selbst aufzukommen, auch durften sie fortan keine Geschäfte und Unternehmen mehr führen und mussten Vermögenswerte (z. B. Kunst, Schmuck, Wertpapiere) abgeben bzw. zwangsweise veräußern. Die Verdrängung der jüdischen Bürger aus Wirtschaftsleben und Gesellschaft (z. B. Ausgangssperren, Ausschluss von kulturellen Veranstaltungen) sowie die enormen Verwüstungen während der „Reichspogromnacht" konnten selbst bei großem Desinteresse **nicht übersehen** werden. Viele Menschen **beteiligten** sich an den Ausschreitungen und der Ausgrenzung ihrer Mitmenschen, sei es aus ideologischer Überzeugung, Angst oder anderen Motiven; nur wenige kamen den Betroffenen zu Hilfe.

Anfang September 1939 brach mit dem deutschen Überfall auf Polen der **Zweite Weltkrieg** aus. Bald danach kam es dort zu ersten Massenerschießungen und Deportationen und man begann mit der Errichtung von Durchgangslagern und Gettos (z. B. Łódź, Warschau); außerdem mussten die polnischen Juden als Erste den „**Judenstern**" tragen (in Deutschland ab 1941). Mit dem Vormarsch gen Osten und dem Angriff auf die Sowjetunion 1941 wurde die Verfolgung der osteuropäischen Juden **intensiviert**. Die zunehmenden Repressionen und Massaker fanden nicht vor den Augen der deutschen Bevölkerung statt und waren vermutlich einer **breiten Öffentlichkeit nicht** oder nur ansatzweise **bekannt**. Es gab aber Augenzeugenberichte, so von Mitgliedern von SA, SS und Wehrmacht, die an der Front und in Lagern eingesetzt waren und entweder selbst Täter waren oder die Verbrechen zumindest beobachteten.

Hinter verschlossenen Türen planten die Nationalsozialisten bereits die **systematische Vernichtung der europäischen Juden** („Endlösung der Judenfrage"), die auf der **Wannseekonferenz am 20. Januar 1942** konkretisiert wurde. Aus ganz Europa wurden Juden nach Osten in eigens zu diesem Zweck errichtete **Vernichtungslager** gebracht, wo sie nach ihrer Arbeitskraft eingestuft und anschließend **massenhaft getötet** wurden: indirekt durch **extrem harte Arbeit**, besonders aber direkt durch die **gezielte Ermordung**, v. a. in Gaskammern. Je größer das deutsche Einflussgebiet im Laufe des Krieges wurde, desto mehr europäische Juden wurden deportiert. Insgesamt kostete der **Holocaust** rund 6 Millionen Juden das Leben. An der Wannseekonferenz und der Planung der systematischen Ermordung war nur ein **kleiner Kreis** hochrangiger Vertreter des NS-Regimes beteiligt. Über Details und Umfang der Judenvernichtung wurde die deutsche Bevölkerung nicht informiert. Dennoch hatte die Regierung ihre **Absichten nicht verheimlicht**, Hitler hatte Anfang 1939 sogar in einer Reichstagsrede die Vernichtung der europäischen Juden im Kriegsfall angekündigt. Zudem waren viele Menschen für die **Umsetzung der „Endlösung"** nötig, die Augenzeugen des Geschehens waren und durch ihre Beteiligung – sei es gewollt und aus Überzeugung, sei es gezwungen – große Schuld auf sich luden, u. a. die **Wachmannschaften** in den Konzentrations- und Vernichtungslagern sowie das Personal der Reichsbahn, das für die Massendeportationen eingesetzt wurde.

Es lässt sich festhalten, dass die **Verfolgung und Vernichtung der deutschen und europäischen Juden** von der NS-Führung organisiert wurde und nur eine bestimmte Anzahl Eingeweihter einen **vollständigen Einblick** in das gewaltige Ausmaß des Holocaust hatte. Allerdings hätten die Pläne der Nationalsozialisten nicht ohne einen großen Kreis an **Mitverantwortlichen auf unterschiedlichsten Ebenen** umgesetzt werden können. So gab es nicht nur im Militär sowie in Städten, Kommunen und Behörden unzählige Helfer, die das Vorgehen gegen die jüdischen Mitbürger **aktiv mittrugen**. Manche unterstützten die Maßnahmen zur Entrechtung aus ideologischer Überzeugung, wieder andere profitierten wirtschaftlich-beruflich von der Verdrängung jüdischer Mitbürger oder hatten andere Eigeninteressen. Während es anfangs durchaus **Widerworte und aktiven Einsatz** nichtjüdischer Deutscher gegen die frühen Boykottaktionen gab, **schwand** dieser Widerstand bald. Die **antisemitische NS-Propaganda** zeigte zunehmend Wirkung und es etablierte sich eine Kultur des **bewussten Wegschauens**.

Insgesamt war die Verfolgung der jüdischen Bevölkerung **nicht zu übersehen**, da sich **wesentliche Schritte auf dem Weg zum Holocaust** – Boykotte, Entrechtung und Diskriminierung, Stigmatisierung und Demütigung sowie Deportation und Inhaftierung in Konzentrationslagern – **öffentlich auf deutschem Boden abspielten** und somit für zahlreiche Nichtjuden wahrnehmbar war. Hinzu kam, dass ab 1942 die Alliierten und verschiedene Widerstandsgruppen die deutsche Bevölkerung über die Massenmorde in Osteuropa informierten, beispielsweise durch Flugblätter. Die Aussage, „nichts gewußt oder auch nur geahnt zu haben", ist für weite Teile der Bevölkerung daher vermutlich nicht zutreffend, auch wenn das **ganze Ausmaß der Judenvernichtung** in seiner gewaltigen Dimension wohl für viele nicht ersichtlich oder nicht zu begreifen war. Zwar gab es durchaus Deutsche, die die rassistisch-antisemitische NS-Politik ablehnten, jüdischen Mitmenschen zu Hilfe kamen und sie z. B. versteckten. Allerdings stellte sich **keine breite Mehrheit** auf die Seite der jüdischen Bevölkerung – aus Überzeugung, aber auch aus Angst vor Repressalien. Gerade durch den **fehlenden Widerstand** und die **stillschweigende Akzeptanz** haben letztlich zahlreiche Menschen den Holocaust mitgetragen, auch wenn sie keine direkten Täter waren.

Abitur Geschichte (Bayern) – 2022 – Aufgabe IV
Konfliktregionen und Akteure internationaler Politik in historischer Perspektive

1 Im Jahr 1922 übernahm Großbritannien im Auftrag des Völkerbundes die Verwaltung Palästinas. (38 BE)

1.1 Stellen Sie wesentliche Aspekte der britischen Nahostpolitik bis zur Übernahme des Mandats durch Großbritannien dar!

1.2 Analysieren und interpretieren Sie die Karikatur „Nurse gives notice“ aus dem Satiremagazin „The Punch“ (M 1) und beurteilen Sie, inwiefern sie sich dazu eignet, die Rolle Großbritanniens als Mandatsmacht zu veranschaulichen!

2 1948 wurde schließlich im Gefolge der UN-Resolution Nr. 181 der Staat Israel proklamiert. In ihrer Autobiographie (M 2) schildert Golda Meir, spätere Ministerpräsidentin Israels, die Folgen dieses Ereignisses. (52 BE)

2.1 Arbeiten Sie aus M 2 die Aussagen Golda Meirs zur Legitimation des Staates Israel und zur Bedeutung seiner Proklamation heraus!

2.2 Erläutern Sie unter Einbezug geeigneter Karten im Historischen Atlas, inwiefern die Folgen der Proklamation des Staates Israel auch für die arabische Bevölkerung Palästinas eine Zäsur darstellten!

2.3 „Die Anerkennung durch Amerika war das Größte, was uns in jener Nacht widerfahren konnte.“ (M 2, Z. 54–56)
Stellen Sie anhand von zwei ausgewählten Beispielen die Rolle der USA im Nahostkonflikt von 1948 bis ins frühe 21. Jahrhundert dar und diskutieren Sie, inwieweit sie zur Entschärfung des Konflikts beitragen konnten!

3 Bearbeiten Sie <u>eine</u> der drei folgenden Teilaufgaben! (30 BE)

a) zu Halbjahr 11/1
An Ihrer Schule soll anlässlich des Weltfrauentags eine Diskussionsveranstaltung zum Thema „Gleichstellung in Geschichte und Gegenwart“ stattfinden. Beurteilen Sie in einem einführenden Redebeitrag, inwiefern die Industriegesellschaft des 19. Jahrhunderts für die Stellung von Frauen Fortschritte brachte!

b) zu Halbjahr 11/2

Der frühere Bundespräsident Richard von Weizsäcker äußerte sich in einer Rede im Jahr 1985 folgendermaßen zur Verantwortung der deutschen Bevölkerung für die Entrechtung und Verfolgung ihrer jüdischen Mitbürgerinnen und Mitbürger sowie die systematische Ermordung der europäischen Jüdinnen und Juden:

„Die Ausführung des Verbrechens lag in der Hand weniger. Vor den Augen der Öffentlichkeit wurde es abgeschirmt. Aber jeder Deutsche konnte miterleben, was jüdische Mitbürger erleiden mußten […]. Als dann am Ende des Krieges die ganze unsagbare Wahrheit des Holocaust herauskam, beriefen sich allzu viele von uns darauf, nichts gewußt oder auch nur geahnt zu haben."

Bundespräsident Richard von Weizsäcker bei der Gedenkveranstaltung im Plenarsaal des Deutschen Bundestages zum 40. Jahrestag des Endes des Zweiten Weltkrieges in Europa am 8. Mai 1985 in Bonn. Abrufbar unter https://www.bundespraesident.de/SharedDocs/Reden/DE/Richard-von-Weizsaecker/Reden/1985/05/19850508_Rede.html [3. Dezember 2021].

Nehmen Sie auch unter Bezugnahme auf konkrete antijüdische Maßnahmen begründet Stellung zu der Frage, inwieweit die deutsche Bevölkerung mitverantwortlich war für die Entrechtung und Verfolgung ihrer jüdischen Mitbürgerinnen und Mitbürger sowie die systematische Ermordung der europäischen Jüdinnen und Juden!

c) zu Halbjahr 12/1

1952 formulierte der damalige Generalsekretär des Zentralkomitees der SED, Walter Ulbricht:

„In Übereinstimmung mit den Vorschlägen aus der Arbeiterklasse, aus der werktätigen Bauernschaft und aus anderen Kreisen der Werktätigen hat das Zentralkomitee der Sozialistischen Einheitspartei Deutschlands beschlossen, […] daß in der Deutschen Demokratischen Republik der Sozialismus planmäßig aufgebaut wird. […] Die Schaffung der Grundlagen des Sozialismus entspricht den Bedürfnissen der ökonomischen Entwicklung und den Interessen der Arbeiterklasse und aller Werktätigen."

Matthias Judt (Hg.): DDR-Geschichte in Dokumenten. Beschlüsse, Berichte, interne Materialien und Alltagszeugnisse, Bonn 1998, S. 52.

Erläutern Sie ausgehend von dem Zitat Walter Ulbrichts das Selbstverständnis der DDR und nehmen Sie Stellung zu der These, dass die DDR an der Kluft zwischen Anspruch und Wirklichkeit gescheitert ist!

Material

M 1: Karikatur „Nurse gives notice“ aus dem britischen Satiremagazin „The Punch“, erschienen am 31. März 1948

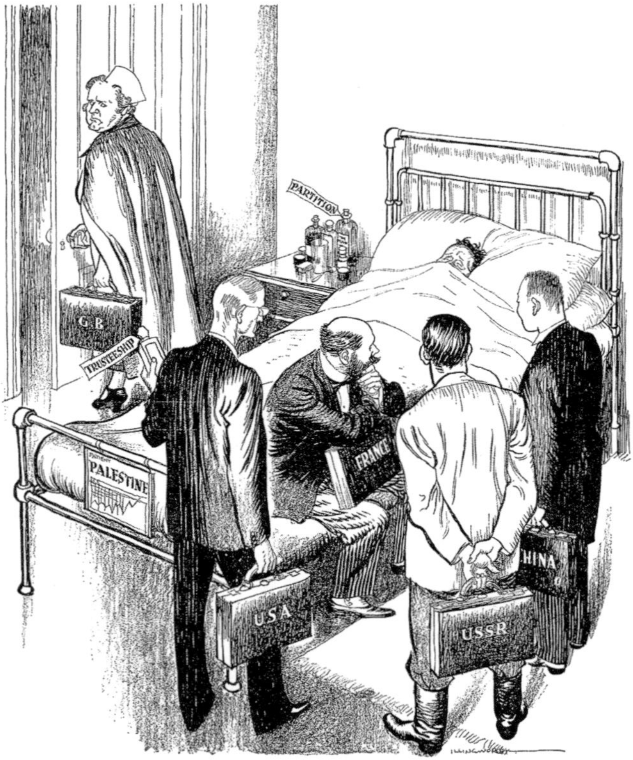

NURSE GIVES NOTICE.

"And now, gentlemen, we shall have to get something done ourselves, instead of telling *her* what to do."

Die Krankenschwester kündigt.
„Und jetzt, meine Herren, müssen wir die Dinge selbst in die Hand nehmen, statt ihr *zu sagen, was sie zu tun hat.“*

Punch Cartoon Library / TopFoto; Übersetzung: Gritt Schwarz.

Anmerkungen

- Trusteeship (Flasche in der Hand des US-Vertreters): Treuhänderschaft (hier: das Mandat des Völkerbunds bzw. der Vereinten Nationen).
- Partition (Flasche links neben Bett): Teilung.
- USSR: UdSSR.

M 2: Auszug aus der 1975 erschienenen Autobiographie Golda Meirs

Golda Meir (1898–1978) leitete ab 1946 die politische Abteilung der Jewish Agency, die für die internen Angelegenheiten der in Palästina lebenden jüdischen Bevölkerung und für Verhandlungen mit der britischen Mandatsverwaltung zuständig war. Von 1956 bis 1965 war sie Außenministerin Israels, von 1969 bis 1974 amtierte sie als israelische Ministerpräsidentin. In ihrer Autobiographie schildert sie ihre Erinnerungen an Freitag, den 14. Mai 1948, kurz nach der Proklamation des Staates Israel im Museum in Tel Aviv.

Die Feier war vorbei. Israel war eine Realität. Es war – wie erwartet – ein Abend voller Spannung. Ich blieb im Hotel und unterhielt mich mit Freunden. Jemand öffnete eine Flasche Wein, wir brachten einen Toast auf den Staat aus. Einige der Gäste und ihre jungen Hagana[1]-Eskorten sangen und tanzten. Wir hörten Leute auf der Straße lachen und singen. Doch wir wußten, daß um Mitternacht das Mandat enden würde; der britische Hochkommissar würde abfahren, der letzte britische Soldat würde Palästina verlassen, und wir waren sicher, daß die arabischen Armeen über die Grenzen des Staates, den wir eben gegründet hatten, marschieren würden. Wir waren jetzt unabhängig, doch in ein paar Stunden würden wir uns im Krieg befinden. Ich war nicht fröhlich, ich fürchtete mich sehr – mit gutem Grund. Aber es besteht ein großer Unterschied zwischen Furcht und Mangel an Vertrauen. Obwohl die jüdische Bevölkerung des wiedergeborenen Staates nur 650 000 betrug, wußte ich ganz genau, daß wir in dieser Nacht von unserer Erde Besitz ergriffen hatten und daß uns nie wieder jemand aus unserem Land würde vertreiben können.

Erst am nächsten Tag begriff ich richtig, was im Museum von Tel Aviv geschehen war. Drei verschiedene, aber eng miteinander verbundene Ereignisse machten mir die Wahrheit überdeutlich. Mir wurde bewußt, daß nichts mehr so sein würde, wie es bisher gewesen war, weder für mich, noch für das jüdische Volk, noch für den Mittleren Orient: Am Samstag, kurz vor Tagesanbruch, sah ich durch die Fenster meines Zimmers eine Szene, die man als formellen Beginn des Unabhängigkeitskrieges bezeichnen könnte: vier ägyptische Spitfire[2] rasten über die Stadt hinweg, um das Kraftwerk und den Flugplatz von Tel Aviv zu bombardieren. Es war der erste Luftangriff des Krieges. Ein wenig später sah ich, wie das erste Schiff mit jüdischen, nicht mehr „illegalen" Einwanderern, frei und stolz in den Hafen von Tel Aviv einlief. Niemand hetzte und jagte diese Menschen mehr und bestrafte sie dafür, daß sie heimkommen wollten. […] Als ich dort in der Sonne stand und auf das Schiff blickte (einen alten griechischen Dampfer namens „Teti"), fühlte ich, daß kein Preis, den man von uns für dieses Geschenk verlangte, zu hoch sein würde. Der erste legale Einwanderer, der den Staat Israel betrat, war ein müder, schäbiger alter Mann namens Samuel Brand, ein Überlebender von Buchenwald[3]. In der Hand hielt er ein zerknülltes Stück Papier. Auf ihm stand nur: „Das Recht, sich in Israel niederzulassen, wird hiermit gewährt." Das „Einwanderungsamt" des Staates [Israel] hatte dies erste Visum, das wir ausstellten, unterzeichnet.

Dann kam der große Augenblick unserer formellen Aufnahme in die Familie der Nationen. Ein paar Minuten nach Mitternacht in der Nacht des 14. Mai klingelte mein Telefon. Es hatte den ganzen Abend geläutet. Als ich hinlief, um es abzunehmen, fragte ich mich, was für schlechte Nachrichten ich jetzt wohl hören würde. Doch die Stimme am anderen Ende der Leitung rief jubelnd: „Golda? Hörst du? Truman hat uns anerkannt!“ Ich kann mich nicht daran erinnern, was ich sagte oder tat, aber ich weiß noch, was ich damals empfand. Es war wie ein Wunder, das sich im Augenblick unserer größten Verwundbarkeit, am Vorabend der Invasion ereignete. Freude und Erleichterung erfüllten mich. Obwohl ganz Israel frohlockte und voll Dankbarkeit war, bedeutete das, was Präsident Truman an jenem Abend tat, mir wohl mehr als den meisten meiner Kollegen. Ich war die „Amerikanerin“ unter uns, diejenige, die am meisten über die Vereinigten Staaten, ihre Geschichte und ihr Volk wußte, die einzige, die in dieser großen Demokratie aufgewachsen war. Obwohl ich wie alle anderen über die Schnelligkeit der Anerkennung staunte, überraschte mich der generöse und gute Impuls, der dazu geführt hatte, nicht. Heute glaube ich, daß dieses Wunder wie die meisten durch zwei einfache Dinge erklärt werden kann: durch die Tatsache, daß Harry Truman unseren Drang nach Unabhängigkeit verstand und achtete, weil er ein Mann war, der, unter anderen Umständen, gut einer von uns hätte sein können. Außerdem hatte Chaim Weizmann[4], den er in Washington empfangen hatte, tiefen Eindruck auf ihn gemacht. Weizmann hatte unsere Sache vorgetragen und unsere Lage auf eine Weise erklärt wie noch nie jemand zuvor im Weißen Haus. Sein Werk war von unschätzbarem Wert. Die Anerkennung durch Amerika war das Größte, was uns in jener Nacht widerfahren konnte.

Golda Meir: Mein Leben, Hamburg: Hoffmann und Campe 1975, S. 231–233. Aus dem Englischen von Helmut Degner und Hans-Joachim Maass.

1 Hagana: zionistische paramilitärische Untergrundorganisation in Palästina während des britischen Mandats, nach der Gründung des Staates Israel Teil der israelischen Armee.

2 Spitfire: Jagdflugzeug aus britischer Produktion.

3 Buchenwald: Konzentrationslager Buchenwald.

4 Chaim Weizmann war von 1921 bis 1931 und von 1935 bis 1946 Präsident der Zionistischen Weltorganisation, von 1949 bis 1952 der erste Staatspräsident Israels.

Lösungsvorschläge

1.1 *Hier sollen Sie wesentliche Aspekte der britischen Nahostpolitik bis zur Übernahme des Palästina-Mandats „darstellen". Der Operator zeigt an, dass historische Zusammenhänge und Zustände beschrieben, erklärt und beurteilt werden müssen, was alle drei Anforderungsbereiche abdeckt: Sie müssen daher zentrale Schritte der britischen Politik vermitteln (AFB I), dahinterstehende Beweggründe erklären (AFB II) und in einem kurzen Resümee bewerten (AFB III). In der Aufgabenstellung ist nicht angegeben, wann Sie zeitlich einsetzen sollen; es ist aber naheliegend, um 1900 zu beginnen, da der Nahe Osten damals in den Fokus der Großmächte und speziell Großbritanniens rückte. Das Ende des Untersuchungszeitraums ist durch die Übernahme des britischen Mandats 1922 klar definiert.*

Gegen Ende des 19. Jahrhunderts bekam der **Nahe Osten** für **Großbritannien** eine große **strategische und wirtschaftliche Relevanz**, als sich die Bedeutung von **Erdöl** als neuem Energieträger abzeichnete. Dieses Interesse äußerte sich in diversen Abkommen mit Kleinfürstentümern am Persischen Golf und der Verständigung mit Russland 1907 über die Aufteilung des Einflusses in Persien (Iran). Darüber hinaus liefen wichtige **Verbindungslinien zur britischen Kronkolonie Indien** durch den Nahen Osten, zudem lag Palästina in Nachbarschaft zu **Ägypten**, das 1882 von Großbritannien besetzt worden war.

Im **Ersten Weltkrieg** gewann der Nahe Osten für Großbritannien zusätzliche Bedeutung, da das **Osmanische Reich** an die Seite Deutschlands und Österreich-Ungarns trat. Für die britische Regierung war die Schwächung des Kriegsgegners wichtig, um den Krieg zugunsten der Entente beeinflussen und die eigene Position im Nahen Osten ausbauen zu können. 1915 versicherte **Sir Henry McMahon**, britischer Hochkommissar von Ägypten, dem Scherifen **Hussein** von Mekka, dass sich Großbritannien für ein unabhängiges **großarabisches Reich** einsetzen werde, sollten sich die **Araber gegen die Osmanen** erheben. Tatsächlich kam es 1916 zum Aufstand, allerdings dachte London nicht daran, sein Versprechen zu halten. Vielmehr schloss es das geheime **„Sykes-Picot-Abkommen"** mit **Frankreich**, in dem man sich über **Interessensphären** im Nahen Osten verständigte: Jordanien, der Irak und die Gegend um Haifa sollten von Großbritannien, die südöstliche Türkei, der Nordirak, Syrien und der Libanon von Frankreich kontrolliert werden. **Palästina** sollte **international verwaltete Zone** werden.

1917 versicherte der britische Außenminister Lord **Balfour** dem Präsidenten der Zionistischen Organisation in Großbritannien, Lord **Rothschild**, dass sich die Regierung für die Schaffung einer **„nationalen Heimstätte"** („national home") für das jüdische Volk in Palästina einsetzen werde. Die **„Balfour-Deklaration"** stellte für die **zionistische Bewegung** einen bedeutsamen Schritt dar: Erstmals wurde von einem **jüdischen Volk** gesprochen, dessen Anspruch auf ein eigenes Gemeinwesen im Heiligen Land nun von der Weltmacht Großbritannien unterstützt wurde. Obwohl Balfour betonte, dass die Rechte der übrigen Bewohner Palästinas nicht gefährdet werden dürften, stand die Deklaration im Gegensatz zu den Versprechungen, die den Arabern gemacht worden waren. Letztlich ging es Großbritannien nicht um die Erfüllung nationaler Bestrebungen, sondern um die **Sicherung seines Einflusses in der Region:** Da führende Zionisten oft westlich orientiert waren und Großbritannien kulturell nahestanden, schien es im britischen Interesse zu liegen, das Ziel der Schaffung eines jüdischen Gemeinwesens in Palästina zu unterstützen.

1917 marschierten britische Truppen in Jerusalem ein und übten nun die **militärische Kontrolle** in der Region aus, 1918 auch über den Libanon und Syrien. 1922 übertrug der Völkerbund Großbritannien das **Mandat über Palästina** und den Irak. Eigentlich war es als **Art Treuhandschaft** gedacht, d. h., die Herrschaft sollte so lange ausgeübt werden, bis die in dem Gebiet lebende Bevölkerung reif genug sei, sich in einem eigenen Staat selbst zu regieren. Im Grunde genommen handelte es sich aber um eine Kolonialherrschaft im modernen Gewand und hatte den Zweck, den **britischen Einfluss** in einer **strategisch wichtigen Region** zu sichern. Durch die Übernahme der Herrschaft in Palästina war Großbritannien fortan damit konfrontiert, dass es Arabern und Juden gegensätzliche Versprechen gemacht hatte, die die Londoner Regierung aufgrund eigener Interessen nicht zu erfüllen gedachte. Ein **unausweichlicher Konflikt** war vorprogrammiert.

1.2 *Die Karikatur soll analysiert (AFB II), interpretiert (AFB I–III) und mit Blick auf Großbritanniens Rolle als Mandatsmacht beurteilt (AFB III) werden: Erschließen Sie M 1 aspektgeleitet, bevor Sie auf Grundlage Ihrer Untersuchungsergebnisse eine begründete Stellungnahme zur thematischen Eignung der Karikatur abgeben. Dabei empfiehlt es sich, zuerst die Gesichtspunkte anzuführen, die die Rolle Großbritanniens treffend wiedergeben, und dann Aspekte darzulegen, die zeigen, dass historische Zusammenhänge in M 1 nicht korrekt dargestellt werden. Ihre Ausführungen sollten Sie mit einem kurzen begründeten Fazit abschließen.*

Die **Karikatur „Nurse gives notice"** ist am 31. März **1948** im britischen Satiremagazin **„The Punch"** erschienen. Abgebildet ist ein **schwerkranker Patient**, der leichenhaft starr im Bett liegt und bis zur Nase zugedeckt ist. Eine **Krankenschwester**, die laut Titel von M 1 gerade gekündigt hat, verlässt den Raum. Auf der anderen Seite des Bettes haben sich **vier Ärzte** versammelt, die den Kranken **sorgenvoll** betrachten. Einer von ihnen stellt fest, dass sie nun selbst nach einer Lösung suchen müssten, anstatt der Krankenschwester Anweisungen zu geben.

Bei dem Patienten handelt es sich, wie einer Tafel am Fuße des Bettes zu entnehmen ist, um **Palästina**. Die stark ansteigende Fieberkurve zeigt den **kritischen Zustand** des Kranken und spielt auf das **Palästinaproblem** an. Die Krankenschwester, die gekündigt hat und den deprimierenden Schauplatz mit grimmiger Miene verlässt, steht laut der Beschriftung „GB" auf ihrer Tasche für **Großbritannien**. Thematisiert wird hier die **britische Mandatsherrschaft** in Palästina, die 1947/48 durch die Rückgabe des Mandats und den völligen Abzug ihr Ende fand. Die bisherigen Bemühungen um eine **Heilung** des Kranken und somit um eine **Lösung** des Palästinaproblems werden durch **Arzneimittelfläschchen** auf dem Nachttisch versinnbildlicht. Eines davon trägt die Aufschrift „**Partition**“ (Teilung) – ein Hinweis auf verschiedene, bisher nicht erfolgreiche Überlegungen zur **Aufteilung Palästinas** in einen arabischen und einen jüdischen Staat. Die vier Mediziner stehen laut ihrer Koffer für die **USA**, **Frankreich**, **China** und die **UdSSR** – neben Großbritannien die mächtigsten Mitglieder der Vereinten Nationen. Es wird verdeutlicht, dass die Verantwortung nach dem britischen Rückzug in Händen der Völkergemeinschaft lag, was durch die Flasche mit dem Aufdruck „**Trusteeship**“ (Treuhandschaft) in der Hand des „US-Arztes“ verstärkt wird. Die Mediziner betrachten den Patienten **distanziert**; sie scheinen **ratlos** zu sein und über keinen Plan für seine Rettung zu verfügen. Das kann als Kritik daran verstanden werden, dass die wichtigsten UN-Mächte nicht fähig waren, ein überzeugendes Konzept zur **Überwindung der Krise in Palästina** zu präsentieren.

Es soll nun geklärt werden, inwiefern die Karikatur die Rolle Großbritanniens als Mandatsmacht **zutreffend veranschaulicht**. Zunächst ist festzustellen, dass die britische Krankenschwester Verantwortung für den „Patienten“ Palästina trägt, was dazu passt, dass der Völkerbund Großbritannien **1922** das **Mandat über Palästina** übertragen hatte. Tatsächlich war die Mandatsmacht – wie die Krankenschwester – mit einer immer schwierigeren Lage konfrontiert, da die **jüdische Einwanderung** den **arabisch-palästinensischen Nationalismus** förderte und sich politische, territoriale und wirtschaftliche Ansprüche beider Seiten unversöhnlich gegenüberstanden. Bemühungen Großbritanniens, eine **Lösung für die zunehmend gefährliche Situation** zu entwickeln, gab es, wie es die Arzneien auf dem Nachttisch andeuten, durchaus: So schlug die von der britischen Regierung beauftragte **Peel-Kommission** 1937 die **Teilung Palästinas** in zwei Staaten vor, worauf das Etikett „Partition“ verweist.

Ebenso entspricht die offenbar überraschende Kündigung der Krankenschwester der Realität, da die **Rückgabe des Mandats** durch Großbritannien **1947** für die internationale Öffentlichkeit recht **unerwartet** kam. Der Zustand des Patienten in M 1 ist äußerst kritisch, es scheint **keine große Hoffnung** mehr zu geben. Dies spiegelt die Lage in Palästina wider: Wegen der Konfrontation palästinensischer Nationalisten und militanter Zionisten war eine **einvernehmliche Beilegung** des Konflikts kaum noch vorstellbar. Zudem wird auf die Übernahme der Verantwortung durch die **Vereinten Nationen**, im Bild durch vier Mächte repräsentiert, angespielt. Zuvor hatte Palästina wegen der allgemeinen Weltlage (v. a. Zweiter Weltkrieg) nicht weit oben auf der internationalen Agenda gestanden.

Nun soll beleuchtet werden, inwiefern M 1 die **britische Rolle** historisch **nicht treffend** deutet. Kritisch zu sehen ist Großbritanniens Darstellung als Krankenschwester, deren Aufgabe eigentlich in der vorwiegend altruistischen Fürsorge für ihren Patienten liegt. Die Übernahme des Palästinamandats war aber stark durch das machtpolitische Bestreben motiviert, in einem **strategisch wichtigen Raum** Einfluss auszuüben. Zwar gab es Versuche, den Konflikt zwischen Arabern und Juden zu beruhigen, doch ist festzuhalten, dass die Lage wiederholt gerade **durch die britische Politik angeheizt** wurde. So fühlte sich die arabische Seite benachteiligt, da man das Versprechen der „**Balfour-Deklaration**“, Großbritannien werde sich für eine jüdische „Heimstätte" einsetzen, in den **Mandatsvertrag** aufgenommen hatte. Die jüdische Herkunft des ersten britischen Hochkommissars für Palästina, Herbert Samuel, und die Förderung der **jüdischen Einwanderung** verstärkten den Eindruck, dass Großbritannien **kein neutraler Treuhänder** sei. Als sich die Araber 1936 gegen die als ungerecht empfundene britische Herrschaft erhoben, schlug Großbritannien den **Aufstand** nieder. Die Mandatsmacht änderte ihre stark **projüdische Politik** erst, als sie ab 1939 fürchtete, die arabische Welt könnte sich auf die Seite NS-Deutschlands schlagen. Nun ließ sie die jüdische Immigration, die wegen der auf Vernichtung zielenden Judenverfolgung durch das NS-Regime neue Dimensionen erreichte, fast völlig stoppen – nicht aus Rücksicht auf arabische Interessen, sondern aufgrund der weltpolitischen Lage.

Die Figur des leidenden Patienten verdeckt zudem die **Verantwortung der arabischen und jüdischen Seite** für die Zuspitzung des Konflikts: Beide waren nicht nur Opfer, sondern trugen besonders in Gestalt militanter Kräfte selbst stark zur **Eskalation** der Lage bei. Es kam zu **Übergriffen** von Arabern auf Juden, aber auch umgekehrt. Auf jüdischer Seite wurde damals die paramilitärische Untergrundorganisation „Hagana" gegründet. Darüber hinaus stellte der systematische Kauf von Grund und Boden durch Juden die **wirtschaftliche Existenz arabischer Fellachen** infrage, die bisher das Land von arabischen Großgrundbesitzern gepachtet hatten. Der Zorn beider Seiten richtete sich auch **gegen die Mandatsmacht:** Vor allem seit Beginn des arabischen Aufstands gab es arabische Gewaltakte gegenüber Großbritannien sowie seit dem Wechsel der britischen Palästinapolitik 1939 Aktionen jüdischer Terrorgruppen, wie den Anschlag der Organisation Irgun auf die britische Verwaltungsbehörde in Jerusalem 1946.

Zwar stimmt es, dass die **Verantwortung für Palästina** 1947/48 auf die **Vereinten Nationen** überging, in der Karikatur vertreten durch ihre wichtigsten Mitglieder. Der Auftrag, eine konkrete Lösung für das Problem auszuarbeiten, wie es die Ärzte in M 1 machen sollten, wurde allerdings einer **UN-Sonderkommission für Palästina** aus elf Ländern übergeben, zu denen die Staaten aus M 1 nicht gehörten. Die Hervorhebung des „US-Arztes" durch das „Trusteeship"-Fläschchen und die Anwesenheit eines sowjetischen Vertreters entsprechen durchaus der weltpolitischen Bedeutung der USA und der UdSSR als **Führungsmächte im beginnenden Kalten Krieg**. Das durch den Zweiten Weltkrieg geschwächte Frankreich und das von Bürgerkriegswirren erschütterte China waren hingegen damals noch nicht zu weitreichendem internationalen Engagement fähig. Auch die im Untertitel angebrachte Äußerung, dass die vier Staaten der Mandatsmacht Großbritannien bisher vorgegeben hätten, was zu tun sei, ist nicht realistisch, da die britische Regierung in Palästina weitgehend **eigenständig gehandelt** hatte.

Es lässt sich festhalten, dass die Karikatur die **Rolle Großbritanniens** als Mandatsmacht **nur lückenhaft** darstellt. Der Fokus richtet sich stark auf die kritische Lage 1948, als eine friedliche Konfliktlösung schon sehr unrealistisch war, sodass die Rückgabe des Mandats als logische Folge gesehen werden kann. Die Großbritannien, aber auch der jüdischen und arabischen Seite zuzuschreibende **Verantwortung** für diese Entwicklung wird **nicht** einmal ansatzweise **vermittelt**.

2.1 *Die Aufgabe fordert, Golda Meirs Aussagen zur Legitimation des Staates Israel und zur Bedeutung seiner Proklamation aus ihrer Autobiografie „herauszuarbeiten" (AFB II). Sie können den Text getrennt hinsichtlich der beiden Kategorien analysieren und nacheinander auf Legitimation und Bedeutung eingehen. Es ist aber auch möglich, die Gedankenführung der Autorin mit den wichtigsten Aussagen zu erschließen, ohne jeweils gesondert auf Legitimation und Bedeutung einzugehen. Dieses im Folgenden angewandte Vorgehen lässt sich damit begründen, dass der Unterschied zwischen beiden Aspekten nicht zu groß ist.*

Die hochrangige israelische Politikerin **Golda Meir** beschreibt im vorliegenden Auszug aus ihrer Autobiografie (M 2) Gefühle, die sie nach der Ausrufung Israels bei sich und in ihrer Umgebung wahrgenommen hat: Es habe **große Freude** darüber geherrscht, dass das jüdische Volk nun **„von unserer Erde Besitz ergriffen"** (Z. 13) und endlich einen **eigenen Staat** habe, aus dem es nicht mehr vertrieben werden würde (vgl. Z. 1–5, 12–14).

Trotz aller Euphorie habe Meir mit einer gewissen Beunruhigung gespürt, dass der Abzug der Briten und die Proklamation des Staates Israel eine **Zäsur für die Juden wie für die gesamte Region** sei und Krieg bedeuten würde (vgl. Z. 5–10, 17–19). In ihrer Erinnerung ließen drei unterschiedliche Ereignisse diesen Umbruch für sie deutlich werden: Sie habe ägyptische Kampfflugzeuge beobachtet; diese hätten den Beginn der **Konfrontation mit den Arabern**, die die Entwicklung nicht akzeptieren wollten, signalisiert (vgl. Z. 19–23).

Auch habe sie in Tel Aviv die Ankunft eines Schiffes mit jüdischen Einwanderern miterlebt. Der erste legale Immigrant sei ein **Holocaust-Überlebender** aus dem KZ Buchenwald gewesen. Dies habe ihr vor Augen geführt, dass mit der Gründung Israels nun alle Juden eine **Heimat** hätten, in der sie sich niederlassen könnten und die ihnen **Schutz und Sicherheit** bieten würde – ein krasser Gegensatz zur restriktiven britischen Einwanderungspolitik am Ende der Mandatszeit. Das vom Einwanderungsamt des jungen Staates ausgestellte Visum, so Meir stolz, sei **Ausdruck der errungenen Souveränität Israels** (vgl. Z. 23–33).

Besonders beeindruckt schien sie gewesen zu sein, als sie von der **Anerkennung Israels durch die USA** unter Präsident Truman erfuhr. Ihr sei klar gewesen, dass die Entscheidung der Vereinigten Staaten eine **immense Stärkung** des jüdischen Staates gerade **in Zeiten großer Verwundbarkeit** bedeutet habe, da der Angriff der arabischen Staaten kurz bevorstand (vgl. Z. 38–44).

2.2 *Im nächsten Schritt sollen Sie „erläutern" (AFB II), inwiefern die Proklamation des Staates Israel auch für die arabische Bevölkerung immense Folgen hatte. Laut Operator müssen Sie den angesprochenen Sachverhalt historisch einordnen und durch zusätzliche Informationen und Beispiele konkretisieren. Da der Einbezug geeigneter Karten aus dem Historischen Atlas (hier: Putzger Historischer Weltatlas. Ausgabe Bayern, 104. Auflage, 2012) explizit gefordert wird, sollte in Ihren Ausführungen auch die Arbeit mit diesem Material deutlich werden.*

Am **15. Mai 1948**, einen Tag nach der **Proklamation des Staates Israel**, griffen Truppen aus **fünf arabischen Staaten** (Ägypten, Syrien, Libanon, Transjordanien, Irak) den jungen Staat an. Im **arabisch-israelischen Krieg 1948/49** erlitten sie aber eine vollständige Niederlage. Gegenüber dem **UN-Teilungsplan** von 1947 machte Israel **Gebietsgewinne** vor allem im Norden und Südwesten; außerdem besetzte es Westjerusalem (vgl. Karten „Der Nahe Osten 1923 bis 1949", „Der Nahe Osten 1949 bis 1973", S. 244). Insgesamt dehnte Israel sein Territorium auf 78 % der Fläche Palästinas aus. Da nun der **Gazastreifen** von **Ägypten** und das **Westjordanland** und **Ostjerusalem** von **Jordanien** verwaltet wurden, verfügten die Palästinenser über **kein eigenes Staatsgebiet**, das jedoch im Teilungsplan vorgesehen gewesen wäre. Nun **flohen** über 700 000 Palästinenser in den Libanon, nach Syrien, ins Westjordanland, nach Jordanien, in den Gazastreifen und nach Ägypten und lebten dort in **Flüchtlingslagern**. Durch den starken **Zuzug von Juden** aus aller Welt – im Zeitraum 1948–1951 kamen 650 000 Juden nach Israel – verschob sich die Zusammensetzung der Bevölkerung noch zusätzlich (vgl. Karte „Juden und Araber in Palästina 1923 bis heute", S. 245).

Für die **arabische Bevölkerung** in Palästina stellten die Ausrufung des Staates Israel und der erste Nahostkrieg eine **tiefe Zäsur** dar: Die **Hoffnungen auf einen eigenen Staat** gemäß UN-Teilungsplan blieben **unerfüllt**, die eigentlich einem arabischen Teilstaat zugedachten Gebiete wurden von Israel erobert oder fortan von Jordanien und Ägypten verwaltet. Die benachbarten arabischen Staaten hatten es nicht geschafft, die Gründung Israels zu verhindern und eine arabische Staatsgründung in Palästina zu ermöglichen, weswegen viele Palästinenser kein Vertrauen mehr in die arabischen Regierungen hatten. Vor allem **verloren** viele Palästinenser **ihre Heimat** und befanden sich zum großen Teil in Flüchtlingslagern in benachbarten arabischen Staaten. Die Palästinenser erlebten die gesamte Entwicklung – Niederlage im ersten Nahostkrieg, kein eigener Staat, Heimatverlust aufgrund von Flucht oder Vertreibung – als „**Nakba**" (Katastrophe).

2.3 *Ausgehend von einem Zitat aus M 2 sollen Sie die Rolle der USA im Nahostkonflikt von der Gründung Israels bis zur Gegenwart anhand zweier ausgewählter Beispiele „darstellen". Der Operator umfasst alle drei Anforderungsbereiche: Sie müssen darüber informieren, welche Politik die Vereinigten Staaten konkret verfolgten (AFB I), die Entwicklungen historisch einordnen (AFB II) und eine Bewertung abgeben (AFB III). Vergessen Sie nicht, anhand von Pro- und Kontra-Argumenten noch zu „diskutieren" (AFB III), inwieweit die USA jeweils zur Entschärfung des Konflikts beitrugen. Ziehen Sie abschließend ein kurzes Fazit. Es ist sinnvoll, Beispiele zu wählen, zu denen Sie Hintergründe beleuchten können. Im Folgenden sollen das Camp-David-Abkommen von 1978 zwischen Ägypten, Israel und den USA sowie der Osloer Friedensprozess der 1990er-Jahre in den Blick genommen werden. Ein weiteres mögliches Beispiel wäre die „Roadmap" (2002), ausgearbeitet von den USA, der UNO, der EU und Russland.*

1977 signalisierte der ägyptische Staatspräsident **Anwar al-Sadat** seine Bereitschaft, in **direkte Verhandlungen mit Israel** zu treten, um eine Entspannung im Nahostkonflikt zu erreichen. Da die neue israelische Regierung unter Menachem Begin ebenfalls zu Gesprächen bereit war, kam es zu Sadats denkwürdigem Besuch in Israel, wo er vor dem israelischen Parlament, der Knesset, eine Rede hielt. Anschließend begannen in **Camp David** unter **Vermittlung von US-Präsident Jimmy Carter** Verhandlungen zwischen einer israelischen und einer ägyptischen Delegation. Am 17. September **1978** unterzeichneten Sadat, Begin und Carter das **„Camp-David-Abkommen“**: Der **Gazastreifen** und das **Westjordanland** sollten eine palästinensische **Selbstverwaltungsbehörde** und nach einer Übergangszeit von fünf Jahren die **Autonomie** erhalten. Außerdem sollte Israel die seit 1973 besetzte **Sinaihalbinsel** schrittweise an Ägypten zurückgeben. Das Abkommen bildete die Grundlage für den am 26. März **1979** in Washington geschlossenen **Friedensvertrag** zwischen Ägypten und Israel. Ägypten war der **erste arabische Staat**, der **Israel anerkannte**.

Die **USA** zeigten sich hier als **neutraler Mediator**, der ernsthaft um eine **friedliche Lösung des Konflikts** bemüht schien und während der oft schwierigen Verhandlungen zwischen beiden Seiten vermittelte. Durch die Rückgabe der Sinaihalbinsel wurde ein wesentliches Hindernis für bessere Beziehungen zwischen Israel und Ägypten aus dem Weg geräumt. Das Verhältnis zwischen diesen zwei Staaten ist bis heute **stabil** und von Zusammenarbeit geprägt. Auch wies die Idee einer palästinensischen **Selbstverwaltungsbehörde** für den Gazastreifen und das Westjordanland in die Zukunft und ließ eine **schrittweise Lösung** des Israel-Palästina-Konflikts **möglich** scheinen.

Andererseits wurden durch das „Camp-David-Abkommen“ nur Streitfragen zwischen Ägypten und Israel beseitigt, während **tiefere, Palästina betreffende Konfliktpunkte** nicht aufgegriffen, geschweige denn gelöst wurden. Es zeigte sich außerdem, dass die Möglichkeiten der USA, die Verhandlungspartner zu **größeren Zugeständnissen** zu bewegen, **begrenzt** waren. So war die rechtsgerichtete israelische Regierung nicht bereit, weitere in früheren Kriegen besetzte Gebiete zurückzugeben, sodass Sadat in der arabischen Welt als Verräter arabischer und palästinensischer Interessen erschien. **1981** fiel er einem **Attentat** extremistischer Offiziere zum **Opfer**. Tatsächlich gab es in Ägypten und in der arabischen Welt viele Menschen, die die **USA nicht als neutralen Vermittler** sahen, sondern als **Unterstützer Israels:** Die Vereinigten Staaten hatten die israelische Staatsgründung 1948 rasch anerkannt (vgl. M 2), Israel im Sechstagekrieg 1967 und im Yom-Kippur-Krieg 1973 **militärisch unterstützt** und insgesamt **enge Beziehungen zu Israel** unterhalten. Auf diese Weise hatten sie auch immer wieder dazu beigetragen, den Nahostkonflikt anzuheizen.

In den 1990er-Jahren engagierten sich die USA für eine Lösung des Konflikts, nachdem mehrere Kriege und viel Gewalt (Erster Libanonkrieg, Erste Intifada, Zweiter Golfkrieg) den Nahen Osten erschüttert hatten. Auf Initiative der Regierung **George Bush** fand 1991 eine internationale **Friedenskonferenz in Madrid** statt, die wenig später in **Washington** fortgesetzt wurde. Zwar blieben konkrete

Ergebnisse aus, allerdings kam es vermehrt zu Gesprächen zwischen israelischen und palästinensischen Vertretern. Dies war ein **großer Fortschritt**, da Israel die **PLO** lange Zeit nicht **als Repräsentantin der Palästinenser** akzeptiert, sondern als Terrororganisation betrachtet hatte. In der Folge riss der Kontakt nicht völlig ab. Regelmäßige, von der Öffentlichkeit unbemerkte Treffen beider Seiten in **Oslo** führten zur „**Osloer Prinzipienerklärung**", die im September 1993 unter Vermittlung von US-Präsident **Bill Clinton** in Washington zwischen dem israelischen Ministerpräsidenten **Yitzhak Rabin** und dem Vorsitzenden der PLO, **Yassir Arafat**, vereinbart wurde. Wichtigstes Ergebnis war, dass sich Israel und die PLO **gegenseitig anerkannten**. Außerdem sollten sich die Palästinenser im Westjordanland und im Gazastreifen nach und nach selbst verwalten. Darüber hinaus wollte man Gespräche über den Endstatus der besetzten Gebiete aufnehmen und innerhalb von fünf Jahren abschließen.

Die weltweit als verheißungsvoller Durchbruch wahrgenommene Unterzeichnung von „Oslo I" war für alle Seiten ein großer **Prestigegewinn**. Während Rabin und Arafat mit dem **Friedensnobelpreis** ausgezeichnet wurden, sahen die USA **gewisse Erfolge langjähriger Bemühungen** um eine Lösung des Nahostkonflikts: Israelis und Palästinenser hatten sich gegenseitig anerkannt, das Existenzrecht Israels schien gesichert, die Abmachungen zur Zukunft der Palästinensergebiete, die 1995 im „**Oslo II**"-Vertrag konkretisiert wurden, ließen auf weitere Entspannung hoffen.

Allerdings blieben Enttäuschungen aufgrund der sehr unterschiedlichen Vorstellungen der Verhandlungspartner nicht aus. Die **Vielzahl komplexer Streitfragen** (u. a. Ansprüche auf Jerusalem als Hauptstadt, jüdische Siedlungen im Westjordanland, Rückkehrrecht der palästinensischen Flüchtlinge) erschwerte die Suche nach einer Lösung zusätzlich. Zudem standen beide Seiten durch Gruppierungen mit **Maximalforderungen** und durch **gewaltbereite Extremisten** innenpolitisch unter starkem Druck, was der **Kompromissfähigkeit** und damit auch den US-amerikanischen Vermittlungsbemühungen Grenzen setzte. Vor diesem Hintergrund zerstörte Rabins Ermordung durch einen radikal-orthodoxen Israeli 1995 viele Hoffnungen. 2000 lud Clinton nach Camp David ein, um den Friedensprozess wiederaufzunehmen („**Camp David II**"). Obwohl sich die israelische Regierung und die PLO durchaus angenähert hatten und eine Einigung in Reichweite lag, scheiterten die Verhandlungen letztlich, weil keine Seite aus Angst vor **fehlender Zustimmung im eigenen Lager** entscheidende Zugeständnisse machen wollte. Man einigte sich nur auf Grundsätze, die spätere Friedensverhandlungen erleichtern sollten. Nicht nur an diesem Beispiel wird deutlich, dass die **USA** über **keine Mittel** verfügten, um eine Lösung zu **erzwingen**. Kurz darauf begann die **Zweite Intifada**, die das Ende der seit dem Beginn des Osloer Friedensprozesses gehegten Hoffnungen auf einen friedlichen Ausgleich bedeutete.

Es lässt sich festhalten, dass die USA durch die Bereitschaft, Gespräche zwischen Israel und den Palästinensern zu **vermitteln**, **Verhandlungsorte** zur Verfügung zu stellen und **eigene Vorschläge** einzubringen, einen gewissen Beitrag geleistet haben, den **Nahostkonflikt zu entschärfen** und einer Lösung näherzubringen.

Allerdings gab und gibt es **Grenzen für die Wirksamkeit** dieser Bemühungen. Aufgrund ihrer politischen, militärischen und wirtschaftlichen Unterstützung Israels werden die USA bis heute von vielen Palästinensern **nicht als neutraler Vermittler** gesehen, sondern als Partei, die sich eher für Israels Interessen einsetzt. Hinzu kommt, dass jeder **Wechsel im US-Präsidentenamt** mehr oder weniger große Veränderungen in der Nahostpolitik und in den Beziehungen sowohl zu Israel als auch den Palästinensern mit sich brachte, sodass bisher keine in sich stimmige langfristige Strategie zu erkennen ist. Zudem können die Vereinigten Staaten zwar Vorschläge für eine Friedensordnung einbringen, doch verfügen sie über **keine Mittel**, beide Konfliktparteien zur Annahme zu zwingen. Entscheidend ist auch, dass es auf israelischer wie palästinensischer Seite Akteure gibt, die **kein Interesse an Kompromissen und Zugeständnissen** haben und den Friedensprozess nicht zuletzt durch Gewalt torpedieren. Grundsätzlich mangelt es wegen des jahrzehntelangen Konflikts an **gegenseitigem Vertrauen**, sodass die diplomatischen Bemühungen der Vereinigten Staaten bisher immer wieder an **Grenzen** stießen. Durch die Verhärtung des Konflikts seit der Jahrtausendwende und dem Aufkommen neuer weltpolitischer Bedrohungen scheint der Nahostkonflikt in den USA momentan **nicht mehr oberste Priorität** zu genießen.

3 *Der folgende Lösungsvorschlag greift die **Teilaufgabe a)** zum Halbjahr **11/1** auf. Die Lösungsvorschläge zu den Halbjahren **11/2** und **12/1** finden Sie auf den Seiten 46 ff. und 29 ff. dieses Jahrgangs.*
Die Aufgabe gibt einen situativen Rahmen vor: Anlässlich des Weltfrauentags veranstaltet Ihre Schule eine Diskussionsveranstaltung zum Thema „Gleichstellung in Geschichte und Gegenwart“, zu der Sie eine Rede beisteuern dürfen. Dabei müssen Sie „beurteilen“ (AFB III), inwiefern die Industriegesellschaft des 19. Jahrhunderts die Lage von Frauen verbesserte. Achten Sie darauf, sich differenziert mit dem historischen Sachverhalt zu beschäftigen und zu einem begründeten Sachurteil zu kommen. Gehen Sie auf Gesichtspunkte ein, die Fortschritte für die Stellung der Frau während der Industrialisierung belegen, und beleuchten Sie Aspekte, die gegen diese Einschätzung angeführt werden können. Am Ende soll ein sachlich fundiertes Resümee stehen. Denken Sie daran, dass Sie einen Vortrag verfassen. Es ist angebracht, den Zuhörerkreis anzusprechen, wobei aus der Formulierung der Aufgabe nicht klar hervorgeht, ob es sich um eine schulinterne Veranstaltung handelt oder ob auch externe Gäste anwesend sind. Die folgende Lösung geht vom zweiten Fall aus. Achten Sie besonders auf eine leicht nachvollziehbare Argumentation und runden Sie Ihre Rede durch ein Fazit ab.

Sehr geehrte Damen und Herren,

es wäre schön, wenn der **Fortschritt** in der Geschichte **unaufhaltsam** wäre und sich die gesellschaftlichen Verhältnisse stetig zum Positiven entwickeln würden. Unser Thema, die **Gleichstellung der Geschlechter in Geschichte und Gegenwart**, zeigt aber, dass wir es häufig mit einem Auf und Ab aus beeindruckenden Errungenschaften und enttäuschenden Rückschritten zu tun haben. Ich möchte gemeinsam mit Ihnen einen Blick auf die **Industriegesellschaft des 19. Jahrhunderts** werfen, die durch viele atemberaubende Veränderungen in Wirtschaft, Wissenschaft und Technik geprägt war. Lassen Sie uns der Frage nachgehen, ob es damals auch zu einer **Verbesserung der Stellung der Frauen** gekommen ist!

Es lässt sich hier eine Reihe von Gesichtspunkten anführen, die für eine **positive Entwicklung** sprechen. So nahm die Gefahr, dass Frauen bei der Geburt ihrer Kinder das Leben verloren, durch die **Fortschritte in Medizin und Hygiene** ab. Darüber hinaus verringerte sich mit steigendem Lebensstandard die durchschnittliche Zahl der Kinder, sodass die Belastung der Frauen durch die Kindererziehung ein wenig nachließ. Seit Beginn des 19. Jahrhunderts hatten sich außerdem durch den **Wegfall von Heiratsbeschränkungen** – zumindest theoretisch – die Spielräume von Frauen bei der Wahl eines Ehemannes vergrößert. Auch bildete sich mit der vor allem im Bürgertum verbreiteten Vorstellung, dass Zuneigung und Liebe die Grundlagen von Ehe und Familie seien, eine **neue Gefühlskultur** heraus: Es sollte bei der Ehe nicht mehr primär um die Erfüllung von Erwartungen und Pflichten, sondern um das **persönliche, individuelle Glück** gehen. In der Realität blieb dieser Gedanke zwar für viele Frauen Wunschdenken, trug aber zu einem kritischeren Blick auf einengende Verhältnisse bei.

In der zweiten Hälfte des 19. Jahrhunderts formierte sich die **Frauenbewegung**, die **traditionelle Rollenbilder** aufweichen und die **Rechte und Lebenschancen** der weiblichen Bevölkerung vergrößern wollte. Bis dahin hatten Frauen wenig Aussicht auf eine qualifizierte Ausbildung; zudem ging mit der Hochzeit die Vormundschaft vom Vater auf den Ehemann über. Ein Meilenstein der **bürgerlichen Frauenbewegung** war die Gründung des **Allgemeinen Deutschen Frauenvereins** 1865 unter Federführung von Louise Otto-Peters, der die Bildungschancen für Frauen verbessern und ihnen ein **selbstbestimmteres Leben** ermöglichen wollte. 1894 schlossen sich zahlreiche Frauenverbände zum Dachverband „**Bund Deutscher Frauenvereine**“ zusammen, was die **Stärke der Frauenbewegung** widerspiegelte.

Damals wurden tatsächlich **konkrete Erfolge** erzielt, darunter die Zulassung von Frauen im **Bahn-, Post- und Telegrafendienst** und die Einrichtung von **Ausbildungsstätten** für Krankenschwestern, Kindergärtnerinnen oder Lehrerinnen. 1893 wurde das **erste Mädchengymnasium** Deutschlands eröffnet und kurz vor der Jahrhundertwende legten die ersten Mädchen regulär das Abitur ab. 1900 erlaubte das Großherzogtum Baden Frauen das Studium an **Universitäten**. Der Ruf nach **politischer Gleichberechtigung** und vor allem nach dem **Frauenwahlrecht** stand anfangs übrigens nicht ganz oben auf der Agenda, doch wurden diesbezügliche Forderungen nach und nach lauter. Zur Einführung des Frauenwahlrechts kam es dann aber erst 1918/19 nach dem Untergang des Kaiserreichs.

Bis jetzt haben wir uns viel mit Frauen beschäftigt, die dem Bürgertum angehörten. Anders sah die Lage bei Vertreterinnen der neuen, rasant wachsenden **Arbeiterklasse** aus. Da das Einkommen eines Arbeiters in den meisten Fällen nicht ausreichte, um die Familie zu ernähren, waren die Ehefrauen in der Regel auch **berufstätig**, obgleich sie in der Regel weniger Lohn erhielten. Daher kämpfte die

proletarische Frauenbewegung besonders für bessere Bezahlung und Arbeitsbedingungen und stand dabei in Kontakt mit der **Arbeiterbewegung**. So setzte sich der spätere SPD-Vorsitzende **August Bebel** in „Die Frau und der Sozialismus" für die **Emanzipation der Frau** ein und hielt fest, dass die Überwindung des Kapitalismus nicht nur die ganze Arbeiterklasse, sondern speziell auch die Frauen befreien werde. Nach Gründung des Deutschen Reichs kam es langfristig zu einer Verbesserung der wirtschaftlich-sozialen Situation, was den existenziellen Druck auf Arbeiterfamilien reduzierte. Außerdem brachte die Einführung des **Sozialversicherungssystems** in den 1880er-Jahren eine gewisse materielle Absicherung der Arbeiterschaft und somit auch der Arbeiterinnen.

Wie man sieht, gab es im 19. Jahrhundert Entwicklungen, die zu einer **gewissen Verbesserung** der Lage von Frauen führten. Unser Thema zeigt aber, dass Geschichte keine Einbahnstraße Richtung Fortschritt ist: Es gab auch Tendenzen, die unsere bisherigen Ergebnisse **relativieren** oder infrage stellen.

Obwohl bereits in der Aufklärung die Idee der **Gleichheit der Menschen** aufgekommen war, wurden Frauen im 19. Jahrhundert **politisch** immer noch nicht als gleichberechtigt angesehen; bis 1918/19 wurde ihnen das **Wahlrecht** vorenthalten. **Rechtlich** war ihre Stellung weiterhin durch die **klare Unterordnung unter den Mann** gekennzeichnet, was durch eine geschlechtsspezifische Interpretation der jeweiligen **Rollen von Mann und Frau** gerechtfertigt wurde. Waren Frauen in der Ständegesellschaft im Rahmen des „Ganzen Hauses" in die Produktion eingebunden, so wurde ihnen nun – zumindest dem **bürgerlichen Ideal** gemäß – die **Familie als Aufgabenbereich** zugewiesen: Fürsorglich sollten sie sich um ihren Ehemann und die gemeinsamen Kinder kümmern. Für diese Rolle wurde keine Ausbildung für nötig erachtet. Die meisten Mädchen besuchten nur die Volksschule. Erst um die Jahrhundertwende öffneten sich, wie bereits ausgeführt, Gymnasien und Universitäten für die ersten Mädchen. Sozial besser gestellte Frauen besuchten bisweilen eine „höhere Töchterschule" und hatten Klavier-, Gesangs- und Malunterricht; dies diente jedoch nur dazu, einen **passenden Ehemann** zu finden, nach der Heirat den Kindern Bildung zu vermitteln und die Familie angemessen zu repräsentieren. Schwierig war die Lage **unverheirateter Frauen**, da ihre ökonomische Versorgung aufgrund der fehlenden beruflichen Möglichkeiten nicht gewährleistet war. Zwar arbeiteten manche bürgerliche Frauen z. B. als Gouvernanten, Lehrerinnen oder Gesellschafterinnen, ihr Auskommen war aber in der Regel bescheiden. Auch wenn sich die Lage der Frauen in gewisser Weise verbesserte, lässt sich doch festhalten, dass dem weiblichen Geschlecht aufgrund der vorherrschenden Rollenverteilung im Allgemeinen die **Chancen verwehrt** waren, auf eigenen Beinen zu stehen und ein **selbstbestimmtes Leben zu führen**.

Die **Erwerbstätigkeit vieler Proletarierinnen** scheint dieser Einschätzung zu widersprechen, allerdings war diese nicht auf ein gesellschaftliches Umdenken, sondern auf die **große Nachfrage nach billigen Arbeitskräften** in der Industrie und die prekäre Lage des Proletariats zurückzuführen. Außerdem wurden Frauen schlechter bezahlt als Männer und hatten in der Regel keine Aufstiegsmöglichkeiten. Trotz der Berufstätigkeit vieler Frauen herrschten in Arbeiterfamilien die gleichen **patriarchalischen Strukturen** wie in der übrigen Gesellschaft; die Unterordnung der Frau unter den Mann galt als völlig normal. Hinzu kommt, dass die Situation von Arbeiterinnen aufgrund der **Doppelbelastung aus Familie und Arbeit** äußerst hart war. Wegen der schlechten materiellen Lage gab es **wenig Privatheit**, da oft Untermieter in die engen Wohnungen aufgenommen wurden. Auch physische Gewalt gegen Frauen sowie Prostitution waren keine Seltenheit.

Allgemein können wir festhalten, dass sich für das 19. Jahrhundert **nur bedingt** von einer Verbesserung der Stellung der Frau sprechen lässt. Die dominanten **bürgerlichen Vorstellungen von Ehe und Familie** schrieben spezifische Unterschiede zwischen den Geschlechtern fest, was Frauen auf den Bereich der Familie verwies – im bürgerlichen Milieu stärker als im proletarischen. Die allmähliche **Verbesserung der materiellen Lage** im Industriezeitalter kam aber auch den Frauen zugute. Die bürgerliche und die proletarische Frauenbewegung kämpften für politische, rechtliche und wirtschaftliche Gleichberechtigung; darüber hinaus erreichte die Idee der **Emanzipation der Frau** nach und nach die Gesellschaft. Ende des Jahrhunderts waren in diesem Prozess etliche markante Fortschritte sichtbar.

Wie man sieht, bewegt sich der Fortschritt nicht immer zügig und linear, sondern kommt oft nur langsam und mit Umwegen voran. Zwar führten Entwicklungen, die im 19. Jahrhundert begonnen hatten, später zu **wichtigen Durchbrüchen bei der Gleichberechtigung der Geschlechter**. Allerdings sind bis in unsere Gegenwart engagierter Einsatz und ein langer Atem nötig. Es gibt also noch viel zu tun!

Vielen Dank für Ihre Aufmerksamkeit!

Abitur Geschichte (Bayern) – 2023
Aufgaben I–IV

Um Ihnen die **Prüfung 2023** schnellstmöglich zur Verfügung stellen zu können, bringen wir sie in digitaler Form heraus.

Sobald die Original-Prüfungsaufgaben 2023 freigegeben sind, können sie als PDF auf der Plattform **MyStark** heruntergeladen werden (Zugangscode vgl. Umschlaginnenseite).

Aktuelle Prüfung

www.stark-verlag.de/mystark